主编 胡大平 张云龙
西方马克思主义研究丛书

海德格尔式的马克思主义

[美]赫伯特·马尔库塞（Herbert Marcuse）
张云龙 黄奕采 译
张可欣 译校

Heideggerian Marxism

江苏人民出版社

图书在版编目（CIP）数据

海德格尔式的马克思主义 /（美）赫伯特·马尔库塞著；张云龙译. — 南京：江苏人民出版社，2025.9.
（西方马克思主义丛书）. — ISBN 978-7-214-30814-6

Ⅰ.B516.54；B0-0

中国国家版本馆 CIP 数据核字第 20253M7H17 号

HEIDEGGERIAN MARXISM by Herbert Marcuse
Copyright © 2005 by The University of Nebraska Press
Published by arrangement with The University of Nebraska Press
Simplified Chinese edition copyright © 2025 by Jiangsu People's Publishing House
All rights reserved
江苏省版权局著作权合同登记号：图字 10-2018-407 号

书　　名	海德格尔式的马克思主义
著　　者	（美）赫伯特·马尔库塞
译　　者	张云龙　黄奕采
译　　校	张可欣
责任编辑	汪意云
装帧设计	刘葶葶
责任监制	王　娟
出版发行	江苏人民出版社
地　　址	南京市湖南路 1 号 A 楼，邮编：210009
照　　排	江苏凤凰制版有限公司
印　　刷	南京艺中印务有限公司
开　　本	718 毫米×1000 毫米　1/16
印　　张	15.25
字　　数	240 千字
版　　次	2025 年 9 月第 1 版
印　　次	2025 年 9 月第 1 次印刷
标准书号	ISBN 978-7-214-30814-6
定　　价	88.00 元

（江苏人民出版社图书凡印装错误可向承印厂调换）

目 录

序言　理查德·沃林 ｜ 001

导论　何谓海德格尔式的马克思主义？｜ 001

一　对历史唯物主义现象学的贡献 ｜ 019

二　论具体哲学 ｜ 047

三　论辩证法的问题 ｜ 063

四　论创立历史唯物主义基础的新材料 ｜ 092

五　论经济学中"劳动"概念的哲学基础 ｜ 127

六　德国哲学，1871—1933 ｜ 155

七　海德格尔的政治：一则访谈 ｜ 166

后记：我对海德格尔的幻灭 ｜ 177

词汇表 ｜ 178

注释 ｜ 191

出版历史 ｜ 237

序 言

编辑这本文集的念头源于 1998 年在加州大学伯克利分校举行的一场具有特殊意义的会议，该会议由约翰·阿布罗米特和 W. 马克·科布组织，旨在纪念赫伯特·马尔库塞的百年诞辰。

对于 20 世纪 60 年代的人来说，马尔库塞是一位标杆式的人物——他生动地证明了，所谓的代际鸿沟，在很大程度上不过是大众媒体捏造出来的。与其法兰克福学派的同事马克斯·霍克海默与西奥多·阿多诺不同，马尔库塞对于当代政治的发展始终保持着一种开放和接受的态度。霍克海默与阿多诺对学生运动的质疑源于他们对于布尔什维克主义的批判性评价，他们认为，布尔什维克主义是一种强大而阴险的政治统治形式，这一观点与所谓的共产党左派人士，比如安东·潘涅库克、赫尔曼高以及罗莎·卢森堡等人的批评是一致的。但是，他们的观点同样受到德国在冷战前线脆弱的地缘政治地位的影响。相反，马尔库塞已经直接见证了麦卡锡主义的政治邪恶，以及之后美国在越南不断升级的军事暴力，在那里，现代战争的恐怖——凝固汽油弹以及大规模的空袭——似乎无法遏制。

显然，在伯克利的会议上，我和约翰·阿布罗米特对 1920 年代的德国哲学都具有浓厚的兴趣，我们一致认为德国哲学的巅峰无疑是卢卡奇的《历史与阶级意识》(1923) 以及马丁·海德格尔的《存在与时间》(1927)。事实上，马尔库塞思想之旅的独特性，正源于他在非常年轻的时候就试图将两种传统——黑格尔式的马克思主义与存在主义本体论——实现划时代的融合。此外，我和约翰·阿布罗米特强烈地感受到马尔库塞的贡献不仅仅具有"历史性的"价值；

相反，我们更相信，他将这两种传统结合起来有助于阐明政治哲学现状中的重要问题。

这本文集的完成花费了比预期更长的时间。在1920年代后期到1930年代，马尔库塞采用了一种混合的、存在主义式的马克思主义语言风格，这不免增添了英语母语者的阅读困难。因此，我们认为，我们的首要责任是确保这些文本要以清晰易懂的英语表达出来，同时要保持马尔库塞哲学和理论论证的逻辑严密与概念精确。

倘若没有诸多人的协力与帮助，《海德格尔式的马克思主义》一书就不可能付梓出版。首先，我们要感谢赫伯特·马尔库塞的儿子皮特，作为其父作品遗产的继承人，他心甘情愿地授予我们权利和许可。我们同样要感谢各位译者付出的努力：罗恩·哈斯、埃里克·奥伯勒、马修·埃林和约翰·阿布罗米特。没有他们的奉献与坚持，这本书根本就不可能问世。我们同样要感谢内布拉斯加大学出版社的编辑 M.J. 德瓦尼女士，感谢她对于这个项目敏锐的洞察力以及始终如一的热情。

请允许我在此做个人说明。在1970年代，我有幸在以下几个地方遇到了赫伯特·马尔库塞——圣地亚哥、多伦多及伯克利会议。凡是接触过他的人，无人不为其和善、风趣而慷慨的精神所打动。在许多方面，他都是亚里士多德谚语中"具有伟大灵魂的人"的现代化身。我们的交谈尽管少之又少，但是永久地铭刻在我的记忆中。出版这本他早期哲学著作的文集，是我对他的知遇之恩和个人恩情的一种微薄回报。

最后，我和约翰·阿布罗米特要将这本文集献给马丁·杰伊，对于法兰克福学派国际影响力的推动方面，他做了比其他任何人更多的工作。对我而言，马丁·杰伊是我的良师、益友、知己和批评者，他的宽宏大量和思想开放无与伦比。近25年以来，我们彼此相知，愿我们的友谊至少再持续25年。

理查德·沃林
纽约

导论　何谓海德格尔式的马克思主义？

理查德·沃林

马尔库塞的著作出版相对较晚，但很快被人们广泛接受，这使得一种与历史事实不符的形象得以形成：他思想发展中的早期层次仍然不为人所知。其1932年出版的《黑格尔的本体论》一书，本质上仍处于被湮没的状态。我想，你很难在马尔库塞的当代读者中找到一个这样的人——他对于马尔库塞导论的结语部分完全无动于衷："这本书对于诸多问题的发展和阐释所作的任何贡献，都应该归功于马丁·海德格尔的哲学著作。"我不知道马尔库塞如今对这句话有何看法，我们也从未探讨过它。但我认为，其思想发展的初始阶段绝非一时兴起。事实上，我认为，如果不参考早期的马尔库塞就不可能正确理解今天的马尔库塞。无论是谁，如果他没有发现弗洛伊德的内驱力理论的概念中存在着《存在与时间》的范畴，而马尔库塞又在《爱欲与文明》中从这些概念中发展出了马克思主义的历史建构，那么他就有可能对此产生严重的误解。

——尤尔根·哈贝马斯（1968）

自从哈贝马斯大约35年前首先写下这些话以来，更多关于马尔库塞是年轻的海德格尔信徒的信息就受到了关注。但是，混淆与误解仍然存在。通过将马尔库塞早期的、具有海德格尔风格的作品收集在一个册子里，我们希望进一步阐明20世纪思想生活中仍然令人着迷且研究不足的一个章节：两个思想流派——哲学的马克思主义与基本本体论——之间的相遇,尽管它们很快就分道扬镳。

回想起来,我们很清楚地看到,马尔库塞的政治世界观显然深受其年轻时的重要事件的影响:世界大战的创伤以及最重要的1918—1919年德国革命的失败。20多岁的时候,马尔库塞当选为社会民主党的一个士兵与工人委员会的代表,在一战正酣时,这个委员会在整个德国如雨后春笋般涌现。他后来声称,当他发现前军官也被选入同一个委员会时,他辞职了。1919年1月,自由军团执行了社会民主党新成立的政府的命令,卑鄙地谋杀了斯巴达克斯同盟的领袖罗莎·罗森堡与卡尔·李卜克内西,此后,马尔库塞与社会民主党断然决裂。[1]

在魏玛共和国早期的几年里,马尔库塞经历了一种自我强加的"精神迁徙"。1922年,马尔库塞完成了一篇关于德国艺术家小说的论文,这篇论文深受卢卡奇早期美学思想的影响。之后,他返回故乡柏林,在一家古书店工作。[2] 在此期间,他编辑了一部详尽的席勒书目,沉浸在青年马克思的思想中,并阅读了两本对他未来哲学发展产生深远影响的黑格尔派马克思主义经典著作:卢卡奇的《历史与阶级意识》和卡尔·柯尔施的《马克思主义与哲学》,这两本书均于1923年出版。

1920年代后期,发生了一件吸引马尔库塞回到大学的出版"大事":1927年海德格尔的作品《存在与时间》的问世。那时候,德国哲学研讨会依然受到保守而熟悉的战前范式的统治:新康德主义、新黑格尔主义以及实证主义。然而,对于年轻一代来说,一战的恐怖代表了一个不可逆转的关键点:1914年之前居于主导地位的世界观和观点似乎完全丧失了合法性。正如马尔库塞一再指出的那样,海德格尔的思想似乎提供了传统学术"学派哲学"所缺乏的东西:具体的哲学。50年之后,回想起《存在与时间》的出版所引起的兴奋,马尔库塞说:"对我和我的朋友来说,海德格尔的作品是一个新开始:我们把他的书(《存在与时间》)以及他的演讲稿(我们有抄本)视为一种终于具体的哲学:它谈论的是存在、我们的存在、恐惧、忧虑和无聊等。我们也感受到了'学术的'解放:海德格尔对于希腊哲学与德国唯心主义的解释,为我们理解陈旧而

僵化的文本提供了新的洞见。"³

马尔库塞对海德格尔教学能力的评价，与这位哲学家在1920年代的其他杰出学生汉娜·阿伦特、伽达默尔、汉斯·约纳斯以及卡尔·洛维特的评价一致。⁴ 他们一致认为，海德格尔方法的独特之处在于他有一种能力：能够根据当前的历史需求和关注点来使古老的哲学文本重焕生机。海德格尔课程的核心主题似乎映照了奥古斯丁的那句"我的人生正面临抉择"（"mea res agitur."）。在这些课程中，从事哲学不再是一种空洞的、学术性的训诂练习。争议的焦点在于历史过往与当代"在世存在"之间一场重大的诠释性碰撞。海德格尔如此行事仅是保持其思想的一贯性：他不过是将自身存在哲学的原则运用于讲座与研讨课的主题之中。《存在与时间》中"存在分析"的两个核心范畴是"时间性"和"历史性"。这两个概念都探讨了我们如何在时间与历史中进行自我定位。在海德格尔看来，"本真"在世之在的标志之一是能够根据未来本质可能性来实现过去。相反，非本真的此在（das Man）则表现出一种墨守成规的被动适应倾向——这种生存惰性与"物"的惰性存在具有高度相似性。海德格尔能够将"日常性"话语与"严谨科学"的要求融合在一起，这正源于他早年师从现象学奠基人胡塞尔的经历。这也使他的思想完全有别于深受当时的流行作家（比如，奥斯瓦尔德·斯宾格勒与路德维格·克拉格斯）青睐的"生命哲学"。因此，考虑到1920年代在德国官方教授团体中占主导地位的保守学术方法，我们很容易想象得到海德格尔的哲学激进主义一定会引发受众何等的兴奋，特别是在战后"迷失的一代"之中。⁵

在1929年的一封充满文采的信件中，马尔库塞描述了他对于海德格尔的第一印象（他回忆起1920年代初在弗莱堡读博士时遇到的海德格尔）：

> 关于海德格尔，很难想象还有比这更大的反差——8年前，这个羞涩而顽固的编外讲师在小教室的窗前讲话；如今，作为胡塞尔的继承者，他身着近乎司机制服的运动装，皮肤晒得黝黑，在挤满至少600名听众（多位女性）的礼堂里，以不可撼动的笃定发表着才华横溢的演讲。他嗓音里那种令人愉悦的颤音总让女性听众激动不已，浑身散发着自觉完全胜任教

育者、先知与引路人的激昂气质——而人们也确实对此深信不疑。《存在与时间》中发现的伦理倾向——旨在使哲学成为实践——确实似乎在海德格尔本人身上实现了突破，尽管以一种有些疏离的方式实现。总而言之，他太过修辞化，太过说教，太过原始……在关于德国唯心主义和当下哲学问题的大型讲座中，他始终将当代哲学的主导倾向归结为人类学和形而上学。[6]

马尔库塞之所以对海德格尔存在哲学情有独钟，部分原因在于他对"马克思主义危机"的深切感受。因为马尔库塞这一代人希望以彻底而激进的方式重建现存的政治秩序——这种秩序要为普遍存在的毫无意义的社会苦难和不公承担责任——这一愿望随着第一次世界大战后巴伐利亚和匈牙利短暂的议会共和国的崩溃而残酷地破灭了。在他看来，社会民主党残酷地镇压了德国革命，只不过是加重了1914年8月的罪恶，当时，通过投票支持战争信贷，社会民主党抛弃了国际社会主义的理想，转而支持沙文主义的军国主义。此外，可以确定，马尔库塞对1917年的布尔什维克革命也抱怀疑主义态度。毫无疑问，马尔库塞认可罗莎·卢森堡对列宁的先锋主义所蕴含的独裁主义的尖锐批判。[7] 事实上，许多欧洲的社会主义者都认为列宁的唯意志论不适合西欧和中欧，因为这些地方有更先进和更有经验的无产阶级。

然而，伴随马克思主义政治危机而来的是认识论危机；根据马尔库塞的观点，这两者之间存在着必然联系。在卡尔·考茨基等人指导下，第二国际支持对马克思主义进行绝对的、反哲学的、机械主义的解释。这种方式建立在未经反思的科学主义基础之上，以及资本主义会自动灭亡这一陈旧的理论之上。[8] 相应地，对于工人阶级意识的"主观"要素，第二国际的主要理论家也表现出故意的漠不关心。相反，正是对这些问题直接而毫不质疑的处理态度，使卢卡奇的《历史与阶级意识》显得如此卓尔不群——它在知识和政治的茫茫黑夜中好似一座照明的灯塔。

因此，马尔库塞认为海德格尔的《存在与时间》在对抗发达工业社会僵化的社会连续体斗争中，代表了一个潜在的有力盟友。他推测海德格尔的存在哲学提供了必要的概念工具，能够对抗这个被马克思描述为"人与人之间的社会关系……采取了物与物的关系的虚幻形式"的颠倒社会世界。[9] 某种意义上，马尔库塞将海德格尔的哲学解读为一种本体论层面隐蔽的物化批判：这种批判揭示了压迫性社会现实如何扼杀人类自我实现的可能性。在他看来，与卢卡奇、柯尔施等批判的马克思主义者相似，海德格尔力图超越资产阶级直接性阴影世界中对表象的拜物教式迷恋。在《存在与时间》中，海德格尔如同卢卡奇与柯尔施那般，坚定地试图打破资产阶级科学决定论的世界观——在这种世界观里，人类此在被降格为"众物之一物"的地位。毕竟，这正是海德格尔对"现成在手状态"（Vorhandenheit）这一非本真存在模式进行批判的核心要义。[10] 在马尔库塞看来，《存在与时间》第一部对"日常性"的批判——海德格尔通过"沉沦""闲言""公众性""常人"等概念，对非本真的"在世存在"作出了强有力的控诉——恰恰为《资本论》与《历史与阶级意识》中的物化讨论提供了令人欣喜的本体论补充。正如马尔库塞在《论具体哲学》中所阐述的这一洞见：

> 在越来越大的程度上，此在所处的世界演变成了一桩"生意"（Betrieb）。在这桩生意中遇到的事物从一开始就被视为"商品"——它们必须被使用，但是这种使用并非为了满足此在的需要。相反，这些事物被用来占据或填充一个原本毫无目的的存在，直到它们被确认为"必需品"。这样一来，越来越多的存在仅仅是为了维持"生意"的正常运转而被消耗掉。所有阶级的存在形式皆以此方式趋向空洞化，以至于有必要将存在本身置于一个新的基础上。

随着实证主义的发展，当代社会科学迷信于"对象"或者"物"的立场。从方法论上讲，它将人视为"物"——可以被管理、操控与利用的对象。海德格尔存在哲学的突破在于，从"此在"的立场出发，将人的现实性而非"客观性"或者"物性"置于其现象学视野的中心。正是这样一种实践，为哲学批判提供了打破思维定式的路径，从而克服传统科学的物化倾向。[12] 马尔库塞这样写道：

在这种情况下，我们就会清楚地明白为什么本体论上此在的历史性也必须对"社会科学"的方法论起到决定性的作用。社会安排、经济秩序和政治形态共同构成了此在的发生，并且必须从此在的生存（Existenz）角度加以理解。如果从一开始就把它们当作"物"来研究，着眼于它们的结构、关系和发展规律，那么观察到的结果（往往误以自然科学为范式的）将使这些建构的意义根本无从显现。

在《关于费尔巴哈的提纲》（1845）中，马克思曾称赞黑格尔发展了辩证法的"能动方面"——这一维度既不为启蒙鼎盛时期的唯物主义所知，亦未被19世纪实证主义所把握。"从前的一切唯物主义（包括费尔巴哈的唯物主义）的主要缺点是：对对象、现实、感性只是从客体的或者直观的形式去理解，而不是把它们当作感性的人的活动，当作实践去理解，不是从主体方面去理解。因此，与唯物主义相对，唯心主义虽然抽象地发展了'能动的方面'，但它本身却无法认识现实的、感性的实践活动。"[13] 海德格尔的存在论本体论似乎也受到类似的反科学情绪驱使，这使得马尔库塞在1928年——时年29岁的他追随海德格尔前往弗莱堡之际——大胆押注：这位弗莱堡哲人或许能成为黑格尔式马克思主义事业的同路人。当时马尔库塞对海德格尔1927年杰作的潜力作出如下乐观描述：《存在与时间》……似乎代表了哲学史上的转折点：资产阶级哲学在此从内部自我瓦解，为一种新的"具体"科学扫清了道路。[14]

弗莱堡智者打破德国唯心主义范式的努力也给马尔库塞留下深刻印象。"超越德国唯心主义"这个共同目标似乎将海德格尔的存在主义与马克思主义联合起来。顺应时代精神，19世纪后半叶的思想家们将新康德主义转化为科学哲学或实证主义的认识论辩护。[15] 康德伦理学中的本体维度——例如将人性视为"目的王国"的范导性理念——已被作为返祖的形而上学赘疣遭到放逐。在1920年代的年轻哲学家看来，要将康德重塑为对历史当下真正批判者似乎已无可能。黑格尔体系显然也遭遇了类似的终极性湮没命运。因为除狄尔泰的著作外，黑格尔研究似乎已退化为某种新经院哲学——对《逻辑学》等著作中大师恢宏概念体系进行无休止的抽象阐释。[16] 由于"生活体验"的批判性主题化在海德格尔基础存在论中占据核心地位，马尔库塞当时推测：这或许能为已陷入深度僵化的正统马克思主义话语提供必要的哲学刺激。

马克思主义试图诊断资本主义崩溃的"客观的"、经济上的先决条件，但它似乎忽略了事物的"主观"方面，即工人阶级的意识。相反，尽管海德格尔的哲学精于描述"在世存在"的现象学结构，但其弱点在于无力应对当代危机中那些具有社会性和历史性的面向——这些面向与永恒性、本体论性的维度截然不同。仔细研读马尔库塞1928—1932年间的著作可以发现，他对海德格尔思想的主要保留意见在于：这种思想能否从基础本体论的玄奥高度降维，以探讨具有当代社会和历史意义的现实问题。换言之，《存在与时间》中的生存论范畴或基本概念，究竟是为具体社会分析提供了方法论支撑，还是反过来成了一种本体论的借口？

在《关于费尔巴哈的提纲》中，马克思提出著名论断："人的思维是否具有客观的真理性，这不是一个理论的问题，而是一个实践的问题。人应该在实践中证明自己思维的真理性，即自己思维的现实性和力量、自己思维的此岸性。关于思维——离开实践的思维——的现实性或非现实性的争论，是一个纯粹经院哲学的问题。"（144）无独有偶，《存在与时间》的存在论分析开始从事一系列实践参与的此在：日常性，工具，操心，情绪，共在，最终抵达历史性。当时马尔库塞颇具洞见地认为，这两种方法论取向——都试图以世俗化、实践化的方式超越德国唯心主义的玄思——完全可以形成互补。在1929年发表的《论具体哲学》一文中，马尔库塞明确阐释了为何存在哲学对解决人类面临的现实危机具有独特意义：

> 如果哲学的意义是真理的显明，如果这种真理具有基本的存在特征，那么不仅哲学化是人类存在的一种方式，而且根据哲学的意义，哲学本身也是存在的一种方式。人们可以随心所欲地勾画出哲学的领域，但在寻求真理的过程中，哲学始终关注着人类存在。本真哲学拒绝停留在认知阶段；而是推动认知达至真理，并追求此真理被此在具体地占有。对人类存在及其真理的操心（Sorge）使得哲学成为最深层意义上的一门"实践科学"，并且它还将哲学——这是关键所在——引向人类存在的具体困境（Bedrängnis）。

在马尔库塞看来，海德格尔的突破性进展源于这样一个事实，即在他的思想中，"再一次从具体的人类生存的角度来审视哲学，而且从具体的人类存在及其目的方面来反思哲学"(37)。

马尔库塞对海德格尔的部分兴趣，源于他对资产阶级"内在性"（Innerlichkeit）局限的不满——这种特质在德国唯心主义传统中尤为显著——以及他对20世纪20年代盛行的"行动"与"生命"概念的共鸣。因此，他对存在主义本体论中的"行动主义"要素抱有某种欣赏，其中"决断"（Entschlossenheit）被视为本真性的核心标志。

同样地，在马尔库塞1930年由海德格尔指导完成的教授资格论文（即第二篇博士论文）——该研究两年后以《黑格尔的本体论与历史性理论》为题出版——中，"生命"概念起着关键作用。"生命"指向实践—经验的直接性维度，而资产阶级思想那种静观式与智识化的取向通常都会刻意回避这一维度。[17] 正如马尔库塞所言："生命这种'类我们'的进程，以及实现相互'承认'的对抗，其本质特征在于'行动'。生命唯有通过行动的完成，通过与自身及世界的具体现实对抗，才能实现其本体论意义及普遍实体性，即一种使所有存在者达至真理并得以本真显现的过程。"[18] 毫无疑问，马尔库塞认为注入这种"行动主义"精神或许能将无产阶级从嗜睡般的麻木状态中唤醒。因此，在这些早期文本中马克思主义与存在主义观念最紧密交融的段落里，马尔库塞将无产阶级既视为资本主义不公的解答，也当作（海德格尔式）"本真性"难题的解决方案。

> 当存在本身突破物化之际，对自身历史性的认知与自觉的历史性存在才成为可能。那些被物化的对象性，实则是历史性生成的产物——它们之所以存在，只因某个栖居其间的此在曾将其纳入生存筹划的视域……资产阶级哲学必然（基于其在资产阶级社会中的存在根基）坚持环境具有独立于此在的客观性——或者在主张世界由此在构成的场合，又必须将这种构成限定在意识的内在性中……存在着这样一种此在：它的被抛性恰恰在于克服其被抛性。历史行动在当今唯有作为无产阶级的行动才可能，因为唯有在此阶级的存在中，行动才必然地被给予。[19]

毫无疑问，20世纪20年代末，最吸引马尔库塞的海德格尔概念当属"历史性"。正如马尔库塞在《历史唯物主义现象学的贡献》中所言："正是对历史性的认识导致了最重大的抉择：为一目了然的必然性而奋斗，哪怕要对抗此在自身所承袭的生存状态。"(23)在《存在与时间》的第二部中，海德格尔突然从高度个体化、克尔凯郭尔式的此在的立场——令人想起《恐惧与战栗》中的信仰骑士——转向了历史集体主义的视角。在狄尔泰的影响下，第一部的范畴框架通过"命运""共同体""世代""民族历史生命"等概念的运用被彻底重构。[20]在马尔库塞看来，"历史性"显然代表了存在主义与历史唯物主义之间的本质联系。

狄尔泰在《人类科学中历史世界的建构》一书中强调"体验"（Erlebnis）对"历史主义危机"的重要意义——这种危机源于19世纪将历史视为实证科学的认知。因为即便历史主义史学竭力捕捉过去的"真实面貌"，它仍无力为历史当下提供方向指引。狄尔泰认为"历史性"不仅意味着所有生命都受历史制约，更本质上是代际可被诠释理解的"意义"结构。因此作为"历史性"的历史，超越了传统史学无灵魂的实证主义数据堆积，成为诠释意义的宝库。

但最终完成这一概念发展的仍是《存在与时间》里的海德格尔。狄尔泰强调生命作为历史性存在于历史中，海德格尔则指出存在本身就是历史性的：过往孕育的传统，使民族与个人能基于未来可能性展开行动。由此"未来性"（Zukunftigkeit）成为"历史性"的标志特征。海德格尔由此为"历史性"注入了行动主义要素——历史性作为本真集体生成的方式——这恰是狄尔泰理论中遮蔽的维度。正如海德格尔所言："历史（Geschichte）意味着我们亲身在场参与的生成事件（Geschehen）……我们就是历史，即我们自身的过去。我们的未来始终从过去生长而来。"[21]因此在海德格尔视域中，历史性不再是思辨的学术理解范畴，而成为真正的战斗号令，对本真存在论参与的召唤。

与此同时，显然马尔库塞从未以不加批判或天真的态度认同存在哲学。在后续文章中，他屡次公开质疑海德格尔的本体论立场是否能与批判马克思主义真正关注历史性的诉求相调和。正如他在《对历史唯物主义现象学的贡献》中旗帜鲜明地指出：

因此，如果我们一方面要求海德格尔所创始的人的此在的现象学继续前进，并在具体此在的现象学和在每个历史处境中为历史所要求的具体历史行为的现象学中臻于完成。(20)

他心底似乎始终萦绕着一个令人不安的疑问：海德格尔构建"具体哲学"的努力是真诚的，抑或只是以诱人却虚幻的"伪具体性"告终？因为倘若存在主义本体论描述的"异化状态"（或"非本真此在"）被视为永恒不变的人类境况，那么实践中就失去了真正改善它的动力。相反，这将沦为某种我们无力修正的必然宿命。正如马尔库塞所言：

现在，为了能够接近此在，能够在它的存在中把握它，具体哲学必须成为*历史*的，它必须将自己置于具体的历史处境之中。哲学的历史化首先意味着，具体哲学必须在其历史处境中研究与之同时代的此在，着眼于这个此在有哪些占有真理的可能性，因此，具体哲学唯有在此在植根的存在领域——即在其历史境遇中与世界互动的状态——中探寻此在，才能真正切近存在。

马尔库塞的早期作品清楚无误地表明，资本主义——帝国主义、金融资本、垄断、卡特尔等——都是决定当代政治和社会本质的社会形式。在他看来，为了变得"具体"，哲学在某种程度上需要解决这些问题和主题。在1928—1932年间，马尔库塞作为学生跟随海德格尔进行了长时间的哲学学习，在此期间他完成了上面提及的教授资格论文的研究。马尔库塞认为，海德格尔的方法无法实现从"本体论"到"本体"（或历史）分析层面的过渡。换言之，基础本体论的原初存在主义承诺依然没有完成：它仅仅提供了一个"虚假的具体性"。在1974年的一次会谈中，马尔库塞反思了他对海德格尔主义彻底幻灭的原因：

我首先和其他人一样，相信存在主义和马克思主义之间可能有某种结合，因为他们坚持对实际的人类存在、人类和他们的世界进行具体分析。但我很快意识到，海德格尔的具体性在很大程度上是虚假的，是虚假的具体性，事实上，他的哲学与当时德国大学的哲学一样抽象，同样脱离现实，甚至回避现实，即相当枯燥的新康德主义、新黑格尔主义、新唯心主义，但也包括实证主义。

海德格尔哲学中有一个方面很早就引起了马尔库塞的疑虑，那就是《存在与时间》问世后其思想呈现出的形而上学转向。在海德格尔后续著作《什么是形而上学?》《康德与形而上学问题》及《论根据的本质》中，他的思想非但没有转向生活经验问题，反而显得愈发空灵出世，与传统永恒哲学（philosophia perennis）静观理想之间的差异已难以辨明。事实上，约在1930年发生著名的思想"转向"后，海德格尔哲学似乎抛弃了《存在与时间》里占据核心地位的生存关切，日益趋向一种更为封闭自指的本体论聚焦——其中"存在之历史"（Seinsgeschichte）凌驾于此在的琐碎追求之上。颇具反讽意味的是，当他的哲学愈发关注原初的"存在之天命"（Seinsgeschick）时，海德格尔本人却深陷20世纪最残暴的政治独裁政权——希特勒的第三帝国——并为其作出了一系列有损声誉的政治妥协。[23]

围绕马尔库塞在海德格尔指导下对《黑格尔本体论》的研究未能取得任教资格一事，其具体情形仍存诸多疑点。更值得注意的是，晚年的马尔库塞本人对这段历史似乎也提供了相互矛盾的陈述：他时而向人透露海德格尔根本未曾审阅其著作，时而又坚称遭到导师明确拒绝。[24] 现有证据表明，最可能的情况是：1930年秋完成著作后，马尔库塞获悉海德格尔不会接受该论文，为避免正式遭拒的屈辱，他主动撤回了申请。1980年代，法兰克福学派历史学家罗尔夫·维格豪斯在档案中发现1932年胡塞尔致法兰克福大学校长库尔特·里茨勒的信件，其中证实海德格尔确实出于不明原因"阻挠"了马尔库塞的任教资格申请。[25] 这部命运多舛的教授资格论文最终于1932年出版。而颇具讽刺意味的是，就在前一年，马尔库塞还曾毫无芥蒂地请海德格尔为其向出版社（克洛斯特曼出版社）撰写推荐信。[26]

尽管在1930年没有获得教授资格，但马尔库塞沉溺于综合海德格尔—马克思的热情未曾稍减，这可从其1933年的一篇重要文章中获得端倪，这篇文章是

《论经济学中"劳动"概念的哲学基础》。与其更早的研究一致,这篇文章通过分析劳动的主要本体论特征,试图丰富传统马克思主义对于劳动的理解。

但1933年这篇论文最令人惊讶的方面之一是,马尔库塞对劳动明显非马克思主义的贬低。在《巴黎手稿》中,马克思通过将劳动视为人类自我实现的重要表征,反对了当时占主导地位的洛克—清教劳动观("额头的汗水,双手的鲜血")——这种观念与"原罪"概念密不可分。在浪漫主义自我修养学说的影响下,马克思认为人类通过劳动在改造自然界的同时,也实现了自身的内在潜能。与之相反,在《论经济学中"劳动"概念的哲学基础》中,马尔库塞的核心观点是"劳动的负担性特征"(Lastcharakter der Arbeit)。与马克思相反,他认为,只要实践仍从属于"客体"或"物"的形态与法则,人在劳动时就永远不会自由。他这样辩称:

> 无论明确与否,自愿与否,劳动总是与事物本身有关(die Sache selbst)。在劳动中,无论劳动者是站在机器旁、制订技术计划、关注组织措施,还是研究科学问题,抑或是指导人们……他们总是"与物为伍"。在这样的行动过程中,人允许自己被事物所引导,服从并受其规律的约束,即便他掌握、处理、指导甚至放弃了自己的对象,在每一种情形下,人也并非"与自己为伍",没有让自己的此在发生。[27]

马尔库塞对劳动解放潜能的怀疑有着多重哲学渊源。部分源于亚里士多德(及经院哲学)将"闲暇"(scholē)视为超越物质必然性领域的观念;他似乎也接受了黑格尔式德国唯心主义对"主观精神"(哲学、文化、宗教)高于"客观精神"(政治、经济、社会制度)的推崇;最后可能还受到马克思在《资本论》第三卷中关于"自由王国存在于必然王国彼岸"(即劳动领域之外)论断的影响。

《论经济学中"劳动"概念的哲学基础》一文的另外一个突出特征在于,马尔库塞对席勒"游戏冲动"概念的积极推崇,将其作为对抗劳动苦役的良方(1922年完成了其关于德国艺术家小说的博士论文后,马尔库塞曾致力于编纂席勒全集书目,并于1925年完成了这项工作)。[28] 在《审美教育书简》(1795)

中，席勒将"游戏冲动"界定为能够弥合人类"理性"与"感性"之维的活动，而在现代，这两者似乎是不可调和的对立面。在第15封信中，席勒陈述了他的激进主张："只有当他是一个完整意义上的人时，他才会游戏，而当他游戏时，他才是一个完整的人。"[29] 在《论经济学中"劳动"概念的哲学基础》一文中，马尔库塞强烈认同此观点，指出游戏时人不再将身心奉献给"客体"，而是"首次完全按照意愿驾驭对象，凌驾其上，从而获得'自由'"。他进一步强调："在抛接球的动作中，玩家实现的人类自由对客观世界的胜利，远比最宏大的技术劳动成就更为彻底。"（128）

马尔库塞在后来的一次采访中承认，由于德国日益恶化的政治氛围，他放弃了在1932年成为大学教授的梦想。[30] 经过胡塞尔与里茨勒的引荐，他结识了当时的法兰克福社会研究所所长霍克海默，后者正计划将行政机构迁往日内瓦。1933年马尔库塞负责日内瓦分部事务，次年随研究所成员流亡纽约。

但1932年马克思《1844年经济学哲学手稿》第三卷的出版，成为其思想发展的分水岭。他在社会民主党刊物《社会》（*Die Gesellschaft*）中发表长篇评论，盛赞这是"马克思主义研究史上的决定性事件"[31]。可以说，马尔库塞突然在海德格尔处苦寻四年未果的历史唯物主义哲学根基，终于在马克思这里得见端倪。他后来回顾："《1844年经济学哲学手稿》的出版堪称转折点，这某种意义上标志着崭新理论与实践形态的马克思主义。此后，海德格尔与马克思对我而言不再构成矛盾。"（《理论与政治》，125）由此，马尔库塞完成了"从海德格尔到霍克海默"的哲学冒险。[32]

通过《1844年经济学哲学手稿》，马尔库塞证实了其基于卢卡奇视角对《神圣家族》《德意志意识形态》《关于费尔巴哈的提纲》等早期文本的研判：马克思思想体系是在与德国古典哲学对话中形成的。更关键的是，马克思主义的哲学渊源绝非青年时期的理论残渣，而是其社会政治改造纲领的核心所在。正如他所言："粗略而言，对政治经济学的革命批判本身具有哲学根基，反之，其底层哲学已包含着革命实践。"（《新来源》，87）

《巴黎手稿》揭示第二国际将马克思主义科学化为"社会主义经济学"的做法，实则构成致命的误读。马克思主义本质上关注的是德国唯心主义的核心命题——人类"类本质"(Gattungswesen)的自我实现问题，只是方法论存在根本差异：马克思致力于"实践地"而非仅"理论地"解决这些问题。研读手稿时，马尔库塞更发现四年前吸引他转向海德格尔的"存在论"关切，正是马克思思想的基本维度——其主题词正是"异化"。这印证了他始终信服的卢卡奇式解读：马克思主义是对"物化"（将人类社会扭曲为经济范畴主导的世界）的批判。马克思对异化生成发展的准现象学社会历史分析，恰好弥补了海德格尔本体论论述缺乏"具体性"的缺陷。

马尔库塞与青年马克思的相遇具有特殊的历史意义：既预示了1960年代中欧异见思潮（波兰的科拉科夫斯基、捷克的科西克、匈牙利的赫勒、贝尔格莱德实践派）对"哲学马克思"的再发现——这股推动"人道社会主义"改革的思潮最终遭1968年苏联侵捷镇压；又预见了1950—1960年代以萨特、梅洛-庞蒂、陈德滔、科西克、帕西为代表的现象学马克思主义风潮。[34] 与马尔库塞类似，这些既借鉴胡塞尔又吸收海德格尔的思想家认为，现象学能抗衡人文科学中的实证主义霸权，从而为构建人道社会提供方法论启示。

在马尔库塞加入社会研究所后不久，德国的政治格局发生了剧烈转变：1933年1月30日，希特勒被任命为总理。魏玛共和国的终结已成定局。3月23日，在国会大厦纵火案发生一个月后，德国立法者（除共产党人外）投票通过了赋予独裁统治权力的紧急法案。数周前，盖世太保强占了研究所位于法兰克福的设施，没收了其藏书。4月7日，纳粹实施反犹的《重设公职人员法》，实质上将犹太人驱逐出大学校园。

正是在这种背景下，海德格尔于5月1日大张旗鼓地正式加入纳粹党。此前数周，他刚被一个已清除犹太人和政治异见分子的学术委员会推选为弗莱堡大学校长。在新任职位上，海德格尔推行了符合纳粹"元首原则"的大学制度改革。6月，他向希特勒发送紧急电报，建议推迟即将召开的德国大学校长会议，直至"一体化"（纳粹对清除政治反对派的委婉说法）完成。同年秋季，他公开为纳粹发起的德国退出国际联盟公投造势，宣称"不要让理念和教条成为你们的指南，元首是德国唯一的现实与律法"。

海德格尔政治转向最令人不安之处在于他如何娴熟地运用《存在与时间》

中的概念为其纳粹立场辩护。例如，他援引"决断性"（Entschlossenheit）这一存在主义概念，将其作为代表国家社会主义民族共同体（Volksgemeinschaft）的集体行动的理由。通过重新诠释《存在与时间》第二编中关于"命运""历史性""民族"（Volk）和"选择英雄"的本体论框架，海德格尔为德国的"民族革命"披上了哲学外衣。正如卡尔·洛维特尖锐地指出的："只需将本真'存在'（在《存在与时间》中）应用于特定的德意志存在及其历史命运，便能从'解构'（Destruktion）转向政治领域的实践。"[35] 马尔库塞声称，尽管当时他与同学们从未怀疑过海德格尔的极右翼政治倾向，但事后看来，这位哲学家支持纳粹主义的行为确有其内在逻辑：

> 如果您看一下他对人类存在、存在于世界的看法，您会发现它是一种高度压抑、高度压迫性的解释……闲谈、好奇、两可、沉沦和被抛、担忧、向死而生、焦虑、恐惧、无聊等等。这幅图画很好地描绘了在一个压抑社会中，男人和女人的恐惧和沮丧——一种没有乐趣的、被死亡和焦虑所笼罩、充斥着专制人格的生活。

对于许多恰好是犹太裔的海德格尔学生而言，震惊之处在于哲学家似乎"选择"了希特勒作为其"英雄"。这个决定成为困扰海德格尔终身声誉的致命污点。彼时刚加入社会研究所——该学术圈对海德格尔思想极为排斥——的马尔库塞已主动疏离这位导师的思想体系与影响。[36] 在他看来，哲学家的纳粹行径意味着不可挽回的决裂。

随着时间推移，马尔库塞似乎逐渐能将海德格尔的哲学天才与其不幸的政治选择区分开来。在1940年所著的《20世纪的德国哲学》中，他承认1920年代"海德格尔对人类存在及其模式的具象分析，构成了现代哲学最富成果的路径之一"[37]。战争结束后，马尔库塞以美国战略情报局官员身份重返德国与海德格尔会面。他自陈这次会面毫无成效。随后双方进行了激烈的书信交锋，马尔库塞恳求其公开谴责曾短暂效忠的罪恶政权。[38] 马尔库塞指出，哲学家可以犯错，但此种涉及对种族灭绝政权无条件效忠的"错误"，意味着对西方传统及其代表价值的彻底否定。海德格尔则始终毫无悔意，认为盟军暴行与纳粹无异，且纳粹某些目标（如使西方摆脱共产主义危害）仍具可取之处。至此，双方已无话可说，通信遂告中断。

马尔库塞在 1960 年代的声名鹊起完全出人意料。他的《爱欲与文明》与《单向度的人》如同战后任何文化批评著作般，精准预见了那个时代欲望与政治的交织冲动。正如一个世纪前的托克维尔，马尔库塞的政治影响力迅速席卷两大洲。他告诫美国和德国的新左派，他们的行动至多只能作为催化剂来唤醒人们对帝国主义不公与社会不平等的认知；倘若学生运动自诩为真正的革命主体，则必将遭遇挫败。[39]

困扰马尔库塞研究者的核心阐释难题在于：海德格尔式主题究竟在其后期著作中占据多大比重？这位思想家是否在某种意义上始终保持着左派海德格尔主义者的身份？他是否将两次大战期间海德格尔等人提出的"时代诊断"（Zeitdiagnosis）应用于战后发达工业社会？我们已看到，马尔库塞曾长期痴迷于海德格尔存在论阐释框架所展现的"具体哲学"前景。那么后期的他是否尝试改造海德格尔对"日常性"论述中关于大众社会的尖锐批判，使之服务于左翼政治目标？

要解答这些问题，必须考察马尔库塞在战后面对的历史情境。法西斯虽已溃败，但孕育其崛起的垄断资本主义经济体系仍根深蒂固。冷战时代笼罩在核毁灭的末世阴云下，国际僵局扼杀了激进政治诉求的表达空间。更甚者，空前的经济繁荣赋予西方社会鲜明的赫胥黎式特征——仿佛通过缔造《美丽新世界》来回应《1984》的预言。过剩商品的泛滥模糊了真实需求与虚假需求的界限，在广告业的推波助澜下，消费者与商品之间形成了病态的爱欲投注，人们似乎彻底沉溺于自身的富足。在《单向度的人》中，马尔库塞通过"压抑性去升华"理论对此社会心理症候作出了精辟分析：弗洛伊德笔下的升华是将爱欲转向创造性活动，而战后资本主义却将厄洛斯引向"为消费而消费"的退化状态。马尔库塞痛陈整个系统对理性批判的免疫——其"高效供给"的表层理性，掩盖着"为生产而生产"的深层疯狂。在此语境下，后期海德格尔对"技术座架"的忧思（即存在被降格为"持存物"的境况）获得了实质印证。马尔库塞在

《单向度的人》关键处援引《技术的追问》以强化论点:"现代人将整个存在视为生产原料,使全部客体世界服从生产的秩序……机械制造与使用并非技术本质,而只是技术本质在客观原料中的具现化工具。"[40]

1940年代末撰写的《现代技术的社会意义》中,马尔库塞尚坚持技术社会中性论的马克思主义立场[41],认为劳动力的雇佣其影响是解放性的还是反动性的取决于具体社会关系。但至1950年代中期,他意识到晚期资本主义已催生出质变的新型支配形态:在古典马克思主义未能预见的社会化享乐主义诱惑下,科技本身已成为自主的统治力量。马克思在《资本论》中基于贫困化理论预言资本主义崩溃,但在J. K. 加尔布雷斯关于晚期资本主义的《新工业国家》一文中,迫使批判马克思主义者面对一个不可预见的情况——工人阶级的基本需求已经在现有制度的范围内得到了满足。从本质上说,消费社会已经成功使社会革命的解放目的成了多余的东西。

面对系统前所未有的冲突化解能力,马尔库塞开始探寻新的反抗策源地。现代诗学的"大拒绝"传统(以超现实主义为代表)因其对主流意义世界的公然弃绝而成为重要选项。但正如《存在与时间》探究社会存在的本体论根基,1950年代的马尔库塞转向弗洛伊德本能理论寻找反抗潜能。在《爱欲与文明》中,他改造弗洛伊德的快乐原则,提出被晚期资本主义"绩效原则"压抑的生物性解放冲动,进而追问:是否存在着从内部瓦解统治连续体的、社会主义的本能基础?这些哲学人类学思考明显带有《存在与时间》本体论追问的印记。他在《论解放》中的表述清晰展现了1920年代德国思想对其世界观的决定性影响:

> 在所有遵循特定社会规范的伦理行为之前,在所有意识形态表达之前,道德乃是有机体的一种秉性——它或许植根于对抗攻击性的爱欲本能,旨在创造并维系"生命更宏大的统一体"。如此一来,在一切"价值"范畴之先,我们便发现了人类团结的本能根基。这种团结虽因阶级社会的需要而被有效压抑,如今却显现为解放的先决条件。[42]

通过这些论述，我们很容易认识到德国1920年代的思想对于马尔库塞后来的世界观具有决定性的影响。《单向度的人》对技术官僚制的批判，正源于1920年代末他在海德格尔指导下发展的思想框架——正是在弗莱堡哲人影响下，马尔库塞首次形成了对社会物化现象（即《存在与时间》所谓"非本真性"）的敏锐感知。

如果马尔库塞的作品今天依然能够对我们产生影响——这一点是毫无疑问的，那是因为他作为一个非正统的马克思主义者的天才创见。当正统马克思主义蜕变为压抑性的"合法性科学"（奥斯卡·内格特语）时，这位法兰克福学派哲学家通过融合黑格尔主义、精神分析与美学维度重振辩证思想。回望思想历程，1920年代末他将海德格尔与马克思进行嫁接的大胆尝试，实为左翼异端传统的重要起点。20世纪思想史的最大反讽莫过于：1930年代马尔库塞竟在社会研究所（彼时将海德格尔思想视若异端）进一步完善了这一范式。

一 对历史唯物主义现象学的贡献

1. 导论

首先必须根据其所予性（givenness）来暂时确定研究对象。在马克思主义的认识论语境中，历史唯物主义进入了历史舞台，马克思主义并非作为一种完全依赖其认知（Erkenntnisse）[1] 准确性的真理体系而出现，而是以社会行动理论和历史实践（Tat）[2] 理论的形式登场。马克思主义既是无产阶级革命的理论，也是对资产阶级社会的革命批判；就其希望解放并巩固的革命行动需要洞见自身的历史必然性——即其存在的真理而言，它是一门科学[3]。它存在于理论与实践、科学与行动的不可分割的整体之中；而任何马克思主义的研究都必须维护作为其核心与主导部分的这个整体。如果想运用"闭逻辑理论""普遍自洽性""永久有效性"等术语来考察马克思主义，试图从某个超验的位置"超越马克思主义"，那么这样的研究必然不可避免地偏离其应有的目标。马克思主义的真理并非认识（Erkennens）[4] 的真理，而是发生（Geschehen）[5] 的真理。因此，关键问题只能以如下方式提出：马克思主义用以推导真理的理论概念框架——即其所揭示和把握的历史行动之必然性——是否源于对历史性现象的充分把握？事实上，在马克思主义内部，历史唯物主义指涉与历史性[6] 相关的整个知识领域——包括历史存在的本质、结构及其运动性[7] 变化。

在其对象的所予性的这个概况中，历史唯物主义的现象学看到了它将遵循的道路的大致轮廓。这种现象学首先揭示马克思主义的基本处境——通过这种揭示，它在认识历史性的过程中获得了对社会存在整体的新洞见，即一种崭新的革命性根本态度（Grundhaltung）。历史性作为此在的根本规定性之发现[8]，经由对现实的新理解，开启了彻底变革行动的可能性。继而，海德格尔在《存在与时间》（1927）中的基本分析被用作尝试对历史性进行现象学阐释的基础。在考察历史唯物主义论述是否涵盖历史性现象全部范围之前，现象学阐释的方法论本身将首先作为一个问题提出来。此在的历史性要求现象学依据辩证方法的方位重新定位自身——该方法已被证明是所有历史对象的恰切进路。由此，辩证法也应在马克思主义方法论运用的过程中获得某种暂时性澄清。唯有到那时，我们才能着手处理历史唯物主义的现象学，即历史唯物主义现象学才能从历史现象的角度来解释马克思关于历史结构的理论。

2. 马克思主义的基本处境

我们将一个人的基本处境定义为其能够清晰认识并确定自身与环境独特关系，以及由此关系产生的任务的境况。如果生命通过探究研究过程获得决定性表达，那么基本处境的界定就源于其出发点——这个出发点既孕育了研究方法与概念体系，又赋予其意义（此处的界定是现象学意义上的，而非心理学层面。例如我们并非主张马克思将研究视为根本任务，其著作应完全据此解释；而是将马克思的探究及其著作整体形态视为历史素材，借此展开对基本处境的界定）。关于此类规定是否可能，以及在何种程度上可能的问题，以及衡量其正确性的标准所在，可以通过进一步发展第 1 节中已经提供的关于该规定对象的给予方式的概要来进行初步回答。一旦马克思式基本处境的历史定位及其意义得以确认，就能获得"准确的"阐释。这种可能性植根于人类此在的历史性存在方式。正因为人类此在总在历史处境中自我表达，这些处境虽不可重复，却可通过追溯与反思被理解（后文将说明在何种条件下，这种反思是可能的）。在此，被给予的认识对象并非"外在于"认识者：它不同于物理世界的"异己"存在，而是"与之共生"并共享存在方式。马克思频繁论及历史认知的这种独特性——它源于人类，同时作为历史主体与客体的双重身份，这一点有必要在后续重新讨论。

关于马克思基本处境的讨论还须回应另一方法论质疑。即便研究将材料严格限定为马克思恩格斯的原著（如本文所为），这些文本产生于不同时期的事实仍使"统一基本处境"的理念看似需要预设某种教条前提，即强制的"统一性"。但我们认为，唯有先（现象学地）指明基本立场，才能有效处理历史分期问题，因为非机械时序的实质历史分期必须将文本各阶段与基本处境关联。举例来说，如果在思考马克思的终生事业时，区别其中的青年黑格尔派、激进民主派以及科学共产主义时期，若缺乏源自基本立场的价值导向，那么这个分期就相当于将历史总体抽象地拆解成仅通过时间顺序连接的碎片。鉴于马克思主义的辩证统一性，后者堪称最不恰当的研究方法。顺便说一下，呈现[9]基本处境并不是为了一劳永逸地确立马克思主义的意义，而仅仅是方法论上的初步探索，并为后续研究划界奠基。

现在，让我们勾勒出马克思主义基本处境的大致轮廓：其关注的焦点是彻底行动的历史可能性——这种行动通过实现人的整体性，为全新而必然的现实清扫道路。其领导者是自觉历史性存在的人，唯一行动场域是作为人类此在根本范畴的历史。因此，彻底行动证明它自身是作为历史单元的"阶级"的革命性历史行动。

为了表述清晰，我们必须将基本处境细分为一系列决定性的局部情境（需要强调这纯粹是方法论的权宜之计），这些局部情境的有机联系将证明基本处境实为一个活生生的整体。

只有当行动被把握为人类本质的决定性实现，同时这种实现又显现为事实上的不可能时（即革命情境中），彻底行动的问题才具有实质意义。基本处境初显便呈现为统一体，这种统一性直接指向历史性，表明基本立场本质上是历史性的。考察具体的历史情境，可以看到无数的活动，它们彼此相接，相互联系，相互制约，所有这些活动似乎都与人类行动者相脱离，而这些行动者似乎并未真正生活于其中，而仅仅是被这些活动所占据；或者——最荒谬的情况是——人们看到行动者执行这些行为并非为了真正的生活，而只是为了单纯的生存！

在这里人们看到"个人力量转化为物的力量"[10]的过程，最终剩下"抽象的个人……被剥夺了全部的生活内容"[11]，其"自身行为变成与之对立的异己力量"[12]。马克思的洞见穿透资本主义社会存在：越过经济与意识形态形式，触及"非人存在的现实"[13]，并通过呼唤现实的人的存在、要求彻底行动来对抗这种非人性。那么，如何定义这种对抗资本主义活动的彻底行动？

"所谓彻底，就是抓住事物的根本。而人的根本就是人本身。"[14] 行动被理解为"生存论环节"（Existenzial）[15]——人类此在的本质行为模式，寻求在此在中自我实现。"社会生活在本质上是实践的。凡是把理论诱入神秘主义的神秘东西，都能在实践中以及对这种实践的理解中得到合理解决。"[16] 所有行动都是人对"环境的改变"，但并非所有行动都改变人的存在。唯有彻底行动，才能同步改变环境及其中人的存在："对环境的改变与人的自我改变的一致，只能被看作并合理地理解为革命的实践。"[17]

彻底行动本质上对行动者及其环境具有双重必然性。通过历史性发生，它将已不堪忍受的必然性转化为能扬弃这种不堪的新必然性。缺乏这种特定必然性的行动既非彻底行动，也完全可能不发生或由他人代行。这导向必然性的最终决定性含义：必然性内在于彻底行动。它必须此刻由此人在此地完成，意味着绝非外部强加，而是行动者（Täter）因其存在本身必须（内在必然性意义上）践行。唯此行动（Tat）才成为真正必然——其发生不从外部规定，而是自我催生。如何具体确定这种必然性？前文已表明：行动作为人类此在的本质行为，既源出于此在又指向此在。彻底行动必须（对行动者）作为具体此在的具体必然性发生，且必须（对环境）成为具体此在的必然。这种具体必然性的领域正是历史。彻底行动的所有规定性最终统一于其历史性根基。

马克思将历史确立为人类存在的根本范畴，提出与所有事实性偏离相对的"本真""有意义""真实"的历史性存在概念："我们仅仅知道一门唯一的科学，即历史科学。"[18]"世界历史性的个人"即"直接与历史相联系的"[19]存在。人类此在本质上是实践的，同样本质上是历史的；无论是否认知，其处境总是历史性的："作为确定的、现实的人，你就有规定，就有使命，至于你是否意识到这一点，那是无所谓的。"²⁰ 这种存在规定是历史性的，由其所处的历史处境所限定，不仅规定着具体人类的现实与未来，也规定着其可能性。固然存在"非历史"的存在——孤立个体与无意识群众都可能误解或反抗其历史处境，但此类存在恰恰缺乏彻底行动所需的必然性根基。历史性作为根本现象及其马克思主义理解需后续详论，此处仅强调其与彻底行动问题的关联。

唯有当行动具有历史性（其必然性乃历史必然性），彻底行动才具备内在必然性——因为人类此在本质上在历史中实现自身并通过历史被规定。这意味着彻底行动者必须具有历史性存在，行动场域必须是历史，行动方向与目标必须源自历史并作用于历史存在。要确定彻底行动的具体可能性，必须首先认识（erkannt）其所处的历史处境。这要求澄清历史性的一般结构及其构成历史存在的根本条件。

《德意志意识形态》对此问题的探讨始于对历史性根本意义的认识。方法最初是纯粹现象学的："历史的人"²¹ 的事态应在具体性中完整呈现，除了可被证实的这种历史人事态无其他有效考量："我们开始的前提不是任意提出的，不是教条，而是一些只有在想象中才能撇开的现实前提。这是现实的个人，是他们的活动和他们的物质生活条件……这些前提可以用纯粹经验的方法来确认。"²² 至于该方法是否以及在何种程度上契合研究对象，我们将在后文加以考察。

那么，现象学视野中的历史人类呈现为何？从一开始，历史人类就不作为孤立个体，而是作为环境中与他人共在的"从属"存在，"属于某个更大的整体"²³。以现象学的目光，无论考察何种历史时间或空间，社会总作为历史具体物、作为历史"统一体"被发现（此概念最初仅指以某种方式上具有基础性和具体个性的个人统一体，从而使该统一体如何被奠基的问题保持开放）。社会界限呈现于自然空间，其范围跨越特定空间环境（乡村—城市—国家）。社会效能的力度与方向通过其再生产——存在的持续更新与重复——构成。²⁴ 社会的首要任务始终是维系其存在所依赖的基本需求："第一个历史活动……是生产物质生活本身。"²⁵ 生产最初总表现为再生产，即在特定生产方式下按自然条件保存和延续现存社会。随着"物质生活"的再生产，"观念"也被再生产："思想、观念、意识的生产最初是直接与人们的物质活动，与人们的物质交往交织在一起的。"²⁶ 根本历史现象表明，社会的"精神"现实以"物质"现实为基础——具有"依赖性"：法律、道德、艺术、科学在历史观中并非超越历史存在的抽象领域，而是生长并植根于具体社会的具体存在中："人们是他们的观念的生产者……这里所说的人们是现实的、从事活动的人们，他们受自己的生产力和与之相适应的交往形式的发展所制约。"²⁷

作为历史性存在的人类此在，既不需要超验动力驱动，也不需预设目标导向，因为它只能作为发生而存在。"例如，'历史'并非利用人作为工具以达到自己目的的某种特殊人格——历史不过是追求自己目的的人的活动而已。"²⁸ 所有的历史发展都依赖于历史的内在本质，是由其再生产推动、受自然环境制约的具体历史统一体（社会）的展开。基于马克思文本的历史发展理论已为读者熟知，此处仅提及阐明历史性根本现象所需内容。

作为历史性存在，人的此在是"世代更替"²⁹。在其再生产过程中，每代人都将其前辈作为自己的基础，继承前一代人留下来的"东西"，包括生产力与生产关系。但是，新一代人总是在"完全改变了的条件下"继承这些东西，因为历史——作为人类过往的活动（作为已经发生了的活动 [geschehene Tätigkeit]）——在任何情况下总是一个转化过程。故而，新世代必须发展、修改或摧毁（如果它与"改变了的条件"不符时）所继承的（Erbe）³⁰。无论采取何种可能性以及什么替代被推翻者，都只能源自历史。唯有当新世代认识并把握自身作为历史客体、从其独特历史处境出发行动时，才能成为历史主体。

随着社会再生产的膨胀（人口增长，空间膨胀的压力，贸易以及其他社会冲突），以及由此而产生的劳动分工，阶级作为推动历史的团结力量兴起了。在研究基本历史现象的第一种方法中，社会依然能够表现为一种统一的整体。然而，如果采取更加严格具体的态度考虑，那么"生产一般是抽象的"³¹。由于再生产形式具有多样性，具体历史社会整体再次分化为其他统一体。即便某社会的生产方式相对统一，分工仍确保个体相对于社会的地位取决于其在生产过程中的位置，正是这些不同位置构成作为决定性统一体的阶级。

通过生产力发展，民族分工成为国际分工，阶级的普遍性超越所有民族与地域特殊性显现。这种发展在现代世界市场的形成中达到顶峰。个体再生产中

的"全面依赖"将其历史存在转化为世界历史性存在:"历史向世界历史的转变"就此完成。³²

至此,我们已勾勒马克思历史发展理论的轮廓,直至普遍阶级作为历史运动的最终承担者显现。现在可以回答谁是马克思基本处境核心——彻底行动的具体承担者:是被其历史存在注定要采取此行动且其存在在此行动的双重必然性中完成的普遍阶级。"问题不在于无产阶级此刻将什么视为目标,而在于无产阶级的本质是什么,以及按其存在它必须在历史上承担什么任务。其目标与历史行动已不可更改地铭刻在其生存状况中。"³³

马克思对人类历史性的分析表明,人类意识与成就是历史社会总体的组成部分,并且是建立在具体历史存在的基础之上的。认知并非导致人之此在外在于历史内在性的活动。即便认知对象可能"超越"历史,认知行为(erkennende Akt)本身并非从虚无降临具体存在,而总是具体人类及其历史处境的产物——历史处境是一切认知的可能性条件。所有真理性认识都揭示真实对象与事态。作为现实,它们唯有当认知的人类此在能朝向它们、使自身"成真"(与历史处境相符)时才有效。一切真知在最深刻意义上都是"实践"知识,因其将人类此在"带入真理"。这是科学的意涵,而科学的唯一任务就是实现这种意涵。历史存在首先在对此存在的科学认知(Wissen)中,在对自身历史处境、可能性与任务的认知中达至完成。唯此它才"直接与历史相联系";唯此它才能做其必须做之事——并彻底地做。唯有必须做之事才能被彻底地做,而人类存在唯有通过认知才能确信这种必然性。在我们讨论的历史处境中,阶级是决定性的历史统一体,对这种独特历史社会必然性的认知就是"阶级意识"的成就。在阶级意识中,被选定的阶级崛起为历史行动的承担者。当革命情境来临时,唯有自觉其历史处境的阶级才能把握它。

由此实现了我们前述理论与实践的即时统一。历史必然性通过人类行动自我实现。人类可能错失行动时机(近代史充满此类错失的革命情境),可能自我贬损,从历史主体沦为客体。因此理论的任务在于通过认知必然性来解放实践。在历史的革命转折点,"科学"成为"历史运动的自觉产物;它不再是教条式的，而成为革命的"[34]。科学通过认知自身历史性而成为现实。所有真实现实的真理唯有在其有效性与实现中才能完成。"哲学家们只是用不同方式解释世界，问题在于改变世界。"[35]

3. 海德格尔《存在与时间》中此在的历史性

我们试图说明，在马克思主义的基本语境中，彻底行动在其历史必然性中是如何获得解放的。在现象学的视野中，历史性表明自身是人类存在的根本规定性（Bestimmtheit）；而历史性的具体基础是所有已经变得抽象的精神和物质对象必须重返的标准。人类自由通过把握其自身的必然性而得以实现——这种实现体现为对直接历史存在的意志，即那种在革命性历史境遇中将自身实现为彻底行动的历史存在。在我们继续探讨通过马克思基本情境所实现的立场提供了哪种发展思想（辩证法）和行动（革命实践）的方法之前，我们必须提出这样一个问题：作为马克思主义基础的"真理"如何证明其自身的合理性？它的有效性能延伸多远？批判性分析可以从哪些方面着手解决这些问题？

内在性（immanent）分析为这种理论提供了唯一有效的进路——该理论将人类存在本质定义为历史性的，且将理论本身视作确保和释放历史行为的手段。此种分析以该理论的基本意图为出发点，进而追问：一般而言，人类的此在是否可以被视为主要是历史性的？如果可以，那么相关理论是否已将历史性完全纳入视野？

自20世纪中叶以来，历史性问题再次被视为哲学的一个核心问题。德罗伊森（Droysen）在黑格尔和黑格尔主义之外，在其《史学论纲》中探讨了这一问题；然而，只有到了狄尔泰那里，历史性才成为哲学思想的驱动力。从那时起，历史性问题就被各方抓住不放，人们越来越意识到，这可能关系到不亚于所有科学的根本问题（在此我们只能列举一些名字：西美尔、里克特、特洛尔奇、马克斯·韦伯）——直到最后，海德格尔从严谨的现象学角度提出并回答了这一极具严肃性的问题。如果说，在转向海德格尔的《存在与时间》时，我们在这个文本上花费的时间比必要的时间要长一些，那是因为这本书似乎代表了哲学史上的一个关键转折点：资产阶级哲学从内部自我解构，从而为一种新的、"具体的"科学扫清了道路。

存在的意义问题是海德格尔的出发点，而澄清这一问题则是他的根本目标。[36] 然而，在已经出版的《存在与时间》的第一部分的全部内容都是要处理具有优先性的存在即此在的解释问题，它一直被理解为人的存在。"我们每个人都是自身所是的存在者（Seiende）[37]，其存在的可能性中包含着追问的活动，我们用'此在'这一术语来指称它。"[38] 海德格尔对此在的存在方式的揭示是根据现象学研究过程所产生的阶段进行的。首先，此在的存在结构是"在世之在"。故此，世界和此在的存在一起，总是一直已经在"那里"。超验、实在以及世界的证明等传统问题暴露了它们自己是伪问题，因为此在一般仅仅作为"在世之在"在"那里"，而世界最初只是随着此在的存在而被赋予的——而且完全是根据一种确定的发现和揭示模式而被赋予的。此在的首次发声并非我思（cogito）——那个随后才设定出自我（ego）的命题——而是"我在"（sum），其意义始终是"我在世界之中"[39]。一旦证实认识乃是本原性的、受世界约束的此在的存在方式，而非（无世界的）主体向某个现成世界的跨越，那么关于认识如何可能的古老谜题便迎刃而解。

那么，与此在共存的世内之在具有哪种存在呢？它的基本构成被定义和确定为"意义性"，即在任何情况下都与此在紧密相关的"关联的整体"。只要客体（对象）本身不是此在，此在在世界中遭遇的对象具有"设备"的存在方式："上手之物"[40]。充斥着对象的环境对此在而言，就是一个朝向它的充满意义的世界；它不是僵硬的物质存在（res extensae），不是独立于此在的抽象物质事物，相反，它与此在密切相关，被此在所需求、所指向，并成为其关注的中心——并且在任何情况下，为它赋予意义，赋予时间和位置。（这句话不应该以某种唯心主义的哲学立场，被误解为暗示此在创造世界；相反，这个论证预设了"客观的"现实世界是自明的，并且不值得成为一个哲学问题。然而，此在与其存在的世界中，本来就彼此联系，是不可分割的整体的组成部分。因此，我们不应将任何试图确立时间性或观念优先性的做法视为该论证的必然推论。）将世界解释为纯粹的"在手状态"的（理论）解释与世界最初向此在揭示的方式并不一致。按照它们的结构和形式，关系与运动（这些例子可见于数理物理学、形式逻辑以及形而上学），研究"在手状态"对象之行为的理论模式，是"推断"与"衍生的"模式。它是对意义丰富的世界的原初理解的修正。[41] 在遭遇世界的过程中，那种出于实际需要而进行的筹划[42]准备活动，乃是首要且本真的存在方式；而一切理论的、认知的行为方式都植根于此——即便这些行为只是以"背离此种本真方式"的形式出现。

在对"在世之在"的细致阐释过程中，此在被揭示为"共在"。"由于黏附［with-bound（mithaften）］的在世之在，世界总是我与传统的自我，即'常人'[43]所共有的世界。此在的世界乃是一个共在世界［with-world（Mitwelt）］。'在之中'就是与常人共在。"[44] 日常此在正是从常人及其在这个共在世界中的根基处获得其规定性的。此在的庸常主体就是"常人"。彻底的分析不仅表明这个"常人"如何从一开始就替此在占有了所有可能性与决断，更揭示了此在的价值取向与行为冲动如何源自"公众解释"。必须着重理解的是：此在在世的"沉沦"这种"非本真存在"恰恰是此在本质性的存在模式之一（"'常人'是存在主义的；作为一种本源[45]现象，它属于此在的积极建构"）[46]。这导向了阐释的核心要义"被抛"。就其本源存在而言，此在总是已经先在的；它的存在被交付给它，却对其来龙去脉一无所知。随着这种被抛，此在也被抛进其环境与世界之中，沉沦于不断远离其本真存在的摇摆之中。

然而，在这种沉沦状态中，此在的根基处依然保留着对其本真性的某种理解——无论这种理解可能隐藏得很深。对此在而言，真正重要的始终是它自身的存在，而正是通过这种在存在主义上被把握的"操心"，此在的本真存在才得以显现。在这种"操心"（Sorge）之中，蕴涵着此在领会自身存在、突破非本真状态而进入本真状态的可能性——尽管它始终被抛且沉沦着。在此，我们必须暂时搁置将"操心"作为此在之存在的解释，以及将时间性作为其本体论意义（即其可能性基础）的阐释。对时间性的阐释最终得出这样一个命题：时间性既非直观的先天形式（Anschauungsform），亦非对象的经验秩序，而是此在的根本构成要素——唯凭借此要素，此在方能成其自身。曾在、当前与将来乃是此在的存在方式，正是这三者的统一，才首次使理解、操心和决断这类基本现象成为可能。由此，我们便开辟了一条道路，得以将历史性证明为此在的根本规定性——这个在海德格尔现象学中具有决定性意义的论点，正是我们所要把握的关键。

在此在"被抛于世"的境况中，日常此在总是从"常人"继承[47]下来的既定解释中获取其可能性。然而在决断状态中，此在却能将自己唤回本真存在；它得以"在其被抛境况中接管它所是的存在者（Seiende），并且能够完全地接管"[48]。但即便在此在本真存在自我构成的决断中，此在依然是被抛的。它的自由仅存在于某种对其遗产的承担——这种承担经由对其自身死亡的预期而淬炼成形：即在自我选择的必然性之完成中。"遗产"始终具有本质的规定力量，它构成了此在基本的历史性："此在决断地回到自身时，既揭示了本真生存的当前实际可能性，又根据被抛状态的决断所继承的遗产来揭示这些可能性。在这种对被抛状态的决断性回归中，潜藏着对流传下来的可能性的自我承递。"[49]通过决断地将自身交付给历史传承，此在把握住了自身的"命运"。它使自身从非本真存在的沉沦状态中超拔出来，进入本真存在——只要它成为历史性的：它主动选择那被继承的、历史地规定的可能性，并"从这种可能性中重获"其存在。

然而，这种作为决断状态的恢复——一种明确理解其所投身之可能性源头的决断——唯有通过"否认"才成为可能。它绝非对某种腐朽过往存在的单纯重演或修复，而是某种崭新的东西，是对过去可能性的回应与更新（Erwiderung）。正因如此，它必然要与"当下"（das Heute）发生碰撞；唯有作为对当下实际存在者的反向运动，这种恢复才可能达成。[50]

即便是受命运束缚的此在，其本质也存在于与他人的共在之中——因此它的"发生乃是一种共同发生，并由此被规定为命运（Geschick）。我们正是以此方式来指称共同体乃至一个民族的发生"[51]。在历史性中，此在必然植根于他者之此在，而此在本真性的发生，就是此在"置身于其'世代'之中并与之共在的发生"[52]。

海德格尔对此在之存在的探究，通过将本真存在揭示为本真的历史性，并将对当下历史处境的敞开性展现为此在最卓越的根本态度，至此达到了其完满性。由此出发，历史科学的起源与对象也得以确定。历史始终关涉的是曾在的此在。一切历史事实、所有"质料性"内容，都必须追溯到某个按其自身可能性在这些事实中自我表达的此在。就连自然也被纳入历史范畴——只要环境中与此在相关的意义结构在其中显现。历史性作为此在的基本规定性，更进一步要求对迄存在的历史进行"解构"：那些被保存的事实及其传承下来的阐释，必须被重新置入属于它们的、活生生的历史此在之整体性中。海德格尔早已宣告，《存在与时间》后半部将进行此类尝试——一种对哲学史进行历史性解构的尝试。[53]

就海德格尔的分析而言，肯定造成了许多异议，并且其方法论基础也遭到了彻底的拒斥。然而，任何此类批判都遗漏了这部作品的意义，即使它其中存在重大谬误，它依然保持其"真理性"。关键在于，这些阐释催生了一种崭新的哲学动力。带着对迫切必要性的清醒意识，一切鲜活哲学的根本问题再次被提出：何谓本真存在？它究竟如何可能？在历经诸多歧途之后，如今我们重新看清：人的意义与本质皆寓于其具体的此在之中——"人的'实体'即是……（他的）在生存"[54]。哲学已经找到了回归其原始必然性的道路，它仅仅关涉这个生存，关涉它的真理与实现。从这个基础出发，所有哲学问题现在能够在与此在的真正联系中通达反思它们的努力，进而探索它们在多大程度上表达了存在主义的斗争和需要，在多大程度上指向了真理、谎言或在世之在的面具。从这一点出发，令人惊奇的是，业已僵化的问题与对策被带来了辩证的能动性，使它们的形式适合曾经生活过和现在正生活在其中的具体的人。当其对象显现为人类行为的本源模式，或者此在基本的、自然的现象时，诸如"知识""真理""科学""理解""实在""外在世界"等概念变得更加清晰。倘若在此类阐释过程中，日常存在的沉沦状态得以重新被带回到本真生存的可能性面前，那么这种哲学便作为一门真正的实践科学达到了其最高意义——即作为关于本真存在之可能性及其在本真行动中得以实现的科学。

认识到此在的历史被抛性及其在共同体"命运"中的历史规定性与根基性，海德格尔将其激进考察推进到资产阶级哲学迄今所能达到以及可能达到的最前沿境地。他揭示了人类理论行为模式的"派生性"，指出其植根于实践的"操劳筹划"[55]，由此将实践领域呈现为抉择之域。他将决断时刻——即决断状态——界定为历史性处境，而决断本身则是对历史命运的承接。针对资产阶级的自由与规定概念，他提出了新的自由定义：作为选择必然性的能力，作为把握那些已被规定和预先给予的可能性的真正能力；更进一步，他将历史确立为这种"对本己存在的忠实"的唯一权威。然而，正是在此处，这一激进冲动抵达了其终点。

然而，倘若海德格尔的考察满足于将分析局限在这些显现之中，它是否还忠于自身的（历史性）本意？具体的人——在其具体的历史境遇中——已被发现是一切哲学思想的根基。历史性既非此在的偶然属性，亦非其在世界中单纯的事实性"位置"，而恰恰是此在本身的存在方式，其全部规定性皆植根于此。这些发现意味着：对于海德格尔这般激进的思想工程而言，必须回溯到"当下"这个具有完全历史具体性的决定性事实。正是在这个"当下"之中、为了这个"当下"，那些被掩埋的真理才得以揭示：这并非对永恒哲学（philosophia perennis）传统问题的新解答，而是当代人类在危机境遇下不得不进行的命运性沉思。鉴于这个"当下"以及对诸种真理的重新发现，某些问题因而必须被提出并得到回答：究竟何谓本真存在？如果可能的话，本真存在如何具体地实现？若将这些空洞的问题抛给"一般此在"，它们既不要求公开承认，也不蕴含任何义务——而这两个特征恰恰是存在论问题必须具备的。倘若将"当下"及其境况纳入考量，便会揭示：本真存在——它始终只能作为"'当下'中那些正在自我演化为'过去'之物的否弃（disavowal）"[56]而可能——唯有通过引发具体变革的行动才能在"当下"实现；同时，"当下"的宿命正是必须通过推翻事实存在的既有处境来开辟道路。此外，人们必须坚决反对海德格尔在此关键处的企图：他将决断性决心回溯至孤立的此在，而非将其推向行动的决断。这种决断行动绝非对既往存在的简单"修正"，而是对所有公共生活领域的重塑。

此外，作为被抛的"在世之在"，此在在任何情况下都与其"共在世界"及周遭环境紧密相连。反过来，这个世界作为意义关联整体，又总是植根于某个关切并筹划其中的此在。但在具体情境中应如何更精确地界定此在？它是否总是作为个体此在而存在，以至于有多少个体就有多少世界？显然不是；此在拥有的世界乃是一个共同世界（尽管每个个体都会对其加以着色和修改）。但这种共通性究竟延伸多远？首先，它的界限存在于历史性处境之中。或许存在一个包罗万象的、贯穿全部历史的"客观"自然世界（例如作为数理自然科学对象的自然就是以这种方式存在）；然而历史世界仅作为意义关联整体——作为"生活空间"——才显现其相关性。[57]

那么，特定历史情境本身的边界究竟何在？即便对于同一具体历史情境中的所有此在而言，世界是否仍然是"同一"的？显然并非如此。不仅不同文化区域和群体之间的意义世界存在差异，即便在任一群体内部，不同世界之间也可能裂开意义的深渊。恰恰在最关乎生存根本的行为中，高度资本主义化的资产阶级世界与小农或无产者的世界之间在意义上几乎无法互通。在此，考察必须直面历史性的物质构成问题，并由此实现海德格尔未能达成甚至未曾暗示的突破。应当指出的是，狄尔泰在这个方向上比海德格尔走得更远。具体而言，尽管狄尔泰认识到历史性的特殊与独特结构，但《人文科学中历史世界的形成》[58] 所收录的论文在分析过程中屡屡遭遇不可化约的历史物质内容。[59] 此处不妨援引一段简短的文字："每个时代都展现出独特的结构……（每个时代）都包含着盛行于各个领域的亲缘观念体系……但必须承认，这些观念背后存在着某种原始力量，是这一更高层次的世界所无法克服的，历来如此。种族、空间与权力关系的事实性构成了一个母体，永远无法被精神力量完全统摄。黑格尔的梦想是：每个时代都代表着理性发展的一个阶段。"[60]

4. 一个辩证现象学的草稿

历史性存在的难题自行引向了历史性的实质内容。我们此前通过前瞻方式所指的实质内容，正是具体此在生存于其中的具体历史条件范围——每个具体此在及其世界关联整体（Bewandtnisganzheit）都根植于此。马克思将这种实质内容界定为社会的自然基础与经济基础。这并非某种置身历史运动之外并对其施加影响的永恒实体；相反，它本身就包含在这场运动之中。在马克思看来，自然如同经济一般拥有自身的历史，二者皆为生成之物。然而它们一旦形成，就构成了"精神力量无法完全支配的事实性",成为具体此在及其关联整体的根基。在转向最后几句话中已初现端倪的历史唯物主义之前,我们必须先勾勒出指导这项研究的方法。根据前文所述,马克思主义在双重意义上是一种历史理论:其一,它的研究对象本身具有历史性,且以历史的方式被处理;其二,它本身就是在具体历史情境中对历史运动的介入。马克思将这种研究对象的方法称为辩证法。

马克思辩证法与黑格尔辩证法之间的关系,目前尚无法深入探讨。我们当下的任务仅是揭示辩证法的方法论意义,并进而追问:这种方法是否与其研究对象相适应。

马克思与恩格斯反复强调,辩证法并非主观任意地强加于对象之上,而是"符合"历史运动本身的规律。在《资本论》第二版跋的著名段落中,马克思指出辩证法把握的是"每一种既成的历史形式都处在不断的运动中"。因此,辩证法自始就将对象视为历史性的存在,即从生成性与暂时性的维度加以考察,认为任何事物都是在特定历史情境中发展起来的,与这种情境特有的此在形式相关联,并只能通过这种此在形式才能被理解。辩证法由此消解了那些僵化的抽象历史范畴,揭示它们不过是"存在方式(*Daseinsformen*)、存在规定"[61],将其还原为独特的、鲜活的、具体的基础。这正是马克思辩证法的方法论要义——面对那些将辩证法滥用成"哗众取宠的脚手架"或万能公式的愚蠢做法,我们必须坚守这一要义。下面援引恩格斯与列宁的两段论述,其中清晰阐明了辩证方法的真谛:辩证法"这种伟大的基本思想认为,世界不是既成事物的集合体,而是过程的集合体,其中各个似乎稳定的事物以及它们在我们头脑中的思想映像即概念,都处在生成和灭亡的不断变化中……"[62];"辩证逻辑则要求我们更进一步。要真正地认识事物,就必须把握住、研究清楚它的一切方面、一切联系和'中介'……第二,辩证逻辑要求从事物的发展、'自己运动'、变化中来考察事物……第三,必须把人的全部实践——作为真理的标准,也作为事物同人所需要它的那一点的联系的实际确定者——包括到事物的完整的'定义'中去。第四,辩证逻辑教导说,'没有抽象的真理,真理总是具体的'"[63]。或许在黑格尔那里,但无疑在马克思著作中,正—反—合的特定形式在其方法论层面就昭示着：必须忠实于历史运动的内在必然性。这种植根于历史性本质的内在必然性，其最鲜明的体现就在于：从现存状态向未来状态（vom Bestehenden zum Kommenden）的历史运动动因，已完整蕴藏于当下世界之中，且只能由此发展而来。正是这一原则排除了任何超验的、元历史的或非历史的冲动与干预。然而，由于这种发展只有通过人的（历史性）行动才能实现，因而未来状态必然总是以"对现存状态的否定"形式呈现。我们记得海德格尔的揭示：朝向本真存在的决断，唯有通过对过去的"否认"才可能实现——那个总是以沉沦状态阻碍着我们的过去。当这种洞见与马克思通向实践具体化的突破相结合时，就形成了革命理论。既然历史发展到某个节点时，现存事物必然沦为沉沦状态，使一切存在形式异化为非本真形态，那么使本真存在重新成为可能的历史行动，就必定是革命行动。因此，揭示这些关联的辩证方法"在本质上是批判的和革命的"[64]。马克思不仅将辩证法运用于一般社会经济对象的分析，更用于具体历史情境的考察与阐释（尤见《法兰西阶级斗争》《路易·波拿巴的雾月十八日》及国际工人协会总委员会宣言）。因为在考察人类此在的整体性时，不仅要关注存在的基本建制，更要关注具体情境——辩证法正是在这种情境中作为革命实践发挥作用。任何将理论与实践割裂为两种似乎建立在不同本体论基础之上的行为模式的做法，都是对历史性本质结构的背离。

因此，辩证法真的是符合其对象的方法吗？如果是，其有效性的范围如何？这种方法的真实性的先决条件是历史符合其对象的存在。现在我们可以回想一下现象学是如何描述此在的历史性的，进而现象学方法对此在历史性所要求的修正。

现象学意味着：允许问题与方法受到对象本身的引导，将对象完全带入视野。然而，在现有理解中，对象总是已经处于历史之中。作为具体的历史状况，这个历史的领域总是如其所探寻的对象一样，始于问题的发展之中；它包括独一无二的发问的个人、其问题的方向以及对象首次显现的方式。当然，有一种科学方法将对象与其历史性完全剥离并因而视之为非历史的科学方法（比如，数学与数理物理学）；这种科学方法能够而且必须如此，因为其对象的存在方式不是历史性的。然而，在所有研究人类存在、存在的方式和它们所把握的作为

"意义对象"（Bedeutsamkeiten）的意义领域的科学中，以这种方式回避历史性的范围是完全不合适的。这种未能将给定的历史性置于现象学分析之中的失败，意味着研究未能将其对象完全带入视野，但不应止步于此。现象学绝不会让其研究简单地终止于对象的历史性展现，继而使其回归抽象的领域。现象学必须持续不断地保持其对象最严格的具体化。这意味着作为历史对象的审查，即扎根于历史的审查，现象学必须允许具体的历史状况及其具体的"物质内容"，在分析中发挥作用。故而，如果忽略了历史性此在的物质内容，那么人之此在的现象学就会丧失必要的丰富性和明晰性。如上所言，这是海德格尔的情况。如果此在是历史性的存在，那么，它就时时刻刻挺立于具体的、历史的情境之中——在其基本的结构得以展现之前，必须首先摧毁这个情境。

辩证法的成就恰恰在于这最后的具象化。因为辩证法的关键正在于此：在每一刻都公正地对待其对象所处的具体历史情境。那些僵化而漂浮的抽象概念，一旦与"属于它们"的人类存在重新结合，便在辩证法中再次变得具体。更进一步，真正的辩证法唯有在认识具体历史情境的基础上，还能为人类存在的决定性领域——实践领域——得出正确结论时，才能实现对终极具象化的要求，从而（由此）真正忠于人类存在的本质类型。与此同时，辩证法沿着一个轴线将具象化的路线推向极致：它迫使分析所涉及的特定人类此在，以其全部存在采取实践立场，并根据其历史情境行动。辩证法的意义恰恰在于：它最终升华为一种基于认识的行动方法。

因此，如果我们一方面要求海德格尔所创始的人的此在的现象学继续前进，并在具体此在的现象学和在每个历史处境中为历史所要求的具体历史行为的现象学中臻于完成，另一方面也就必须要求认知的辩证法变成现象学的，亦即在相反的方向上逼迫自己，从而学着将具体化纳入对对象的完整理解。换言之，在特定分析中，若要确立其历史地位或在人的历史情境中建立其奠基性，就不能仅仅维持其原有内容。相反，必须进一步推进其研究，追问具体的事实是否因为在给定的情况下耗尽了自己，或者给定的情况是否在其本身保留了自己的意义——如果不在历史的范畴之外，那么，至少是完全保持了全部的历史性。

尽管这些问题首先对于决定具体的历史行动（Tun）[65]看起来并无必要，但是，如果这个行动确实源于知识，那么这项工作就不可或缺。

只有两种方法的统一——代表持续不变、非常具体化的方法的辩证现象学——才有可能公正对待人的此在的历史性。

如上所述，辩证现象学的有效领域已经得到了概括性的描述。首先，它延伸到了人的真正存在的历史性的存在——即人的本质结构，也就是人的具体形式与结构。它进一步贯穿于受人的存在影响的全部意义领域（狄尔泰称之为"精神史"[Geistesgeschichte]的文化现象学）。自然领域（物质世界）同样能成为辩证现象学的对象，只要其中"处于历史性之中"的要素被主题化。确实存在一种辩证的自然科学——但并非如恩格斯所误认的那样存在于新物理学中[66]，而是作为自然史的科学，研究自然与特定此在的能动关系。然而也存在着完全非辩证的科学：数理物理学。追问哪种科学更"正确"毫无意义，因为二者的研究对象根据存在方式本就不同。数理物理学正是在抽离所有历史性的前提下处理其对象的——这种处理之所以可能，正是因为自然的存在方式根本不同于此在的历史性存在。自然拥有历史，但其本身并非历史。此在即是历史。根本的辩证科学是关于历史性本质的普遍科学——研究其结构、运动规律以及历史性此在的可能存在形式。狄尔泰在《精神科学引论》[67]中探讨过这个根本主题。所有辩证法都以此类历史性的主题化为前提；事实上，决定研究进程的根本辩证洞见正植根于此。马克思所谓"历史唯物主义"，指的就是关于历史性结构的这一根本认知领域。

唯有在这个领域——历史性领域之中，马克思主义正确性的问题才能被有意义地提出，倘若这里的"正确性"意指一种对每个此在都有效的真理。从这个意义上说，所有关于一般历史性结构和一般历史此在结构的真理都具有普遍有效性。但我们必须补充：仅这些真理如此。所有其他辩证的洞见所涉及的真理，都隶属于特定而具体的历史性，唯有通过对这种历史性的现象学考察，这些真理才有可能被发现和确认。

在同一语境下，出现了"纯粹事实"的问题——这个自德罗伊森以来始终困扰历史研究的难题。所谓"纯粹事实"若被理解为单义事实的提纯，即要求每个事实对所有触及它的历史此在都具有相同意义,那么一部由"纯粹事实"构成的历史将等同于历史的彻底空壳化,最终只会剩下赤裸的时空骨架(徒具形式的数据)。唯有当事实被置于其最初成为事实的具体语境中,才能首次以历史纯粹性的姿态诞生。然而在这种语境化过程中,事实会获得与当时历史此在所具有的多重意义相对应的复合关联——而这种意义的多重性必须得到保留。

然而,这似乎解释了辩证法的内在谬误。如果在历史必然性中理解所有的事实,那么一切事实不都是肯定的吗?这种诸多价值的辩证等价难道不会妨碍真理的决定?这种价值的等价难道不会以其激进的方式摧毁行动的内在意义?就此而言,辩证法不可避免地会遭遇价值问题。

真实存在的价值就是存在的真理——它在存在的真实可能性中适当地存在着。真实可能性也取代了历史的传承。一个紧迫的任务就是,将人的个人价值、他的存在与贡献,与发现人所处的历史遗产和历史—社会状况区别开来。甚至我们语境中更多的决定都会是关于价值与历史性之间的关系的判断,这两者处于彼此共在的具体模式以及此在的真实历史形式之中,因此也处于真实的历史活动范围之内。问题在于,是否以及在何种程度上此在的历史形式(社会系统)是有价值的,除了它的"必然性",这种"历史的"存在与行动可能也表征了价值的现实化。如果历史性确实是人的此在关于生存的决定,那么其本体论意义上的可能就是,存在的价值与其存在中历史性密不可分。例如,这种此在的历史形式(社会系统)必然会使特定存在价值的现实化变得不再可能——继而表明,这些价值的现实化只有在一种此在的新的历史形式中才会成为可能。

此时关注所有这些问题仅仅是为了解决这个误解——人的此在的历史性必然要求所有价值等同,而这种等同不作出任何判断,也不提供任何可能性。当然,辩证法并不能涵盖所有的价值领域。孤独的此在也有诸多价值,这些价值恰恰是对历史性的反映,而且在很大程度上,这些价值的伟大正来源于对历史性的无望斗争的悲剧英雄主义。辩证法能够证明这种形象、形式以及方案的边缘性,然而,对其内在价值,它一无所言。

这些论述仅需指向价值问题显现其疑难之处——即便对辩证法而言亦复如是——由此驳斥那种认为"此在的历史性会扼杀一切决断,进而从根基处瓦解并消解行动"的责难。恰恰是对历史性的认知，才能导向最具决定性的决断：或是为已被认识的必然性而斗争（即便对抗此在自身继承的存在方式），或是固守于必然沉沦的存在形态。关于行动界定方式的两种抉择路径，我们将在后续讨论中进一步展开探究。

5. 一种历史唯物主义现象学的尝试

术语"历史唯物主义"指涉马克思全部以历史性总体结构及历史运动规律为指向的洞见（Erkentnisse）。我们深知这些洞见构成马克思主义整体结构的有机组成部分，并在每个具体分析中发挥着重要作用；但我们能够且必须将这一领域单独划出，因为唯有在此领域内，"马克思主义正确性"的提问才具有实质意义。同样，这只能通过内在批判来实现：我们必须追问历史唯物主义是否完整把握了历史性现象，并对其作出了恰切阐释。在此我们仍试图以海德格尔的分析为基础，因其在最本原形态中揭示了历史性现象。此在的原初历史性体现为：特定被抛的此在总是从既在者中创造其存在形式，依据其意义进行修正，从而在当前时刻又成为未来此在的命定性过去。世界（作为自然环境）亦被卷入此过程——它并非作为凝固的物性世界僵持于纯粹现成状态，而是作为意义世界植根于特定此在之中。不言而喻，存在着超越意识的客观自然世界。"外部世界客观性"作为最原初的自明性形态本不构成问题，唯当涉及人与外部世界"之间"的关系时，问题性才真正显现。此在始终朝向客观存在的事物，关切并认知它们；但这些事物总是作为有意义者显现，处于由传统与历史生成所造就的关涉脉络中。理论性态度虽能突破意义世界，但（现象学的）认知目光只能穿透事物的抽象结构与形式——仅触及那些永远无法"实在化"、无法进入具体化脉络的层面。

只有在表面上，这些解释才能与某种唯心论的内在哲学相混淆。唯心论哲学解释的缺陷并不在于它们的主张，即此在与世界根据存在而相互联结，而在于它们不能超越这个论断，不能有助于发现其本体论基础。此在不是任何情况下都被卷入其世界的、正如被抛在世界之中的一般此在，也不是在任何情况下作为意义的、与具体此在有关联的世界之网；相反，具体的世界中总存在着具体的此在，而具体的世界总与具体此在相互联结。这种最终的抽象化使得历史性的物质内容无法展开。根据其本质，此在总是特定历史情境（时空情境）中的具体此在，而且根据其真正的本质，它受具体可见的物质内容所决定。一旦发现此在是被抛性的现象上的终极形式，现象学的分析就绝不会停滞不前。这里没有绑定于单一此在的单一意义世界。此在与世界之间的纽带依据存在本身构建，并非漂浮无根的抽象物，而是形成于具体历史进程之中。诚然，此在是被抛的"在世之在"（being-in-the-world），但作为被抛者，它始终由其世界所规定——这种规定性并非仅仅体现为与某种"常人"关联的沉沦样态（即便这个"常人"符合此在之本真存在），而是通过此在降生于其中的具体历史的"共在世界"与周遭环境来实现。这正是我们称之为"历史性"的实质内容：它不仅是此在的实际性规定，更是此在结构上的终极规定。

此在的"在世之在"意味着被抛入一个具体历史性的共同世界与周遭环境之中，由此此在总是从这个世界出发来规定和发展自身。让我们回顾现象学阐释所揭示的此在的基本行为模式：此在首先是一个实践的、谋生的存在者——其存在方式体现为在世界中安顿自身，朝向它的世界展开活动，并利用世界中可用的对象来满足其生计之需。这意味着，具体历史性的此在首先应当根据它如何在自身世界中、并依照这个世界来谋生这一维度加以理解。此在的根本关切在于它自身，在于它的生产与再生产。

在思考历史唯物主义的这个基本原则中，我们必须立即处理这些建立在误解基础之上的异议，它们似乎是自然而然地涌现出来的。争论的既非价值的相对优先性，亦非对某一存在模式作为此在的本真存在模式的断言；相反，这是一个纯粹的现象优先性问题：鉴于历史的此在的简单现实，在生产与再生产中表现自身的自为的先行安排，证明了此在的"首要"行为模式。此外，根据这一点，没有本体实体优先性的目的或者意图，就像（比如说）纯粹的生产与再生产以某种方式首先存在，"文化的"与"精神的/心灵的"行为模式与客观领域随之而来。毋宁是这样——不能丢弃这种经常被忘掉的基本原理——作为"在世之在"的此在，总是同时是"物质"与"精神"、"经济"与"意识形态"

的（这些术语仅用于表示传统上通常加以区分的各个领域），这样一来，意识形态领域总是伴随着此在的历史活动而再生产出来的。（卡尔·李卜克内西在其《社会发展的运动规律研究》一书中表述得非常清楚）[68]。然而，确实存在与存在相一致的基本关系，这就是在任何情况下，具体历史此在领域中所显现的理想客观性都源于物质客观性。当然，与存在相一致，这些基础如其所是：也就是说，不是取决于它们的有效性或者意义（到目前为止，这种论证还没有形成任何关于意义和有效性的陈述），而是取决于它们的生存与（历史）形成，根植于具体的历史、"物质"客观性。正如已经强调过的，即使它们符合传统的用法，"理想与物质的客观性"概念只是权宜之计，纯粹是后来发展成熟的东西的占位符。根据这些宽泛的传统术语，按照马克思主义的精神，所有并非通过"物质生活"的生产与再生产所提供的对象都应归属于观念性领域。例如，不仅数学对象，连审美对象也属于此范畴！（确切而言，审美对象之所以属于此范畴，正因为它作为审美对象而非再生产手段存在。对工匠而言，它当然是后者，因此在那种语境下并不具有"观念性"。）迄今为止，尚未有人从历史性现象的角度着手澄清这些概念。这必须成为一项独立研究的课题。我们所说的"意识形态"，是指在具体历史性此在的整体具体性中可被证实的全部观念客观性领域。这一界定与李卜克内西所给出的定义是方向一致的。[69]

此外，这些观察并非指向（抽象的）个体此在，而是始终指向具体的历史统一体——即无论如何都作为社会存在的整体，即便它仍缺乏确定性。若试图通过个体的物质性来解释意识形态，将彻底违背历史性在现象学上的自明性，个人并非此在的历史单元。必须反复强调：这些表述所针对的单元与统一体，只有在考察具体历史性——即"社会"时才会显现。再者，上述观点与"生存本能是此在基本驱动力"的主张毫无对应关系，因为社会无法被赋予此类单一的"驱动力"——正如后文将揭示的，内部分裂的社会同样如此。

总体而言，最大的误解集中在意识形态的解释上。原则上必须区分意识形态的内在意义阐释与其历史意义（定位）。历史唯物主义的基本论点之一是：意识形态所意图的内容（其内在意义）绝不等同于它的历史意义。历史唯物主义只关注后者，且唯有通过其辩证方法才能把握后者。而要解释内在意义，则需要采用与辩证法截然相反的方法——即将待阐释的意识形态视为自足独立的统一体来理解。

尽管这些预防性反驳旨在消除那些只能通过细致分析才能厘清的误解，但它们至少应尽力避免陈旧的混淆观念干扰刚刚展开的考察。现在我们回到历史唯物主义最初自我表述的那些命题。对历史性的分析进程已表明：此在始终是具体历史性的此在，它尤其表现为某种确定社会形态（以某种方式确定的、据此在自身而确定的社会），具体历史性的此在正是被抛入这种社会形态中进行自我维系的。此在的原初行为模式是实践能动性，表现为生产与再生产，而文化、精神与智识对象的领域正建基于此。我们当下的任务就是要对这些仍具暗示性的论述作出更精确的阐述。

首先，我们已探讨过的那个作为本真历史统一体的"社会"由何构成？答案在于：这个统一体本质上被证明是此在的多元集合，个体此在唯有作为社会组成部分才成为历史性的。我们现在推测——这个统一体同时就是那样的社会：意义世界在其中并为其而建构，日常环境的每个牵连整体都朝向它。

每个具体历史的此在都拥有一个具体历史的"生活空间"[70]。此在被抛性亦是被抛入自然界某个特定部分的过程。此在正是从其自然环境的这个部分中，首次创造出作为生产与再生产可能性的存在可能性。此在创造这些可能性的循环领域，我们称之为"生活空间"。这个领域绝非不可逾越的屏障：它可能被炸开、扩张或收缩——但每次爆发、扩张与收缩都是这个特定生活空间的变体，并由此被生活空间所决定，使得生活空间作为无可逃避的遗产进入历史运动。它既非"直观形式"，亦非自然的空洞空间性，而是充盈着此在所关切、占有与供给的"上手状态"。生活空间满载此在所需并主张使用的一切。此在的恐惧对象、希望所系与信仰根源皆源自此，从此获得所有行动的动力。运动冲动同样源于生活空间——那些攫取整个社会存在的运动，为此在提供供给。当生活空间证明其肥力不足以承载相关社会的生产与再生产，因而需要扩张或改良时；当必须抵御其他社会侵袭而导致空间被划定或摧毁时；当伴随新社会的新空间出现并被纳入供给循环时——这些情形皆属此类。生活空间首先呈现为具体历史此在的边界，即作为社会决定因素的历史统一体；这在原始群、部落、村社共同体与古代城邦的历史形态中最直观显现。（家族与氏族对历史统一体形成的贡献问题在此不作探讨。尽管其重要性不可否认，但从现象学角度看它们并非原始历史统一体，事实上除非具备完全自给自足的生活空间，否则不可能成为此类统一体。）后文将探讨这种界定是否足以诠释完全历史性的此在。

现在让我们考察历史社会如何在生活空间中实现自我供给。海德格尔对此在的分析再次揭示：人之本质即其生存。这意味着唯有充分把握并塑造其生存，人类才能实现其本质。人类首要关切是其自身的生存。这并非植物性意义上的生存——那仅是"自我保存本能"——而是作为被抛"在世之在"的维持、形塑与提升，即包含生存论上属于它的物质与精神具体化产物。我们将此在首要关切涵盖的对象领域称为"生存需求"，将满足这些需求的供给活动称为"经济"。社会的生存需求根植于维持、形塑、扩张或提升其存在所必需的供给对象。

"社会生产与再生产"的意义由生存需求的总和及其衍生的供给模式所决定。社会生产与再生产确实是每个历史统一体最本原、最根本的构成要素，因为它们毫无例外地影响着其纯粹存在，而人类此在的本质区分与特征只能从生存论差异中推导出来。我们既无法对这一总体性进行更多推演，它也不容许被进一步还原——因为它直接根植于此在本身的被抛境况：一方面由自然境遇（土壤条件、气候、地理形势等）所决定，此在被抛入其中；另一方面则由过往世代的历史遗产所决定，此在（积极或消极地）与之紧密关联。

作为社会生存需求的表达，生产模式既是社会赖以构成的历史根基，也是历史运动发生的场域。但必须反复强调的是：社会的意识形态维度总是先于或伴随经济维度而产生——这是因为意识形态始终以社会的经济结构为其存在基础。关于"何者具有客观优先性"这个古老问题（"孰先孰后"：精神还是物质，意识还是存在），辩证现象学不仅无法回答，更认为该问题在其框架内毫无意义。被给予的永远已经是作为历史性"在世之在"的此在，它始终同时包含着精神与物质、意识与存在；唯有基于这一明见的事实，才能对此在中的奠基关系作出判断。任何试图重构给定性以偏袒其中某部分绝对化的做法都是教条主义——这种教条主义只会遭到辩证思维的蔑视，因为它企图以僵化的抽象、以某种绝对第一性来展开辩证考察。

让我们再次总结：历史社会通过与其被抛境况相应的生产模式自我建构，通过这些模式根据生存需求来供给其生活空间。只有当社会真正以统一方式作为整体供给其生活空间时，它才成为历史统一体，成为历史运动的承载者。当这种统一性分崩离析，当整个社会不再通过满足生存需求而存在，当劳动分工发展到生活空间的供给不再通过社会整体自愿行为来调节，而是通过各种强制措施来分配（以致最繁重的劳动表现为从属者与低贱者的活动）——此时，生存需求也会从这个曾经统一的社会内部劳动分工中生长并分化出来。一旦社会的生产模式被安排成在同一生活空间内构成不同阶层（这些阶层仅通过其在生产过程中的位置而存在），这些阶层就成为历史运动的真正承载者。随着"阶级"的出现，新的历史统一体也随之诞生，它们比（表面上的）城市、乡村、民族等包容性共同体更本源、更真实地具有历史性——因为阶级仅通过历史性此在的根本模式（生产方式）而存在，也仅由其所决定。

至此，我们已然置身于由历史运动问题及其"根基"、方向与目标所构成的探究领域。

若有人试图将历史运动解释为某种后来附加到原初静态、无历史社会（无论如何界定这种"原初社会"）之上的东西，那么这个问题从提出之初就是错误的。此在就其存在本质而言本就是历史性的存在，正因如此，它始终已是"动态存在"（bewegtes）：唯有在历史运动中，此在才可能成其为存在。营建生活空间必然意味着改变现成存在者（驱使自然力为人所用，在自然位置间迁徙，探寻新的营养源，制备与分配产品，开展贸易等）。自然转化为历史的整个过程（参见《德意志意识形态》）既属于此在的根本行为模式，也构成了历史性的基本结构。再者，历史变迁绝非纯粹的位置变更或空间位移。海德格尔曾有力地提醒我们注意"事件运动性的存在论之谜"[71]："发生在器具与劳作本身之上的'事件'具有独特的运动特性，而这种特性至今仍完全晦暗不明……其中'某物作用于某物'的事件运动性，并不能通过作为位置变更的运动来把握。"[72] 事实上，所有本真的历史运动都自我显明为"意义变更"——一种改变其所把握对象之意义的运动。随着营建此在建构起意义世界（包括观念世界），"意义"世界从最初就被卷入历史运动。

所有本真的历史运动始终是营建此在的运动，就其作为历史运动的表达而言，这种运动即是经济运动。因为唯有此类运动才能把握历史此在的根本行为模式，根据此在的历史性存在重塑社会，因而也能重塑奠基于此种存在之上的意义世界（意识形态）。然而，经济运动的方向作为历史事实性，只能从具体历史情境的分析中推导得出，因而无法通过作为此在基本结构的历史性现象学来把握。此类经济—历史分析必须先行于任何历史行动理论，因为它完成了最初的奠基工作，使后续行动得以作为必然的变革而发生。

在此语境下，我们现在可以尝试澄清"历史必然性"这一概念。如果说环境改造能力（即对环境的变革）属于历史性此在的根本结构，那么关于这种变革必然性的论述，就不能再被误解为世界像重力作用于物体那般对此在施加作用。历史必然性并非伴随或通过此在发生之物，而是历史性此在之存在本身的特征，始终已然随着其被抛境况而被给予。历史必然性就是历史性此在的必要行动——这种行动在认清历史形势中趋于成熟，在把握历史形势中自我完成。该行动本身无所谓善恶，只区分必要与非必要。若有人追问"某事件是否能在缺乏意愿与欲求行动的情况下发生"，那将是对历史性此在存在的彻底误解。更谬误的是断言"唯有伴随这种意志与欲望，必然性才成其为必然性"。严格来说，并不存在某种"它"作为事件"发生"；真正发生的是此在的行动性存在，这种存在本身构成了整个历史发生的场域。（日食、地震、风暴并非"发生"，而是"进入发生状态"。追问"它发生"的神学渊源呼之欲出，几乎是在乞灵于某个允许此在遭遇事件的上帝。）问题仅在于：历史行动是否必然地被践行，即是否已在纯粹的历史性存在中被给予。此处我们回到马克思首创、海德格尔重新阐释的"本真历史性存在"概念。历史性此在绝非总是清醒意识到其历史境遇（其"命运"），也非总是自觉承担并践行命运。若真如此，历史行动倒确实会以"别无选择"的方式"发生"。但事实上，对本真历史性存在的可能性（即洞察命运并通过行动把握存在的能力），只存在于特定的历史情境中。日常生活空间的必然筹划将此在抛入被筹划的环境，促使环境独立化为由纯粹物构成的僵化世界，这个世界以自然法则般的不可抗性禁锢此在，并规定此在与之的关系。马克思发现的"物化""去人格化""异化"过程,在资本主义社会达到极致表现,但凡是生活空间的筹划不再根据社会生存需求统一调控,而是陷入自我分裂、丧失对自身存在掌控力的地方,这种现象便已生效。一旦如此,这类社会的生产方式就必然与其生存形式产生矛盾,而真正具有生产性的阶级必须凭其存在本身突破物化、扬弃矛盾。当存在本身突破物化之际,对自身历史性的认知与自觉的历史性存在才成为可能。如果世界对此在而言仅仅是一个待筹划的生活空间;如果此在仅存在于这种筹划活动中;如果此在通过其存在创造出使世界首次成为生活空间的条件——那么此在就能认知到:世界本质上关联于筹划着的此在,那些被物化的对象性,实则是历史性生成的产物——它们之所以存在,只因某个栖居其间的此在曾将其纳入生存筹划的视域。随着对世界历史性的认知,此在也认知到自身的历史性——正是通过被抛境况,此在能够凭借改造行动创造新世界。现在我们理解为何资产阶级哲学必然(基于其在资产阶级社会中的存在根基)坚持环境具有独立于此在的客观性——或者在主张世界由此在构成的场合,又必须将这种构成限定在意识的内在性中。只有当革命实践被认知(erkannt)为本真的历史性存在,当具体变革被确认为世界的真实运动时,资产阶级社会才能在其历史生成与必然衰亡中被看清。存在着这样一种此在:它的被抛性恰恰在于克服其被抛性。历史行动在当今唯有作为无产阶级的行动才可能,因为唯有在此阶级的存在中,行动才必然地被给予。

现象学分析表明,人类的此在本质上是历史性的,并将实践认定为此在的原初行为——由此重新揭示了"理论理性"植根于具体历史生存状态的方式:这种根基性并非偶然事实,而是基于存在本身的相互绑定关系。历史唯物主义对此境况作出具体阐释时,将"社会存在"(彼此共在的具体在世之在)视为历史动势的载体,并将"生产方式"(在环境中处理事物的实践)认定为历史进程的决定性要素。然而,当这项从普遍历史性的现象学分析向具体物质内容的突破完成时,它只有作为革命理论才能获得历史形态。当实践被确认为人类此在的决定性态度(Haltung),即真正创造现实的态度之时,当特定历史情境被把握为"非人存在的现实性"之历史沉沦状态的那一刻,实践就将成为引领历史必然性实现的"革命性实践"。历史的动势即是人类生存的发生过程。每个新的历史现实都要求新的人类生存方式。人类生存永远无法通过单纯改变现存现实而实现，因为那样就永远无法超越现存状态。事实上，此在若将现存状态视为给定条件，就必然堕入其意义世界即"意识形态"之中（任何改革、对现状的修正都以承认现状为前提）。"新"生存唯有通过"否定"才可能实现。有机的历史发展与革命之间不仅毫无矛盾，革命反而呈现为历史动势的必要形式，因为唯有革命才能改变历史性此在的生存方式。

由此出发，历史唯物主义在德国哲学发展中的历史意义也得以阐明。但其历史重要性并不在于哲学成就——那不过是将实践宣称为人类此在的决定性态度。马克思特别强调："与唯物主义相反，唯心主义却发展了能动的方面……但只是抽象地发展了。"[73] 为证明马克思命题的恰当性，只需指出以下事实：无论在康德体系还是费希特行动哲学中，纯粹理性都植根于实践领域。世界的历史性及其辩证动势作为鲜活真理，早已渗透在黑格尔学说那表面僵硬的体系结构中。但唯心主义剥夺了人类实践的意义，消解了行动的决断性——它将人类知识封闭在意识先验构成的表象世界，并将这种先验构成置于具体经验之上。历史唯物主义扭转了这一关系，但这并非为了以新方式提出哲学问题，而是由于不堪忍受的生存境遇迫使人们重新理解正在发生的历史进程。

二 论具体哲学

我们以"哲学化"这一人类活动作为研究起点——正是在此活动中，在这种人类活动中，哲学得以自我构建。[1] 如果严肃对待这个词的含义，"哲学化"是人类存在的一种基本模式。人类存在的所有方式都受制于它的意义（Sinn）问题。它的显著特征是：存在并非通过单纯"在场"实现，而是以一种非常特殊的方式"直面"自身的可能性；它必须把握这些可能性，并且在把握的过程中，一直笼罩在"目的何在"（Wozu）问题的阴影之下。（无论于此处抑或别处，我们将避免把这种"目的何在"的概念作为超越人类存在的目的范畴，因为人类存在本身就是为了这个目的。即使撇开了任何关于目的的思考，也就是说，当存在的"目的何在"建立在自身存在的基础上时，人们仍然可以谈论"目的何在"）。这种"目的何在"与人类存在的关系就是我们在这里所说的意义。

就对哲学化的原初理解而言，其意义不能被认为是实现一个超越它本身的目的。所有本真的哲学化都能在自身中找到它的意义，并通过自身把握住这种意义。真正的哲学努力是以"真理之显现"为认知目标，故可暂时地将哲学化的意义界定为真理的显明。

在众多关于"真理"的定义中，我们首先考虑的是它的有效性（Geltung）。真理不等于有效性，亦不囿于有效性，但有效性属于真理的本质。"无效的真理"（Ungültige）即没有有效性的真理是不存在的。但有效性（gelten）的含义是什么呢？事实上，有效性只有在与人类存在相关的时候才是存在的。自然规律并非对按照其规律运行的自然界有效,而是对理解自然的人类才具有有效性。对铁而言,磁铁对它的吸引并不具有有效性,唯有人类观察者才感知其为有效。如果说某些条件是有效的,这意味着在我对这些条件关注的程度上,我必须了解它们,必须熟悉它们,必须对它们采取相应的行动,必须调整自己以适应它们。这个"我"是绝对必不可少的;它在任何情况下都指向人类存在。有效性并不意味着有效条件只是针对人类存在的,但它确实意味着当有效条件只是针对人类存在时,它们才是真实的。自然规律所表现的条件对自然界来说并不真实,因为自然界的条件本身就是如此;正因如此,自然规律对人来说才是真实的。因此,就有效条件的存在而言,有效条件的集合可以独立于所有的人类存在,但作为真理的有效性只"适用于"人。[2]

如果真理是通过有效性与人类存在联系在一起的,那么这种关系就需要通过一种经常被忽视的现象来获得其存在的意义:占有(die Aneignung)。无论真理条件的存在如何独立于所有人类存在,真理的本性都要求通过人类存在来占有它。真理并非通过寻觅与保障获得,也非通过认识的劳动被掌握后再加以抽象封存;相反,在真理的认识过程中本身就存在着占有真理的要求。[3] 只有对那些最初知晓知识、亲自发现并掌握知识的人来说,知识才是一种占有,"就像第一次一样"。对于那些未能以自身整体重复这一原初发现过程的个体而言,知识便沦为一种熟悉感,真理则变成了一种"接受为真"的态度。每一个真正的真理都必须被真正地认识(gewußt)并被占有;而这种认识(Wissen)和占有并非人类意识中一时出现又转瞬即逝的行为;相反,它们属于人类此在的存在本身,它们是存在的一种功能。占有固然不构成真理的存在(真实的条件),但它确实构成真理的目的(Sinn)。真理的"目的何在"只有在占有中才能实现。

如果通过人类此在占有真理必然属于真理的意义,如果这种占有是在此在本身的存在中作为认识和占有来实现的,那么在这种存在中真理也必然产生了重要影响。然而,人类此在的存在每时每刻都是一种与世界相联系的形式:作用和反作用。因此,真理必须介入这个实际存在的领域:在这种相联系的形式中,此在必须能够将自己引向真理。

每一个真理[4]都具有存在的意义,即人可以通过对它的占有,以一种真实的方式存在。这里所讨论的问题,只要它仍然是一个初步的、一般的规定的问题,就必须首先加以非常广泛的理解。即使是数学知识,在它具有所有真理的原始特征的情况下,它也能把人带入与世界的"真实的"关系之中。例如,希腊世界的数学真理就具有这种存在特征:它不仅在毕达哥拉斯的文本中清晰可见,也在柏拉图的诸多对话中显现出强烈的共鸣。

现在让我们回到讨论的起点。如果哲学的意义是真理的显明,如果这种真理具有基本的存在特征,那么不仅哲学化是人类存在的一种方式,而且根据哲学的意义,哲学本身也是存在的一种方式。人们可以随心所欲地勾画出哲学的领域,但在寻求真理的过程中,哲学始终关注着人类存在。本真哲学拒绝停留在认知阶段;而是推动认知达至真理,并追求此真理被此在具体地占有。对人类存在及其真理的操心(Sorge)使得哲学成为最深层意义上的一门"实践科学",并且它还将哲学——这是关键所在——引向人类存在的具体困境(Bedrängnis)。上述关联迫使我们追问:本真哲学是否必须证明其对真理的占有具有终极存在的必要性?关于哲学是否具有"成效性"这一问题,或许并不像它通常被认为的那样,完全脱离哲学本身?哲学问题和真理是否也拥有"历史"?这种历史不仅仅是在事实层面上,它们是在"历史"中形成的,更在于它们在本质上是历史性的,它们被绑定于具体的历史性存在之中,只有从这种存在的视角出发,并且为了这种存在,它们才具有意义与真实性。同样地,哲学问题和真理是否也拥有其具体的时间、地点和时刻?是否有可能,具体的人类存在,以其此在的方式与其历史性实践中,已经在某种意义上占有了尚未被哲学发现的真理?如此一来,哲学的任务是否就是要通过对具体存在的解释将这些真理解放出来?另一方面,哲学是否也应当操心其真理被占有的那些极其具体的可能性?哲学的任务是否还在于为其真理的实现预备条件,并在必要时在历史性存在的领域中为这种预备而奋斗?

让我们总结一下上面所提及的问题的主旨大意:当再次从具体的人类存在的角度来看待哲学,以具体的人类存在作为哲学的目的对哲学进行审视时,是否必然产生一个全新的哲学开端?

我们认为，对这些问题进行抽象的、普遍的处理会遮蔽掩盖问题的真正紧迫性，只有在最极端的具体范围内对它们进行讨论，才能使这些问题显现出必要的清晰度。迫在眉睫的不是一般哲学的必要性问题，而是具体哲学的必要性问题。需要再次强调的是，本真哲学的内在价值在这场讨论中并未受到怀疑，恰恰相反，这场讨论预先假定了它的内在价值。然而，针对当前的存在状况，在提出具体哲学的必要性问题之前，我们必须对哲学与人类此在相遇的一般状况进行一番概述。在这个方面，我们只提出最必要的初步建议。

人类存在，即哲学的主体，总是处于一个特定的历史处境之中。哲学所涉及的主体和对象，并非抽象的、"可互换的"；每个个体都存在于一个特定的活动框架中（他在其中维持和塑造自己的存在），存在于一个特定的社会状况中（他的日常环境通过这个状况被定义），存在于民族共同体的一个特定状态中，而这个状态又是在特定的自然和历史条件的基础上演变而来的。从出生开始，每个个体都被赋予了自己的历史处境：其存在的可能性正是通过这种历史处境来规定的。而与此在"相对立"的对象、其操劳之物、其生存其间的自然世界、其生命轨迹的结构形式——这些绝非固定的、"明确的"、独立的量，在不同历史处境中并不会以相同方式呈现。无论何时何地，它们都已经被一个具体存在所掌握和改变，同样地成为"历史"，代代相传，根据各自存在的必要性而被塑造。

如果有人想认真对待此在的哲学关切，那么哲学就不能把此在在历史处境所获得的限定性视为单纯的真实性、历史的"视角"、时间的偶然性，或是某种"本质内容"（Wesensgehalt）的实现（该本质内容本身是超时间或时间之上的），而是要将它视为此在的本真命运，视为存在本身的具体充盈。此在并非作为一种产物"制造"历史，亦非栖居于历史之中，仿佛历史只是其偶然的生存空间或附属要素；相反，此在的具体存在"即是"被理解为"历史"（Geschichte）的发生（Geschehen）。[5] 若将此在的本体论历史性[6]仅看作真实性或其类似物，不仅意味着在哲学探索伊始就忽视了此在的实际生活领域，而且还意味着它违背了现象学的发现——唯有现象学能为哲学提供指引。让我们先来观察一下现象学还原的情况。当意识从现实世界的自然规律中被抽离出来，当对现实世界的每一个判断都被排除其中，当每一个先验的"假设"都被规避，那么一个全新的研究领域就诞生了：一方面是具有充分经验的意识流，另一方面是作为意向性的意识所经历的对象。在这里，所有关于历史性的谈论都突然变得毫无意义，因为现实本质上（wesentlich）是发生和历史（在先验的假设的意义上），因此，我们将哲学局限于这个领域是完全有可能的。我们可以获得大量关于意识本性、意识行为构造、意识经验间联系、意识对象之构成等方向的知识，而所有这些知识，如果是通过必要的现象学上的精确性获得的，就必须具有"超时间"的有效性。但是，现象学在声称自己是唯一能够提供这种知识的领域时，它也表明了在还原之外仍有可能进行现象学哲学思考的唯一途径。必然与现象学的还原相关联的是哲学的历史化。在这种还原消失的确切时刻，此在与其世界便以其历史的具体性呈现在我们面前。

让我们来看一个例子：我观察着矗立在我眼前的工厂建筑。在现象学的还原中，针对这个工厂建筑的所予性，我是把它作为一个知觉对象来把握的。我排除了所有先验的假设，随后开始研究这个意向对象在知觉中的构成，研究它被构建的行为序列，研究支配它们之间关系的规律，研究它出现的证据水平等。我可以以"工厂建筑"这个知觉对象为基础，说明事物所予性的本质规律（Dinggegebenheit），以及颜色、外延等的所予性。现在，我让这种现象学的还原消失，但继续按照现象学的方法，即允许"对象本身"以其全部具体性呈现并演说。我现在拥有的是复杂的"工厂建筑"，它具有充分的（或丰盈或贫乏的）具体含义：它是经济活动的地点，"产品"的诞生地；它也是"x"名工人的临时居所；它也是"y"公司的财产，不管这个公司是现代的或过时的、小型的或大型的。它既是一个特定经济体系的组成部分，也是长期技术发展的结果之一，还是造成激烈利益冲突的对象。这些都是我在深入考察工厂对象时发现的事实，其含义不断扩展，却始终扎根于该工厂对象的"历史性"与其意义同人类历史存在的交织之中。

当哲学处理此在的时候，所揭示出来的历史现实只不过是一个渺小的真实性，它碰巧与一个特定的此在相吻合。人们可以从这种特定的此在中抽象出来，因为它是一个独立的、纯粹的事物世界，它可以在认知上脱离同时代的存在而不损害其真理。在这种情况下，我们就会清楚地明白为什么本体论上此在的历史性也必须对"社会科学"的方法论起到决定性的作用。社会安排、经济秩序和政治形态共同构成了此在的发生，并且必须从此在的生存（Existenz）角度加以理解。如果从一开始就把它们当作"物"来研究，着眼于它们的结构、关系和发展规律，那么观察到的结果（往往误以自然科学为范式的）将使这些建构的意义根本无从显现。因为这些建构本身即是特定此在的存在方式：只有在此在"分裂"的具体历史阶段才能赋予它"物化"的可能性。[7] 同样，将历史现实划分为一系列离散的层次或领域也是不可接受的，例如，把经济、政治、社会、艺术和科学活动视作自给自足的、独立的"存在方式"。这样的分离对于现代科学建制、个别的实证研究来说可能是必要的，但在方法论层面上，每一项旨在探究这种建构本质的研究，都必须意识到历史存在具有不可分割的统一性。历史存在并无所谓"经济主体""法律主体"等抽象单元，只有处于具体情境的历史统一体（个体或共同体），从事经济活动、实施司法、从事艺术与科学实践等。（从这个角度来看，马克斯·韦伯关于"理想类型"的概念也需要被修正，若将历史现实运动视为理想类型的"偏离"，反而会遮蔽构成历史发生的具体"偏离"。）

事实上，我们确实发现，现代社会科学为这种方法论转向提供了佐证。马克斯·韦伯虽然未在科学理论论述中明言，但在宗教社会学和《经济与社会》的具体研究中，他对历史性限定此在的所有力量和空间这一始终如一的整体观深以为然，并从个体的生存角度来审视这些力量和空间。其学术圈内的戈特·奥蒂利恩费尔德首次使社会科学研究的方法论自觉臻于完善。他全力批判旧国民经济学的"商品思维"范式——这种范式将事实数据化，丧失对经济之生存特征的历史意识，陷入纯粹物化。他起草的《一般经济学理论》试图回归到对"作为生活的经济"的理解，将经济结构理解为"人类共同生活的要素"。（我们无法在此探讨，即使是他对经济所下的前瞻性定义，即"本着持久协调各种需求并使之得到满足的精神来塑造人类的共同生活"，在多大程度上也会重新产生从抽象的"经济主体"的立场来看待经济要素的风险。）

在勾勒出一个一般方法之后，我们现在将试图从此在的现状出发，将哲学的生存意义问题具体化：当前历史处境中，是否存在被现存存在形式所"必然要求"的特定哲学模式？

有了这个问题的表述，另一些问题马上就出现了。把一个特定的历史处境说成是一个"统一体"，这是合理的吗？同样地，只谈论单一现存和单一必然，这是有效的吗？或者说，正是在其具体形式上进行探究，在多种历史处境中，反而会遭遇多元现存和多元必然吗？所以，以上表述最终会导致一种抽象吗？它是否忽视了具体存在，或者说违背了具体存在？当前历史处境已被视为可区分者，其特异性在历史发生之流中凸显。这里的决定性因素是一条明显与过去相区别的分界线：一个可以具体论证的经济和社会发展状态，它在结构上与以前的状态相区别。这种差异首先要从处境的"物质内容"出发加以论证[8]，即所讨论的此在的生产和再生产方式，与这种方式相对应的社会分层结构、社会存在形式。在此过程中，各阶级、民族、国家的差异仅是统一基础框架内的变体——它们共享相同的经济社会存在。只有在这种统一结构范围内，我们才能谈论统一处境。

然而，对于这样一个统一的状况，也必须对应一个"统一的"人类存在。某个时代的所有个体、所有"共同体"，无论他们有多么不同，都因为他们身处相同的历史处境而统一在一起。可以肯定的是，有多少个体就有多少种存在方式，因此也有多少生存的可能性和必然性。但是个体绝非历史存在分析的终极单元。如果从个体开始研究，往往在我们还没有到达预定对象（具体的历史存在）的半路上就偏离了方向。在现象学的审视下，作为历史统一体出现的是"更高层次的统一体"：特定生活空间中的"共同体"或"社会"（稍后将尝试澄清这些概念）。因此，如果追问具体历史存在所需的哲学类型，那么必须瞄准能作为统一体把握的存在——其基础历史处境具有前文所述的统一结构。当具体存在发现自己处于生存困境（Not）（也就是说，关乎其存在本身的困境）时，某种能缓解此困境的哲学就成为必要。稍后我们将讨论哲学在此为何仅限定为辅助角色。

"当代"存在所处的历史处境（本研究的出发点），在其结构上是由高度资本主义阶段（组织化的资本主义、帝国主义）的社会结构决定的。这些旨在概述这种历史处境的概念，绝不仅仅是指政治或科学环境；更确切地说，它们试图解决当前此在的存在规定性问题。在资本主义社会中，一种特定的人类存在方式，一种只属于那个社会的人类存在方式，已经成为现实。经济体系把生活的所有领域都卷入了物化的过程，这一过程把原本与具体的个体联系在一起的生命形式和意义统一体（Sinneseinheiten），从一切个体性格的形式中分离出来，并形成了一种在个体之间和个体之上运作的暴力（Gewalt）。这种暴力已经建立起来，把个体和共同体的一切形式和价值都归并于自身之下。共在（Miteinandersein）被抽空了所有基本内容，并受到"异己"法则的外在调控：他者主要成了经济主体/对象、职业同行、公民、"社会"成员；友谊与爱等基本关系，以及一切真正意义上的人类共同体形式，都被压缩至远离普遍"忙碌状态"（Geschäftigkeit）的狭小生活领域。在这种情况下，个人主义被推到了风口浪尖上（与经济领域的集体主义并不矛盾！），个体被迫与其"活动"分离——这些被"分配"的活动毫无实现人格完满的可能。

在越来越大的程度上，此在所处的世界演变成了一桩"生意"（Betrieb）。在这桩生意中遇到的事物从一开始就被视为"商品"——它们必须被使用，但是这种使用并非为了满足此在的需要。相反，这些事物被用来占据或填充一个原本毫无目的的存在，直到它们被确认为"必需品"。这样一来，越来越多的存在仅仅是为了维持"生意"的正常运转而被消耗掉。所有阶级的存在形式皆以此方式趋向空洞化，以至于有必要将存在本身置于一个新的基础上。

这些言论并不是为了描述资本主义社会在高度资本主义阶段的世界观和"立场"。其目的只是为了表明资本主义危机是一场存在的危机，它的基础已经被真正动摇了。而就我们的目的而言，这还不是当前形势的关键所在。真正关键的是：在这种情况下，科学（Wissenschaft）[9]能够理解这场危机的根源以及知晓其可能的解决路径——或阐明其延续所需的条件。科学已经能够理解当代存在的根基、历史轮廓、成因以及伴随着这种存在的历史后果。在这种情况下，哲学肩负着使这种知识（Wissen）具体化的伟大使命，并承担着向受威胁的存在昭示其真理的艰巨任务。每当此在陷于生存危机时，所有真正的哲学都将其真理理解为生存性的，并通过传达这些真理来证明其对当代此在的必要性。我们将试图阐明其中的含义。

当代存在不仅普遍地与同时代的所有此在联系在一起，而且在其根源上是由一种普遍的历史遗产深刻规定的。随着这个起源于社会经济结构的普遍联系网络变得越来越密集，两种事态的发展就出现了。一方面，每个社会及其具体要素（地位群体、阶级、民族）中具备存在约束力的真理在其历史特殊性中日趋分化。另一方面，"普遍有效的"真理已经消散为抽象事态（abstrakte Sachverhalten）。如果我们再加上之前提到的由资本主义社会结构决定的当代此在的生存困境，那么很明显，当代此在已经无法将任何真理确立为绝对约束性的具体化存在。只有在这种情况下，哲学的责任和献身于这种存在的义务才会不断地增长。当然，哲学可以继续致力于确立伦理行为或存在的本质法则、价值世界构造等，但是，当这些"被解决"的问题回归生存具体时，将会明显发现当代此在完全缺乏持存与实现这些法则的可能性。如果轻率地判定此在是"非本真"的而放弃关注这个此在，这恰恰违背哲学目标——哲学研究需要再次将注意力转向此在所能获得的占有真理的可能性。如果这个此在所处的历史结构（此在在社会上维持和塑造自身的具体方式）使得占有真理成为一件不可能的事情，那么哲学的任务就是寻找此在并试图将其带离此境而"进入真理"。例如，在当代社会中，伴随着技术进步和理性化进程，人们醉心于由此产生的权力，从而忽视了人类对自然和"事物"的个体支配力不仅没有增加，反而是减少了！正如作为"经济主体和对象"的人类发现自己受制于商品经济，而商品经济已然成为一个自给自足的"实体"（其劳动本应是存在的恰当模式），他们的工具——诸如机器、运输工具、电力、灯光、动力——已发展至迫使个体存在日益适配于它们，沦为服务的仆役。事实上，显而易见的是，越来越多的生命正在被消耗以维持其"运转"！

这只是资本主义社会所有个人价值沦丧（或服务于技术理性"客观性"）的一个侧面。如果哲学对这样一个此在来说哪怕有一点儿存在的必要性，它都必须努力把这个此在带入一个它可以把握和维护其本质规律的真理的境地。它必须了解当代此在的历史可能性：这必须包括对其起源的理解和对其转变范围的界定。在提供了对现存的精确分析之后，哲学的任务是研究这些可能性中的哪一种能够确保"本真存在模式"。它必须仔细观察存在的每一个运动：推动趋向真理者，阻遏迈向沉沦者。

这样一来，所有哲学中最崇高的愿望——理论与实践的统一——就可以成为现实。有了这一点，我们相信已经指出了哲学对于现在的此在来说是必要的。我们现在将尝试表征这种哲学的方向和任务：它是哲学具体化的过程，其最重要的阶段将在下面的讨论中被勾画出来。

这种哲学是针对与它同时代的具体此在的。它的任务是把这个此在带入存在的真理。现在，为了能够接近此在，能够在它的存在中把握它，具体哲学必须成为历史的，它必须将自己置于具体的历史处境之中。哲学的历史化首先意味着，具体哲学必须在其历史处境中研究与之同时代的此在，着眼于这个此在有哪些占有真理的可能性，它可以实现哪些真理，哪些真理对它来说是必要的。在这里，研究不应该被理解为一种机会主义的实用哲学，作为一门科学学科，具体哲学的研究应该为偶然此在（faktischen）服务，并且允许自己被这种此在利用——哲学的真理并非建立在真实性之上的，尽管这些真理在每一种情况下都必须由偶然此在来实现。具体哲学知道，真理永远不可能以抽象的形式被接受，也不可能被任意地嫁接到任何此在上；相反，真理必须从存在的此在中来把握，并且必须维持在存在之中。由于这个原因，在社会结构的完全确定性中，具体哲学将同时代的此在的整个具体状况纳入它的"教义"。只有当它知道确定的此在的苦难与行动、真实困境、处境规定的存在模式与变革路径，它才能使此在成为真理，成为其生存必需。但是，从历史处境的角度对同时代的此在进行分析，难道这不是实际的历史科学（历史学、社会学、经济学）的任务吗？当然，具体哲学将广泛使用这些科学提供的材料，并且会发现有必要同长期以来把自己同这些科学孤立起来的做法彻底决裂。然而，尽管如此，我们绝对不能忘记哲学分析的方法是一种现象学的方法，这种特定的方法也对应于一个特定的对象领域。具体哲学的对象是作为生存的当代此在——人类此在的存在模式。历史学关注此在的政治事实情境，经济学关注其经济活动事实模式，社会学关注其社会存在事实模式（或相应理论），而非存在本身。具体哲学关注的是包含所有这些事实模式（作为此在存在方式）的此在生存具体充盈。这种分析的真正哲学性还体现于：对当代此在历史性的解构（Destruktion）必须持续考量此在与世界的本体论结构。只有将科学系统、价值等级、社会秩序等具体历史现象的事实性与通过现象学方法确定的"科学系统""价值等级"等本体结构相比较，才能识别其生存意义。

此外，这种分析必须归属哲学而非历史科学，因为它不止于分析，还需确立行动的规范指引。若具体哲学真要引领此在进入真理，就必须在唯一能作生存决断的领域——行动领域——把握此在。此在的具体存在作为"发生"总是表现为一种改变、一种转化、一种影响，换句话说，一种行动。即便是"沉思生活"，只要表达"本真"存在并关乎生存必然性，它就蕴含一种改变，从而引起一种影响（Wirken）和行动——即便这种"效果"（Wirkung）并非其本意。通过前面的讨论，我们已经很清楚了，具体哲学最终形成的行动指南绝对不会包含抽象的规范、空洞的命令。这些行动指南必然来自在其历史处境中具体存在的必要性，并且在任何情况下它们都不是针对一个抽象的普遍性，而是针对一个具体的生存主体。问题在于：哲学如何获得这种行动指引？何种主体会遵循这种指引？哲学如何才能接近具体的存在？当然，这绝非通过用来源不明的"无条件真理"对峙存在。如果哲学在真理占有中承诺存在的真实运动，就不能满足于作为动因的真理认知。人类此在并不是在认识的基础上存在的，而是在共同周遭世界（Mit- und Umwelt）特定处境中的命运性发生。也就是说，只有当认知承担此在的历史处境，连同承担起此在的可能性和它的现实，并且在这个历史处境内外发起运动时，它才能引起一场存在的运动（总是发生中的转变）。只有通过这条道路，认知才能发现并彰显出此在的具体必要性。这种认知将在历史存在及其世界结构的真实转变中完成：这并非"理念"对历史现实施加的某种模糊影响，而是利用处境所提供的现实手段对现实的自觉改造。

因此，具体哲学唯有在此在植根的存在领域——即在其历史境遇中与世界互动的状态——中探寻此在，才能真正切近存在。当具体哲学通过承担此在的真实命运而成为历史性的同时，它也由此获得了公共性。它必须承担起与之共时的此在的存在，这本质上正是对其自身命运的把握。因为"当代性"（Gleichzeitigkeit）绝非单纯的时间并列，而始终是一种"共在"（Miteinander-

Existieren），一种命运的共享。所谓哲学与具体此在具有当代性关系，即意味着哲学必须介入此在完全具体的斗争与困境，必须承受关于"生活必然以此特定方式存在"的相同忧虑。

克尔凯郭尔对此当代性所具有的存在论特质及其赋予哲学的深刻义务，有着最清醒的认识："当代性是一种张力，它阻止人们悬置判断，反而迫使人们要么选择冒犯，要么选择信仰。"

这种张力提供着"本质性的质料压力；而距离则相反，它既能将某物化为虚无，又能或多或少从虚无中创造出非凡之物"[10]。具体哲学将当代性境遇把握为对相关性的要求。若要引导当代性的此在进入真理，就必须将其呈现为当下存在的运动：即在历史独特性的充盈中，在历史位置的全然重负下，此在展开其当下存在。由此，哲学对存在的操心（Sich-Kümmern），转化为对存在具体困境的忧虑（Bekümmerung）。当哲学发现自己处于与此在的当代性境遇中时，它便不能再如处于真空般进行哲学思考，不能再沉溺于"缺乏质料压力"的普遍性；真实存在着的哲学将被迫采取明确立场，作出决断，在众目睽睽下选择其观点，并准备好接受任何检验。具体哲学必将存在于公共领域，唯其如此才能真正切近存在。只有当它在公众视野中，在存在实际发生的领域里捕捉日常存在时，才能推动此存在向真理的运动。否则，唯有被无条件信奉为掌握启示真理的绝对权威，方能唤起此种运动。

上述现象可以通过考察克尔凯郭尔哲学的最终发展来加以解释，因为它是一种公众化的具体哲学。鲜有哲学像克尔凯郭尔的哲学那样，在永恒、绝对、神圣和人的历史此在之间撕开如此深邃的意义鸿沟；鲜有哲学如此刻意地以永恒理念为圭臬进行审判，或如此激烈地谴责将历史性、将历史社会存在作为人类真实世界的所有尝试，视之为怯懦的逃避与不负责任。然而同样罕见的是，竟有哲学家从思想伊始就如此关切具体存在的真理，如此确信一切哲学之根基在于朴素存在的苦难。因此必然的结局是：克尔凯郭尔在思想生涯终点，终于承认并理解公共领域——当代性此在积极存在的场域——乃是即便完全指向永恒的哲学也应驻留的本真活动空间。克尔凯郭尔告别了孤独：他走上了街头，采取一种真正的苏格拉底式的行动，只与"个体"展开对话，对他来说，其著作的公共影响完全无足轻重。他为日报撰写系列文章，发行小册子，将全部斗争聚焦于历史时刻的核心决断。这种公共领域的斗争并非抽象地将永恒真理与具体存在对立，而是以绝对精确性推动当代性此在的具体运动，追求存在的"真实"转变。他的批判与要求始终指向此在的具体形式与任务，时刻关注当下可实现的所有可能性。唯有理解克尔凯郭尔对现实决断之直接性的极端重视，理解他推动当代性存在真实运动与转变的强烈程度，才能领会其批判的激烈、公共姿态的煽动性、与代表性公众人物的刻意冲突，以及其要求（如退出国家教会）的革命具体性。也唯有如此，人们才能理解他因缺乏反响而承受的深切痛苦，被攻击者的沉默所带来的煎熬，以及他屡屡试图打破这种沉默的执着。

对克尔凯郭尔所经历的公共性崩溃原因的追问，将我们引向一个关乎哲学研究根本的问题：哲学之公共化如何在具体中实现？哲学应向何种具体此在言说？又当在何处把握具体存在？存在论影响的可能性能否得到保证？具体哲学关切的是当代性人类存在的真理。使此在进入真理，具体意味着存在的"真实"改变：不仅是其偶然形式与形态（按常规术语即生活与文化形式）发生边缘性改变，更是构成所有这些形式基础的存在方式本身的改变。具体的存在方式才是真实发生的领域：历史。这是特定此在特定历史境遇中把握并活出其命运的方式，该历史境遇可通过其独特的经济社会结构予以辨识。

如果具体哲学打算在存在中引起真正的变化，它就必须在这个历史发生的范围内寻找存在，因为只有历史发生的真正主体才能成为这种变化的主体。具体哲学必须首先探究历史发生的主体。在这里，显而易见，历史发生的主体并非"个体"。人类此在，作为一种历史性的存在，在本质上是一种与他者的"共在"（Mit-sein），而历史的统一始终是"共在"的统一，是"社会性"存在的统一——它始终是一个"社会"。在不同的历史处境下，共在的界限、社会的构成要素因历史处境的不同而不同，在每一种情况下都必须针对特定的处境揭示它们。

据此，具体哲学必须向当代性社会言说，在其历史处境中探寻它，分析其存在形式并把握的意义与价值领域，由此通达该社会的真理。但这岂不正是克尔凯郭尔坚决反对的逃避企图——从存在的个人困境逃入世界历史，回避个体必须独自作出的绝对明确决断？倘若哲学真正以绝对具体性将存在作为对象——存在总是个体性的，任何社会都无法剥夺其本真存在——那么这一质疑的正当性无可辩驳。确实，哲学思维的意义虽不限于"个体"，却只能通过每个个体实现，并植根于每个个体的存在。哲学在个体存在中的具体性绝不能推诿给抽象的"常人"主体（Mansubjekt）[11]，决断责任也不该转嫁给普遍范畴。

但正因为具体哲学关注的是具体存在，所以具体哲学必须问自己这样一个问题：从具体的角度来看，如何才能接近个体？个体存在于同时代的历史处境中吗？如果是这样的话，仅仅写一些受众永远只是一个抽象的普遍性的书是不够的，因为这些书并不操心谁占有了真理以及这种占有对谁来说是可能的。对苏格拉底来说，他仍然可以在市场上和个体对谈，与个体进行哲学探讨，因为个体仍然存在于雅典城邦的社会中。他的问题对每一个与他交谈的个体都有约束力，并迫使这个个体承担起决断的全部重量。那么，哲学书籍责成谁来作出这样的决定呢？具体哲学不能预设个体的存在状态，仿佛其呼吁能"径直"抵达并影响个体及其内在性。固然，哲学必须把握个体存在的"内在性"，它必须努力在这一领域确立自己的地位，但是内在性不是某种超越历史空间和历史时间的抽象物。个体的世界，准确地说，既作为一个特定的、历史确定的周围和共享的世界，也作为处于其独特状态下的自然和社会的世界，在本体论上都属于个体的此在，即使这种此在被理解为是与上述二者相悖的。而个体的世界绝不是个体的一种功能，无法通过个体自身的简单改变而改变。相反，在个体此在的"被抛性"中，个体被交付给这个世界，即个体的决定是由这个世界预先规定的（但这并不消解个体决断的严肃性，也不将之转嫁给"命运"或社会）。社会既非与个体并列的现成主体（Daseiendes），亦非个体总和，而是在具体历史意义上，作为每个个体而存在的个体此在的具体历史模式。因此，只有当哲学打算认真地关注个体时，它才不能忽视个体的此在对其自身世界的实现。个体唯有在周遭世界与共同世界的特定情境中，在社会存在的特定状态中，才作为个体存在。此情境绝非偶然，不能也不该被"剥离"以抵达个体"本真"存在。这是个体的存在本身的现实，只有通过它，个体才能真正被触及、被影响。诚然，现在可以提出这样一个问题：哲学的道路是否必须从个体引向他的周围和共同的世界，而不是相反？个体对自己存在真理的细致关怀是否必须作为起点，然后才能把握他周围和共同世界的真理？且不论这两种出发点如此分离后皆成抽象，且不论具体哲学的核心正在于对个体及其周遭世界的综合考量——此问题唯有在哲学面临紧迫性的历史处境中才能解答。

在某些历史处境下，个体可作为存在建构的基础，个体革命亦可能引向社会革命；而在另一些处境中，由于当代性社会存在模式排除了个体本真存在的可能，任何此类尝试皆告失败，唯有社会变革才能实现个体革命。此时个体不再是出发点，而是哲学的目标，因为个体性本身必须重新成为可能。在这样的社会中，个体此在必然是虚假的，因为本质虚假的社会中不可能存在本质真实的个体。在这两种情况下，哲学只有当它不再将个体作为一个抽象主体，而是把握为具有完整历史规定性的具体存在，才能对个体存在施加影响。换句话说，哲学只有与个体共同影响并把握当代性的共同世界与社会存在，才能真正影响个体的存在。哲学必须基于其可及的真理认知，介入当代存在的具体困境；必须根据历史的可能性推动存在向前发展。如果哲学缺乏对当代性的承担（克尔凯郭尔意义上的），哲学的具体化便不可能实现。关键在于：这种承担绝不能停留在理论层面。若哲学真正关切存在，就必须承担此存在，并在当代性状态中与之共同存在并为真理而战。哲学家必须知晓：干预存在之具体困境不仅是其权利，更是其义务，因为真理的存在意义只有通过这种方式才能实现。因此，所有本真的具体哲学终将走向公共行动：苏格拉底的控辩与狱中之死，柏拉图在叙拉古的政治介入，克尔凯郭尔与国家教会的斗争。

遗留的任务是阐明知识、真理与历史当代性联结的哲学可能性。务必澄清的前提是：哲学唯有通过知识方可介入当代性，因此，一切试图通过使哲学知识的概念从属于"生命"来"赋予其活力"的努力，都意味着放弃哲学。此外，具体哲学与当代性的关系不可理解为哲学必须顺应作为"真理"的当代性。相反，正如真理的存在论特征所示，特定人类存在与其可能真理总保持特殊关系：或未达实现，或邻近疏离，或追求遮蔽。哲学不断将已知真理与当代性存在状态对置,由此生活在关键张力中——唯此张力能使哲学成为必要且多产的。当基于对存在之真诚关怀而获得的知识被推向其在当代性中的真理实现时,知识与"生命"、真理与当代性的真实联系便得以确立,而非人为混杂。哲学的具体张力未必在每种历史处境中都导向公共行动或对发生领域的干预。但当当代性存在根基真正动摇时,即当为新存在可能性而进行的斗争真实发生时,若哲学仍置身事外,继续沉迷于"超时性"的讨论,便是对其自身意义(而非某些人所谓的"历史"意义)的背叛。唯有在此刻挺身引领,哲学才配得上"第一科学"的传统称号。

三 论辩证法的问题

第一部分

在本文的框架下，对一部纯粹哲学著作进行完整述评的正当性在于：辩证法在马克思主义中占据了中心地位[1]，以及从辩证法的角度考察当代哲学所能获得的洞见，是将哲学与当代社会和整个社会历史处境联系起来的。此种方法构成了接下来进行批判的基础。但是，本文并不是分析马尔克（Marck）对现代哲学体系进行了怎样的独特审视以及做出了何种反应，而是想要回答以下几个问题：辩证法的基本问题是否（以及在何种程度上）在马尔克的著作中得到了发展？"从辩证法问题的角度看待当代哲学"是否真的具有可能性？可以预见的是，马尔克对现代哲学的独特审视具有史上罕见的准确性和穿透力。尽管他所呈现的哲学体系在基本意图和意义上千差万别，但是其著作始终致力于寻找正确路径并力图实现对每一个体系的真正理解。与所有假定的、价值中立的、将所有类型的哲学思考都视为同等超然的"客观"描述不同，马尔克成功地阐明了多种哲学思考的内在活力和局限性，因为他是从现实问题的角度来审视这些思想的——即使马尔克的批判性预设会导致他的分析误入歧途，就像海德格尔部分的最后几章一样，但是也不能抹杀他的成功之处。将海德格尔的哲学意图理解为"存在主义与柏拉图主义的对立"是不得要领的，正如用"从此在衍生的存在概念"取代有效性或形而上学的存在概念一样是错误的。"自我与存在"

(Ich und Ist）的先验二元论，即有效性和存在性的二元对立对马尔克造成了灾难性的影响。我们将回到这种二元论，马尔克认为这种"未解决的张力"正是辩证法的根源。

在上半卷中，马尔克以"辩证法问题的视角"为题介绍了以下哲学家：李凯尔特、拉斯克、克罗纳、克尔凯郭尔、巴特、戈加滕、布鲁纳、蒂利奇、列宁、卢卡奇、格里塞巴赫和海德格尔。在下半卷中，他还介绍了科恩、赫尼希斯瓦尔德、鲍赫、纳托普、N. 哈特曼、卡西尔和 M. 阿德勒，另外，舍勒、德里施、李特、斯普朗格、W. 斯特恩和 O. 斯潘也在讨论范围之内。当有人意识到马尔克并不是想对当代哲学做一个平平无奇的概述，而是想针对一个特定问题进行分析时，这种哲学家组合不免令人惊异。即使有人能够牢记上半卷是针对反对者，下半卷是针对"批判性辩证法"的拥护者（这是作者的立场和标准），马尔克所做的大胆编排仍显突兀——李凯尔特哲学的内在含义究竟与宗教社会主义者有何关联？海德格尔、科恩、卢卡奇、纳托普、鲍赫和阿德勒彼此之间到底有何关系？究竟辩证法中有何内容能够弥合这种鸿沟？既然我们最初的假设是辩证法处于马克思主义中的中心地位，那么现在所有的哲学都突然变成了马克思主义哲学了吗？若非如此，既然我们不相信所有哲学都变成了马克思主义哲学，那么马尔克在这里使用"辩证法"一词到底意味着什么？

马尔克的研究不是针对辩证法本身，而是针对"批判性辩证法"。他将"批判性辩证法"的含义描述为"对哲学基础中矛盾的不可调和性的洞察，以及对由此产生的矛盾的持存，而不是'扬弃'"。这个含义的核心在于"现存主体与有效性领域之间无法消解的对立，以及对理想主体构建的拒斥"[2]。由此可见，辩证法以一种尚未阐明的方式隶属于哲学基础，更具体地说，隶属于一种特定的哲学基础，即批判哲学的基础。辩证法的意义体现为一种"洞察力"，辩证法的维度呈现为自我与有效性领域之间对立关系中的认知。这种对立在辩证法的发展过程及结果中始终持存，因而在某种程度上发挥着认知指南与认知媒介的功能。从上半卷可以明显看出，辩证法所属的这个哲学基础从批判哲学中保留了世界的先验构成，以及那个"与自我相对立"的封闭"有效性领域"，但摒弃了"理想主体的建构"，即建构一种纯粹意识或一般意识。由于辩证法体系的根基性内容要到第二卷才会展开，这使我们对哲学基础的充分阐述与批判分析变得尤为困难。就本文宗旨而言，这些介绍已经足够了，因为它们明确了辩证法的来源方向及其适用场域：辩证法的来源方向是批判哲学，辩证法的适用场域是认识论，只有在这个基础上，诸如存在（Seinde）[3]本身之辩证法、实在之辩证法等命题才得以展开。

"辩证法"一词及其概念在近代哲学以及马克思主义理论和实践中经常被滥用，因此有必要重新考察一下它的起源。哲学似乎将辩证法视为一种灵丹妙药，可以让它摆脱自身带来的混乱困境与僵化状态。哲学以一种含混的方式把握辩证法，时而将其理解为认识过程中必然存在的矛盾、张力和运动，时而视之为认识与现实、自我与世界、自我与有效性之间的对立，时而又认为它是现实本身的内在属性。如此一来，哲学似乎可以避免对辩证法下一个明确的定义；一切事物都可以被纳入这样一个"辩证体系"，而一切都处于悬而未决的状态。事实上，辩证法在马克思主义中也有类似的用法。在某些人看来，这种发展"不过是一种历史偶然"，是马克思理论中黑格尔主义的垂死残余，因此，可以从马克思主义理论和实践中去除这些东西，不仅不会对它们造成损害，实际上还会有利于它们的发展。而对另一些人来说，这一发展虽是马克思主义的重要组成部分，但是关键在于——马克思视之为历史运动本质与意义的内容，现在却成了一种束缚。通过错误的辩证法，每个错误、每次倒退都被合理化，都可以被称为辩证法运动中不可或缺的环节，最终结果与资产阶级哲学殊途同归：所有决断都被消解。鉴于此，我们要么彻底放弃关于辩证法的讨论，要么努力重获辩证法的本真意义。本文试图朝这个方向上作出一点贡献。

我们选择从柏拉图研究入手，这样做不仅仅是出于梳理辩证法历史流变的考量，而且是因为我们相信，柏拉图在最根本的意义上把握了辩证法的真谛，而黑格尔（至少在《精神现象学》和《逻辑学》中）在为他的辩证法奠定基础时，他是以柏拉图传统为根基的。需说明的是，本文在这里只能提出一些初步的见解。

当我们审视柏拉图讨论辩证法意义的段落时（关于柏拉图著作的正确顺序，

我们将根据斯坦泽尔在《柏拉图辩证法发展研究》[4]中所作出的解释,尽管在某些细节上存有异议)。我们马上就会看到,辩证法总是针对"真实存在",揭示事物"真正""本真"的存在样态,与一切"表象实在"或"非本真存在"形成鲜明对比。辩证法属于人类知识的最高层次——"理性"认知(Erkenntnis)(尽管我们必须摒弃近代将理性简单等同于概念认知的理性主义诠释),即古希腊"逻各斯"的本真双重意涵:既是存在的逻各斯,又是使存在显明的人类言说的逻各斯。理性揭示每个存在者如其所是的存在本质(《理想国》511b,531—532)。辩证法是人类理性把握存在之"真理"的一种"能力"[Vermögen](《理想国》511b;《斐莱布篇》15d);因此,辩证法绝对不是一种人人都能随时使用的"认知工具"或认知方法。柏拉图在《斐莱布篇》(15—16)中坚决反对滥用辩证法的行为。因为对柏拉图来说,真实存在并不在于感性经验与日常意见的杂多对象,而是在于支撑这种杂多性却隐而不显的"共相与统一体",因此要理解它,辩证法是必要的(《理想国》531—532c,《斐德罗篇》265—66)。理解真实存在需要辩证法,因为这种存在本身是以辩证形态向人显现的:它被隐藏在一种非本真的分化与聚合状态中,只有通过真正的统合和分离的艰难过程才能被澄清。斯坦泽尔的确证明了这点,在《理想国》之后的伟大对谈中,特别是在《泰阿泰德篇》《智者篇》和《斐莱布篇》中,辩证法获得了更深刻的意义,并随之在柏拉图的哲学体系中占据了更核心的位置。从《泰阿泰德篇》开始,辩证法与"生成"形成本质关联——后者在柏拉图体系中获得了新的意义。"我们自然称之为'存在'的事物,实际上都处在运动、流变[5]与相互混合的生成过程中。把它们叫做'存在'是错误的,因为没有什么东西是永远常存的,一切事物都在生成中"(《泰阿泰德篇》152d)。[6]更重要的是,这种运动性与统一性不再仅仅归因于感性实存的存在方式(Seinsart),即"生成或消亡之物"的存在样态(《斐莱布篇》15a),更被赋予理念本身这一本真存在。[7]存在(理念)的独特性、孤立性和明确规定性[8],被存在论层面的多元性、关联性和复杂性所取代,但是,在这些多元性、关联性和复杂性中,统一性和确定性仍然存在(《智者篇》153d)。这就是问题的核心:一如何能成为多,却又仍然是一?(《斐莱布篇》16)认识到所有的存在都是由一和多组成是非常重要的,这种认识甚至被视为诸神给人类的礼物,堪比普罗米修斯之火(《斐莱布篇》16)。这一切认识都取决于不要误解《智者篇》中的关键性研究,误以为它们关注的好像只是一个逻辑问题、一个概念理论或判断学说、一些"定义"的含义等。《智者篇》(234d—e)明确指出:问题在于把握存在本身之存在,即作为实在的对象普遍性的存在方式,以及由此衍生的真实与虚假存在、表象与真理、存在与非存在等命题。研究最终断言,存在既非运动也非静止,既非同一性也非差异性,而是超越所有这些规定的某物。既然万物皆通过与他者的差异性而存在,那么万物也必然不同于存在本身,因而在某种意义上是非存在(不过"非存在"并非存在的对立面,而是相异于存在的"他者")。因此从存在论而言,每个存在都"分有"非存在、他者性与差异性。(256d—e)

通过这种方式,辩证法的意义和目的就获得了更深层次的合法性依据。辩证法的目的不再仅是从感性现实非本真存在的晦暗与流散中剥离出真实存在并揭示其统一性、确定性与恒常性,而是这种存在本身及其与感性现实的关系都成了问题域——它不再作为统一恒常的存在与多样流变的(非本真)非存在相对立。存在已经神秘地分裂成各种类型,它们根据各自的本性聚合分离,在这种运动过程中,它们形成了全新的存在统一体。这种存在既非纯然流变,也非绝对静止,但它却只能在流变与静止中显现(《智者篇》250c)。正如《智者篇》(253)所描述的那样,辩证法的核心目标在于把握存在之多重样态——这些样态被确认为其存在方式。这是通过极为复杂的"分类"程序实现的,即依据存在的"类型"进行划分。经由渐次细化的分类区隔,预期的存在统一体及其所属的"非存在"(差异性)终将显现。

迄今为止,《智者篇》中对存在和辩证法的根本性分析鲜少被确认为奠基性理论,更遑论得到澄清,因为它们总被误读为逻辑学与认识论研究而遭受遮蔽。本文虽然只是浅涉此域,却有其正当性:如果不指出问题所在,即便只是指认出辩证法的非属之地,我们也完全无法界定辩证法的原始基础。考虑到这一点,我们现在将尝试对我们的发现进行总结。

对柏拉图来说,辩证法是人类理性把握存在之本真样态的能力(认知

[Erkennen]，知识［Wissen］)⁹。其根基不在人类理性或理性作为知识与"世界"的关系中，而在于存在本身之存在。每一个存在只有在它与其他存在有本体论上的联系时，或者当它把自己从存中分离出来以建立与其他新存在的统一时，它才呈现多元性、不确定性和运动性的状态。它只有通过局限性和确定性才与其他存在、与非存在、与差异性共在。存在只存在于这种运动性、变化性和多元性中，作为统一性、恒常性与同一性而持存。存在本质上是辩证的，因此只能辩证地理解它。

为了理解辩证法问题的进一步发展，人们需要意识到，在柏拉图对辩证法决定性意义的探索中，出现了对作为现实存在模式的"生成"问题的转向。存在的多元性和运动性不再因被视为单纯的表象而遭到忽视，也不再与本真存在（理念）的永久统一性相对立；相反，它被认为是存在本身的一种存在方式。这在以下陈述中得到了最清晰的表达：一切存在必然涵摄其对立面——与之相异的非存在，唯此它才能被规定与限定。《斐莱布篇》比《智者篇》更鲜明地展现了辩证法与"已生成"（Gewordensein）认知的本质关联。在《斐莱布篇》中，存在如何既是统一性又是多元性的问题被摆在了台前。它明确强调，只有当作为统一的存在不仅成为"生成与消逝"的问题，而且成为"自在的存在"的概念的问题时，这个问题才能真正得到把握（《斐莱布篇》15a）。我们从这个问题的答案中了解到，所有的存在都是统一性和多元性的结合，且作为整体（不限于感性现实世界）在自身中统合了确定性与不确定性（有限与无限）。辩证法的任务首先是识别作为确定性的存在统一体，即在每一存在中觉察统摄性理念（Idea）。但辩证法的任务并不止于此，它还需探究原初理念自我分化为多少作为新统一体的确定性——此过程具有相对无限性，因每一存在在其存在中皆涵摄无限（《斐莱布篇》15—16）。继而存在被总体划分为三类：确定有限的存在、不确定无限的存在，以及二者"混合"产物——不确定转化为确定的存在¹⁰。以下这一点是关键性的：只有最后一种才能被指定为本真、真实和本质的存在（Ousia），而且只有这种真实存在才能被指定为已成者（gewordenes）。"制造者总是按照自然的顺序引导，而被造者自从通过创造者产生以来一直追随着创造者"（26e）；"第三类是由这两种（无限和有限）混合产生的存在"（27b）[11]。至此，当生成性和运动性被纳入本质（Wesenheit）的存在时，辩证法的真正目的才得以实现，即揭示出这种生成性和运动性是知识的最高阶段。[12] 以这种方式理解存在的辩证法，下一步则是对存在的历史性[13]的理解，而存在的多元性和运动性正是基于此。黑格尔首次完成了这一跃迁，他获得了柏拉图哲学中无法找到的对历史性的认识。柏拉图将辩证法纳入他的理念论的做法，事实上阻碍了超越希腊世界视野的发展。当讨论每每都推进不到历史性的层面时，这就会导致人们贬斥辩证法是一种伪科学。此处我们暂搁这些发展脉络，转而在辩证法以崭新原创方式进入哲学意识之处——即黑格尔哲学中——重新切入该问题。

我们现在要说明的是，黑格尔在何处又再次提及了辩证法的问题（在这个过程中，我们必须略过康德在《纯粹理性批判》中提出的重要观点，即长久以来被视为仅具表象而无本质的辩证法，虽然仍是表象，却必然植根于人类理性）。首先，我们应该注意到，对黑格尔来说——对柏拉图来说也是如此——辩证法是一种认知能力和认知方法，仅仅且完全因为存在本身、真正的实在本身具有内在的辩证性。"抽象而不真实的事物并非（哲学的）[14]元素，相反，元素乃是现实的、自我设定的、自在自为的存在——概念中的此在。辩证法是创造自己的环节并穿越这些环节的过程。整个运动构成了其肯定性要素及其真理。"[15] 辩证方法作为哲学方法，无非是对这种必然运动性、实在自身之必然生成过程的表达与再现。其最高原则是"投身于对象之生命"[16]。辩证法应当破除一切存在者表面上的僵化与孤立，将其理解为总体性中的必然环节，理解为生成的结果，由此把握存在的真实本质。当认识到一切存在者本质上的"已成性"，也就理解了其本质的"界限""否定性"以及迈向新的"更高"存在的过渡。将实在理解为必然的生成过程——不仅是整体实在，也包括每个具体实在——就意味着把每个从异己之物发展而来又将转化为异己之物的存在者，如实地把握为"对立统一体"。因此对黑格尔而言，辩证法的起源与基础在于存在本身。正如黑格尔不断强调的，辩证法不是认知主体强加于存在之上的方法，不是单纯的认知工具，而是"与其对象和内容毫无二致；因为辩证法就是内容自身具有的、推动内容前进的内在辩证性……是事物自身的运动"[17]。

当每个具体实在都被理解为已成（become）与方成（becoming）的统一，理解为总体进程中的一个环节，理解为"本质上包含着其起源的结果"[18] 时，实在的本质历史性就同时显现出来。当存在方式随着对"已成与方成者作为存在之本真状态"的认识而被把握为历史性时，恐怕再难找到比"本质包含着其起源"更真实的历史存在理解了。黑格尔将"实在的实体"（substance of reality）界定为"主体"，正表明他对实在历史性的严肃态度。或许只有牢记这个洞见——唯有具有主体存在方式的存在［对其而言存在即为其而存在，且具有对自身及存在的自我意识与认知（Wissen）］才能本质上是历史的——才可能澄清那个艰深且常被误解的"本真存在即（绝对）实体即主体"的理解。黑格尔在此语境中明确强调了"绝对和具体的个体"的本质历史性："既然个人的实体，即世界精神本身，以巨大的耐心在漫长的岁月中穿越这些［实在的］形态，并承担起世界历史的浩大劳动，在这种劳动中，它在每一种形态实现了它在该形式中所能容纳的全部内容，且唯有通过如此努力才能获得自我意识，因此，个人当然不能根据情况的性质轻而易举地理解他自己的实体。"[19] 这些论述已足够支持我们接下来的观点：既然辩证法的起源在于存在，在于实在本身，那么辩证法的基础就在于存在/实在的本体论历史性。实在唯有且完全因其历史性才是辩证的，也才能且必须通过辩证法来把握。

我们现在要追问的是，当用"辩证的"来规定历史存在的本质时，其确切含义是什么？将这种存在称为"辩证的"，在何种程度上准确刻画了其真实存在？其次，是否所有存在都能且都应被理解为历史的因而也是辩证的？若不能，哪些存在能且应被如此理解？这两个问题将我们引向两个方向：既指向马克思对辩证法问题的处理，又指向该问题的普遍表述。

关于第一个问题，当我们把历史存在称为辩证的时候，这到底意味着什么？常见的回答总离不开对立与统一、矛盾的承认与扬弃、运动与正—反—合等说法，但这些与实在的历史性有何关联以及为何有关，却一点也不清楚。这种规定性的革命意义始终晦暗不清，在重新占有马克思理论中辩证法的原初意义之前，单纯援引马克思来获取答案也无济于事的。让我们考察一个具体历史存在的在场状态,或许这是理解其"辩证性"的恰当进路。

让我们以一家大型现代化工厂为例。乍一看,这家工厂的在场性似乎毫无含混之处。它对所有观察者和进入者都呈现为"同一",不仅作为一个整体是一样的,而且它的机器、工人、建筑部件等也是一样的。但是,当我真正看到工厂及其组成部件时,我必须了解它们的"含义",即工厂、机器、工人是什么且应当是什么,它们的意义和目的是什么。如果缺乏这种认知(当然,这种认知通常是完全"无意识的",是一种不被察觉的"习惯性认知"),我所看到的将不再是工厂、机器、工人,而只是一堆石头、铁块与人群。我将永远也不知道它到底是什么,也不知道它应该意味着什么。当我们意识到在我们所有的日常感知中,是这些习惯性的和熟悉的认知塑造了我们的感知和经验,如果没有这些感知,我们根本就看不到任何东西时,那些原本对象明确的在场状态突然变得可疑起来。对受雇于工厂的工人、工厂所有者、偶然路过的闲散旅人以及建造它的建筑师而言,工厂真的是同一个实体吗?或者说,它是否每次都以全然不同的样貌呈现:对工人而言,这是社会关系强加的强制劳动场所,人们不情愿地进入又精疲力竭地离开;对工厂所有者而言,这是带来丰厚利润的源泉,虽充满压力与苛求,却令人欣然造访并在离开时怀念;对闲散旅行者来说,或许意味着美丽景致的破坏,某种异质且至多令人不安的存在;而对于建造者而言,则可能成为运用最现代建筑手法设计的艺术品,能让建造者声名鹊起?当我们扩展考察范围时,会发现工厂在一个民族的经济格局中、在大托拉斯的竞争博弈中、在赖以为生的小商贩眼中、在邻国的工业战略里又呈现何等差异!切勿以这些都是与工厂本质无关的"主观"因素为由提出反对——此类异议源于先验的理论预设,根本未能将具体对象视为真实的整体。那么,当我们把所有的这些因素都从对象中剔除,剩下的究竟是什么?当然不是理论未加扭曲的具体认知中始终存在的意义维度上的工厂。事实上,此类对象只是存在于纷繁各异的意义网络之中。它们的存在本身包含着绵延的传统与漫长的生成过程,这些将其置于延展的生命空间与世界空间之中,并在此持续发展、相互塑造、不断蜕变。

除了这种多样的运动性和规定性,这些对象还具有一种奇怪的二元性,甚至是多元性。它们的现实性及其在空间和时间维度中对人类此在的影响，表现出这样的形态：它将此在分裂为根植于对象自身的矛盾体。试看这些矛盾的初步轮廓：人类此在对其现实的评价可能是积极的或消极的，可能是衰落的，也可能是充满希望的；它把握住这些矛盾以塑造自己的存在，或与之抗争，或漠然处之，这种朝向对象的多维运动驱使对象不断变化——例如工厂扩张或倒闭、因罢工陷入瘫痪、被收购改造、因技术化学革新而颠覆运作模式，以及利益集团在其内外角逐，等等。这些绝非仅仅是"发生于工厂"或环绕其周边的事件，仿佛"工厂本身"未曾受影响；恰恰相反，这一切都发生在工厂之中，并构成其整体存在与完整现实。要全面把握历史对象在具体现实中的全部意涵，必须在其总体性中理解其发生[20]过程的运动性。若将对象抽离历史语境，视为贯穿时间长河的无矛盾同一体而非多面性的生成、行动与消逝，或仅关注其积极面向而忽视同样本质的消极面向，这种理解从一开始便不可能成立。对象过去是什么，将来是什么，以及它现在不是什么，这些都有助于构成它的现实，因为它们确定并推动着对象的前进方向。

这些评论只是为了指出历史辩证法得以显现的场域。它们绝不会穷尽任何领域的分析的可能性，它们只初步划定需要深入研究的范围。这些评论所要表达的观点已经很清楚了：将历史对象先验地界定为"对立统一体"，或更糟地套用正—反—合图式的研究程序，始终是对历史复杂性的粗暴简化。不管怎么说，这种做法绝非历史辩证法的原初本意——它是后世才出现的衍生物。每一个历史对象都不可能从一开始就处于这种二元或三元的关系结构中。它的关系唯有在更广阔的历史总体性（时代、发展阶段）中才能把握，而这正是以辩证法及其认知方式为前提。

我们现在来讨论第二个问题：哪些对象在其存在方式上是历史的因而是辩证的？抑或所有对象乃至整个现实都是辩证的？黑格尔选择了后者，但就其体系而言，这种将历史性绝对化或将绝对者历史化的做法，无疑将历史性本质与现实性本质都强行纳入了整齐的建构。当我们试图回答历史性的肯定领域问题时，必须指出，任何回答必然以更深入的本体论探究为前提。此处我们仅能陈述这些探究的结论，尽管通过指出狄尔泰（尤其在与约克·冯·瓦滕堡伯爵的通信中）及近期海德格尔（《存在与时间》）——对此问题的根本性考察可弥补此缺憾。

只有人类此在及其在生存中把握、形塑、创造与激活的所有对象，才是本体论上历史性的，它们的全部存在与实在只存在于历史中并作为历史性而存在。这适用于人类生活的一切方式与形态、全部作品与创造，也适用于作为被占据的生活空间和可利用力量的自然。非历史性的存在则包括数学与物理科学的对象（其存在是建立在与人类此在关联的抽象化基础上的）——不仅仅作为物理学对象的自然，只要其存在方式不同于人类此在且在此方式中被对象化（如我们"自然经验"中所呈现的）便属此类。

因此，历史性和非历史性之间的分界线是本体论的，而非任意的。所有对象都可以成为历史性或非历史性的对象（尽管人类存在本质上是彻底历史性的，这种转化只能基于对现实的特殊性否定，从而形成非现实性，例如当人被对象化为艺术作品时）。严格说来，唯有人类此在可被称为历史的，因为对本己存在的认知（Wissen）以及与现实的"知性"（wissendes）（非单纯"认知"[erkennendes]）关系属于本真历史性的构成要素。

现在可以清楚地看到，在从黑格尔到马克思的道路上，事情是如何发生新的转变的。当马克思"把黑格尔的辩证法颠倒过来"时，这不仅仅是他对黑格尔哲学进行一部分的修正，也不仅仅是他对黑格尔的方法进行选择性挪用，更不仅仅是他对唯物主义的重新解释，而是他试图将辩证法回归到其本真的领域，从而科学地发现了历史的原初维度——既然辩证法已被重新发现，现在其基本结构便可被把握。马克思首次以唯一恰当的方式把握了人类此在的本真历史性。在更深刻的意义上，马克思是德国唯心主义的真正继承者，因为唯有通过人类此在的历史性，这一哲学传统才能重获其本真性。

我们将迄今的结论总结为以下命题（这些命题并非前文已证，而是作为问题深入探讨的指引）：

1. 辩证法既非基于哲学或社会学理论的认识方法或形式，也非单纯的认识工具，而是存在本身之存在方式的指称。唯当存在的某种存在方式是辩证的，对此存在方式的研究才可能是辩证的。

2. 并非所有的存在都是辩证的；只有那些历史性的存在才是辩证的。

3. 只有本真的历史性存在才是严格意义上辩证的，即人类存在之现实、其发生过程及其把握与形塑的世界。

4. 将人类自我与"设定"的存在世界、"超存在"（Überseins，上帝……）或有效性置于紧张对立的观念从来不是辩证的，因为这种解释从一开始就放弃了辩证法的根基——它将具体的（历史的）人类存在（从一开始就被视为孤立实体）与本体论上非历史性的世界对立起来（由此世界的整体性被撕裂，以便事后在统一或张力中重新缝合）。

如果这些命题适用于辩证法的原初场域与意义，以下命题则关乎其在人类此在之发生即历史中的具体化（也即"应用"），由此，理论与实践的原初统一得以显现——而马克思再次率先在辩证法中把握了这一点。

5. 如果辩证法植根于历史性，而且只有人类此在才是本真历史的（即只以具体历史方式存在，受具体历史处境规定），那么辩证法的完整意义只能在人类此在的具体历史（严格意义上的历史）中显现。

6. 具体的辩证法关注的是作为人类此在之发生过程的存在方式。绝不能假定历史中所有事件都可被辩证把握或称为辩证的（最严重的滥用正发生于此），该术语仅适用于关涉历史性此在之存在的行动与事件。

7. 就具体辩证法展现此在历史形态与形式的多元性、发展性及局限性而言，它意味着对这些此在形态及其现实性采取某种立场。由于每种作为现实的历史实在性都内在地持有并主张其恒常性、确定性与有效性，辩证立场必须具有批判性，且必须瓦解这些主张。将具体辩证法标榜为一种客观且价值中立的科学实属荒谬。

现在让我们回到马尔克的著作上来。对于辩证法这样充满模糊性与隐秘性的命题进行研究时，至少需要对其所指的辩证法作出一个暂时的界定。仅以"详见第二卷"来安抚读者是不够的，因为只有基于这种界定，所谓"从辩证法问题出发"的历史考察才具有意义。如果我们将第一卷中零散的暗示及其相关论述视作对"辩证法"的初步界定,那么根据前文分析,可得出以下结论。

马尔克试图将辩证法定位于哲学领域,更准确地说,定位于"哲学基础"之中,继而将其理解为自我与存在(Ich und Ist)、认知与现实之间的张力。这种界定的前提前文已略有涉及。固然可以从哲学基础推导出辩证法的某种含义,进而据此检验各种哲学形态,但只有那些旨在呈现前文所述历史性的哲学形态才应纳入考量。依此标准,马尔克第一卷中讨论的许多当代哲学形态——如"反辩证法的批判"(李凯尔特和拉希)、神学以及 E. 格里塞巴赫的学说——都可被立即排除在外。关键并不在于历史和历史性在这些体系中"在场"的程度(诚然,在李凯尔特那里这种情况达到了相当程度),而在于相关哲学化过程的内在意义是否指向历史与历史性。但对此问题的答案必然是否定的。倘若如马尔克所言,海德格尔《存在与时间》第一部分的全部生存论分析仅为阐明基础存在论和形而上学的起点(这种诠释似乎已被海德格尔本人采纳,这从他近期出版的《论根据的本质》及《康德与形而上学问题》可见一斑)[21],那么对海德格尔或许也需作出否定回答。

这些悬而未决的问题只能通过哲学论辩加以澄清。我们此刻仅需考察马尔克对卢卡奇的批判——这一批判将问题重新引回马克思主义领域。这里终于纠正了一个长期存在的严重不公:卢卡奇的《历史与阶级意识》被确认为马克思主义发展史上不可低估的重要贡献。[22] 马尔克终结了那种将卢卡奇分析简单斥为"形而上学"的粗陋"批判"——这种论调在共产主义阵营内部表现得尤为恶劣。他的批判同时揭示了卢卡奇辩证法的弱点:"正确阶级意识"概念(连同"阶级意识"概念本身)通过设定历史进程之外的"超验点"来建立与历史的人为抽象联系,实则是对历史性维度的违背。但马尔克对卢卡奇处理"自然问题与价值问题"的批评在我们看来并不成立。[23] 卢卡奇对恩格斯的驳斥(即恩格斯将数理自然科学视为"辩证的"这一错误解释已因《自然辩证法》的片段出版而被证伪)尤其表明:卢卡奇清晰地认识到自然存在的二元性——作为物理学对象的完全非历史性,作为人类此在生活空间的历史性——绝非将自然"纯粹视为社会产物"。最后,马尔克指责卢卡奇设定"超验价值",实则完全误解了其著作的主旨，卢卡奇追求的是具体辩证法而非哲学基础。

在完成这些批判性考察后，必须再次强调马尔克著作的重大价值。其价值不仅体现于前文所述的精确分析与深刻见解，更在于其对当代哲学困局的梳理——尽管存在阐释上的缺陷，但仍清晰展现出该问题域的当代相关性。因此，这部著作尤其能为马克思主义提供富有成效的讨论资源：它表明当代哲学既不存在于新旧马克思主义理论通常所寻之处，也表明与当代哲学的批判性交锋绝非"与影子搏斗"，而是马克思主义发展过程中的必然要求。

第二部分　马克思主义辩证法是否来源于黑格尔

1

对马尔克著作[24]下半卷的评论，比起上半卷更需略过那些对当代哲学中各种"辩证"运动极富活力且鞭辟入里的刻画，而将讨论范围严格限定在马尔克所谓"批判辩证法的系统性概念阐释"之中。关于黑格尔辩证法的论争才是核心议题。马尔克视为唯一"真正"的"批判性辩证法"概念，正是通过与黑格尔"思辨辩证法"的区别确立起来的。

"任何关于辩证法的研究都内在包含着与黑格尔的关系。"这个论断具有决定性意义——黑格尔的辩证法绝非漂浮无根、可随意变通的方法论，而是与其整个形而上学体系血脉相连。马尔克清晰阐明了这一立场的必然推论："对思辨辩证法只可能全盘接受或彻底否定。"[25]但问题依然存在：非黑格尔式的辩证法是否可能？它又如何可能？马尔克对此持肯定态度，甚至坚信批判辩证法"优于一切形而上学形式"。然而我们将证明：马尔克在研究中恰恰通过将思辨辩证法进行限定性转化，使批判辩证法在其肯定性规定上仍植根于他所否定的黑格尔辩证法。这实际上瓦解了他自己关于"多元辩证法方法论"和"不同辩证立场"[26]的命题。我们的批评旨在揭示：这种对黑格尔辩证法的限定性转化，究竟在多大程度上能开辟新的哲学问题域，或为旧问题提供新视角？

为界定批判辩证法概念，马尔克试图"厘清黑格尔辩证法不可接受的方面，并以肯定性要素与之对抗"[27]。这些不可接受的要素包括：（1）意识与对象的"完全融合"及由此导致的"实体即主体"诠释，以及对象向"过程"的转化（这使得对象结构与自我意识结构趋同）；（2）从有限意识到无限意识的"进展"，"有限精神在无限精神中的扬弃"（黑格尔"绝对"概念的核心）；（3）否定的"扬弃"（中和）力量，尤其是人类自我意识所具有的扬弃能力。[28] 这些环节内在关联，否定它们确实会动摇黑格尔辩证法的根基。因此，马尔克需要为批判辩证法奠定新基础。我们首先考察他如何论证黑格尔这些哲学环节的不可接受性。

马尔克认为，黑格尔形而上学的两大命题——意识与对象的"融合"及"从有限理性到无限理性的过渡"，仅建立在精神与世界、神与人合一的"神秘主义—泛神论信仰"基础上，这种信念只能被"直接"信奉或"直觉把握"[29]。但若这些命题仅仅是"神秘信念的表达"，那么严格来说，就无法从哲学上进行批判，因为这种信念先于一切"思辨证明"和"中介"；"它在思维迈出第一步之前就已给定"[30]。这种给定性既非作为需哲学论证检验的客观假设，也非"不证自明的证据"[31]，而是"未经奥秘启示便无法理解的"[32] 存在。

尽管超越黑格尔体系中理性主义和泛逻辑主义的空谈，并揭露其哲学的真正来源是至关重要的，但将之归结为"奥秘"的做法却可能摧毁一切黑格尔讨论的基础。但即使不考虑这一点，这样的做法也是不合理的。诚然，黑格尔哲学是由宗教来源所支撑的，这些宗教来源在他最后的系统研究中也仍然很强大，但是它们流入了一个纯粹的哲学的基础，在这个哲学的基础上被处理，因而它们并没有消除纯粹哲学论证的必要性。黑格尔后来的许多哲学概念其实很早之前就出现在他的神学著作中。这不是一种神秘主义的信念，而是以严格的概念方式，与古代（尤其是亚里士多德）形而上学进行批判性交锋，从而使黑格尔体系具有内在形式。笔者曾试图在即将出版的《精神现象学》和《逻辑学》的解读中找出这些联系。此处仅简述部分发现：

意识与对象的统一、将实体理解为主体，或将绝对理性设定为人类意识及其对象仅为存在样态——这些观点均非源自神秘主义—泛神论式的信念，而是通过纯粹哲学研究的艰难路径被发现，其指引者是黑格尔特有的关于"存在之意义"的追问。这些概念并非先验公理，而是经哲学研究确立后才被预设的前提。

黑格尔在分析存在意义的形而上学问题时，首先参照康德"我思"问题[即使一切客体性（gegenständliche）[33] 存在得以可能的先验条件]，这种先验综合构成了黑格尔辩证法的第一个源头；其次参照古代形而上学的重要发现，特别是将存在规定为运动性——将运动性概念把握为存在的根本特征，这构成辩证法的第二个源头。二者在"生命"概念中融合，《精神现象学》正基于此，黑格尔早年的神学著作已开始朝此方向探索。意识与对象的统一、实体的主体性特征、"理性"作为存在的本真性等原初证明，最终在关于生命之存在及其历史性显现的阐述中完成。黑格尔辩证法的原初基础正是生命的存在及其特殊运动性。

康德哲学的最高点（"我思"的本源综合统一性）与"存在即运动性"这一核心认识，均在"生命"概念中获得具体化。由此黑格尔提出其存在本质的概念："在他者中的自我同一性"（Sichselbstgleichheit im Anderssein）。一切存在皆作为运动性存在，却不可被简化为运动性；它在运动性的诸种状态中保持自身为同一者。这种构成存在本质的同一性，唯有在运动性的自我持存中才得以展开。存在在其实存中不断差异化，且始终与"自在"状态不同。它与其他存在者相互影响所产生的这些差异，本就属于其存在本质。唯在这些差异中，存在才作为自我持存；唯在这种"在他者中的自我持存"（sich-verhalten）[34] 中，它才实现其本质。

这种粗略勾勒旨在阐明黑格尔如何将存在概念化为"在他者中的自我同一性"。该表述已蕴含辩证法基本意义的雏形：它绝对地预设了存在概念，并揭示了意识与对象"同一性"最形式化、最普遍的基础。因为"在他者中的自我同一性"结构既规定了意识本质，也规定了对象存在（Gegenstand-Seins）本质，并将二者把握为同一种运动性样态。但此同一性仅是存在最普遍的形式规定，唯有当黑格尔证明一切存在样态皆是此自我同一性的具体样态（即在运动性中自我持存的具体方式）时，它才获得本真意义。

但是，这种"在他者中的自我同一性"不过是存在最普遍、最形式化的规定。只有当黑格尔证明所有的存在方式都是这种"自我同一性"的具体形态，也就是说，在动态中以具体方式自我持存时，该规定性才获得其本真意义。为了证明这一点，我们假定生命是一种最本真地实现了存在本身假定意义的存在，因此可被视为绝对存在。黑格尔曾在其早期的神学著作中写道："纯粹的生命就是存在。"[35] 生命体（Das Lebendige）在其生命活动（Lebendigkeit）的诸多状态中保持着一种显著的自我同一性，因为它作为这种统一体不断生产、保存并延续自身。因此，它代表着运动中最内在且最真实的同一性（Selbigkeit）。而生命本质上是通过知性（wissendes）存在即"意识"来实现这种统一与同一的——它通过将自身生命状态及影响它的世界状态"呈现（vorstellt）"为自我面前来实现。生命并非简单地沉溺于这些状态，而是能够通过回归（"反思"）其自我式主体（ichhaftes Selbst）来超越这些状态，从而作为真实的主体存在。[黑格尔的"意识"概念始终应被广义地理解，足以涵盖生命的所有基本态度（Grundverhalten）。它首要的不是指单纯的思维、认知等，而是包含实践与理论行为即思与行的具体存在方式。]

如此一来，康德"我思"的统一性以这种方式获得了一个决定性的新意义。哲学的"最高点"不再是那个使世界得以被认知（Erkennen）的先验"纯粹意识"，而是生命的存在（erkennbar）——正是通过生命的活动，世界才首次获得生命力。一切客观性的"他者"（存在首先与之相对并为之成为客观的），对康德而言是"纯粹统觉"的先验自我意识，对黑格尔则是具体生命的活的自我意识。这个总体表述暗示着：纯粹思想的先验综合如何转变为本质上"辩证的"存在者的生命综合。存在的辩证统一是生命（自我式）实体"自在地设定"的一种积极统一；这显然是生命活动（Lebendigkeit）具体历程的"结果"——始终是对其当下所处他者性的不断"扬弃"所带来的结果。

黑格尔在《精神现象学》中阐述了生命的这种辩证运动性，但其目的并非要构建某种"生命哲学"（Lebensphilosophie）、历史哲学或类似体系，而旨在为一般形而上学奠定基础。当黑格尔将生命的存在设定为生命与世界的统一体、意识与对象的统一体（用马尔克的术语即"自我与存在"的统一）时，这源于他对某种显见的"原初现象"的实质（sachlich）关切：黑格尔将意识与客观性的认识论统一建立在自我与世界活生生的统一的基础之上。这种统一绝非"完全的消融合一"——那种排斥被统一者之间"关联性"（即差异性）的统一[36]，而是一种始终容许差异持存的统一。这一点可从以下事实得到印证：黑格尔认为，"意识"本质上就要求一个与之对立的"为意识的存在"！意识唯有面对与之"相对而立"（gegen-ständlichen）的"他者"时才可能存在。若意识与对象完全融合，不仅会消解对象性概念（Gegen-ständlichkeit），连意识概念本身也将不复存在！由此可见，黑格尔本人早已修正了马尔克所不能接受的这个环节——正是这个环节曾促使马尔克试图修正黑格尔的辩证法。

若要理解生命如何能进入存在的"中间"并被评价为存在意义的实现，就必须首先明确，黑格尔将生命的存在理解为一种认知性（wissendes）存在（即"自我意识"）。通过这种方式，黑格尔将康德关于世界先天构造的发现整合进自我意识，并将这一康德式发现推向终极结论。这种立场必然要求生命概念必须指向人类生命（意识在此首次成为自我意识）和自我的"理性"（"理性""精神"）。此处我们无法详述这些问题，但对于理解将实体设定为理性而言，这些源自生命概念的规定其重要性再怎么强调都不为过。在《精神现象学》第170—177节中，黑格尔将生命规定为存在的"普遍媒介"和"普遍实体"。[37] 该著作后续部分基本上只是对这些定义的阐述和具体化。黑格尔的阐述始于生命在其直接面对的世界中的非中介存在。生命活动的内在意义在于：将这个世界发现并把握为"属于自身的"世界，同时将其理解为可多少促进其潜能实现的"任意"存在——因而也是其自身的"他者"。生命的必然性在于：成为直接存在的世界与其本质的"中介"，扬弃其他异性并与本真存在合一。自我与世界、意识与客体的统一，最初通过"主奴关系"和"欲望与劳动"的关系实现。在此统一过程中，世界首次被注入生命——这是生命作为"普遍性"的首次实现。主奴关系是生命个体在生死斗争中相遇形成的首个（不完善且不真实的）"普遍性"形式。活生生的自我意识首次通过欲望和劳动征服客观存在（物性），将其纳入生命的普遍性。

通过讨论生命历史性发生的这种直接模式，可以明确将生命规定为"普遍媒介"和"普遍实体"的含义：当一切存在仅通过活生生的自我意识的中介才显现并成为现实时，生命就是存在的普遍媒介；当存在真正"持存"仅通过生命的中介实现时，生命就是普遍实体。活生生的自我意识使一切存在（besteht）首次成为完全的"现实"，其普遍在场性使当前存在作为真实之物呈现。

在《精神现象学》后续发展中，黑格尔展示生命如何从直接、不完善的形态运动到真实、完善的普遍性与实体性形式中实现自身。在此过程中，他提供了对确信自身真理的认知（Wissen）的关键规定："理性"。生命只有作为理性主体性才能代表真正的普遍性与实体性。唯有当生命持续认知自身及其他者，并始终依此认识（Wissen）而活时，才能在变动性中（在"陷入"他者性的过程中）真正保持自我同一，并在此"他者中的自我同一性"中有意识地（wissend）中介一切存在与自身。

当生命意识到自己是理性主体，并将世界建构（erwirken）为自身现实时，"精神"就实现为存在的实体。在《精神现象学》中，"精神"概念从"生命"概念中生长出来——只有在此基础上，精神才能被阐明为实体真正的存在形式。这一论断始终成立——尽管黑格尔在预见存在之全体将在精神中达至完满时，他就将各种存在模式（无机自然、有机生命与历史生活）都评估为（或较真实或较不真实的）精神样态，这使得精神成为一切存在基础的真实存在，从而成为一种"绝对存在"。但这并不构成矛盾，因为这种始终作为真理居于一切存在基础的精神，唯有在生命的历史性发生中、在活生生的自我意识里，才能实现并显现自身。尽管黑格尔从其哲学开端就将所有存在模式设定为绝对精神的样态，但这并非一个无根据的基本假设，而是从存在问题的整体构想中必然得出的结论，并在其研究进程中得以验证。

但不可否认的是，随着将本真存在阐释为"精神"，正如马尔克所指出的，"从无限理性向绝对理性的过渡"已变得"不可避免"，有限的人类意识由此与（上帝的）无限意识统一起来。[38] 黑格尔的辩证法确实是一种"绝对"辩证法，因为它试图呈现存在自在自为的本质与运动，而非为了"我们的思维"而呈现："纯粹真理，如其自在自为地存在。"[39] 在这种有限思维的绝对化中，蕴含着黑格尔辩证法令马尔克难以接受的第二个面向。"有限自我的内在经验、我们思维的确定性"，作为批判辩证法（与思辨辩证法相对立）必须依赖的基础，"正与那种从有限意识迈向无限意识的思辨欲望相对立"[40]。

然而通过诉诸有限自我的经验，马尔克面临着为辩证法建立新基础的任务，这已不能仅通过对黑格尔的修正来实现；事实上，它根本无法——即便是以否定方式——以黑格尔的绝对辩证法为出发点。现在让我们考察马尔克对批判辩证法所作的肯定性规定，看看它们是否能为辩证法提供新基础，或至少指向这个方向。

批判性辩证法在其可能的"系统统一性"中的肯定性规定，再次汇集了"黑格尔式的主题"，而马尔克本人只是将其称为"辩证法的变体"。"自我意识的辩证法"在批判性辩证法中"连同知识过程的辩证法、整体性思维（Ganzheitsdenken）中的辩证主题，以及通过矛盾转化获得思维结果的辩证功能一起被保留下来"[41]。后面两个要素都回溯至第一个要素，正如马尔克所强调的："自我意识的辩证法是批判性辩证法的核心。"[42]对马尔克来说，自我意识的存在何以成为辩证法的基础与中心？

马尔克通过引用赫尼希斯瓦尔德的"思维心理学"[43]的主要论点来回答这个问题。对马尔克来说，这是"实在地构成了批判辩证法"[44]。我们在此仅探讨马尔克融入其著作的、旨在为批判辩证法奠定基础的思维心理学成果。

意识与存在、"经验与对象"本质上处于"相互关联的关系"中。这些关系的"法则"由其作为"意义"的特性所决定。"在意义中，对象与自我的抽象概念同时被扬弃，意义应当使'存在中的自我'（das Ich im ist）与'自我中的存在'得以显明。"[45]一方面，自在的对象具有被经验的可能性：作为经验（Erlebnis）的内容，它既能意指某物，又能被经验自我在这种意义中所认知。另一方面，经验自我本身也是认知（Wissens）的可能对象，并可作为意义被理解。"整个论证可概括为：存在能在自我中作为被知者（Gewußte）呈现，而自我能在存在中作为认知（Wissen）对象的可能性加以呈现。"[46]

因此，对马尔克来说，自我与对象作为一个统一体相互联结，这种统一不像在黑格尔那里是"完全融合"，而是"同时保持分离"。对象始终是对象，自我始终是对象的"他者"。"形而上学辩证法与批判辩证法的根本区别，在于实际—绝对统一与潜在—相对统一之间的区分。对象不是经验，而是可被经验的；

经验不是对象，但可被对象化（vergegenständlicht）。"⁴⁷ 这些关系因而始终充满张力，其组成部分"在异质媒介中联结"。所有本质性关系——如"时间性与超时间性"（时间性规定的自我与自在的超时间真理）之间的关系——都基于自我与对象之间这种根本的、内在辩证的关系。"哲学的基本关系因而始终是异质媒介中的关系。"⁴⁸ 它们必然以一种内在的辩证性形式显现，并应被如此理解。

这段"自我意识的辩证法"保留了"我们思维"的有限性——只要这种思维建立在对象相对于自我的在场性与他者性之上，而这种在场性与他者性又无法被概念的力量所扬弃或否定。对此，马尔克正确地强调：批判的辩证法必须在"否定之否定"⁴⁹的时刻摒弃黑格尔的"扬弃"概念。"我们的自我无法进行扬弃，它始终受制于在场者、被给予者。"⁵⁰ 但必须指出的是，这种有限自我意识理论并未超越认知性（erkennend）自我意识的理论范畴，它主要将自我与对象的关系把握为认知（erkennen）关系——这在思维心理学的框架内完全自洽。因此，尽管意义与经验（Erlebnis）的概念相较于传统心理学已得到实质性深化，但它们仍被局限在认知性（Erkennen）自我的领域。自我的完整存在（如黑格尔将其纳入生命存在概念的那样）并未被吸收进该理论。故而这种自我意识的辩证法即便以"心理学原理的重构"⁵¹为目标，或试图建立一种普遍的哲学"原理学说"⁵² 时，它本质上仍是一种认知辩证法。而马尔克用以界定批判辩证法的另外两个要素——"所有整体性思维中的辩证主题"与"穿越矛盾的通道"——仅仅表述了认知（erkennenden）思维最普遍的规定性。

但必须提出这样的疑问：倘若如马尔克在序言中所强调的，"辩证法"要保留其作为哲学"基本方法"的原初含义，那么从该问题的历史渊源来看，以"辩证法"指称这类认知（Erkennen）规定是否正当？作为"基本方法"（Grundmethode）的辩证法，无法脱离其历史性问题中根深蒂固的前提预设；这些前提必须被纳入辩证法的全新奠基之中。或许辩证法的决定性历史前提，恰恰存在于那些导向超越认知思维领域的维度——"形而上学"之中！

我们在评析前半卷讨论柏拉图、康德与黑格尔时，已暗示过这类无可回避的前提。从这些名字所象征的辩证法历史发展阶段出发，每一次都能发展出新的辩证法奠基。初看之下，马尔克似乎选择以康德的辩证法作为批判辩证法的起点。但马尔克的自我意识辩证法，并未将康德安置"纯粹理性"之先验辩证法的那个问题域作为自身出发点。对他而言，问题不在于将辩证法视为"先验幻相"，视为"人类理性自然且不可避免的幻觉"（《纯粹理性批判》§B354）。[53] 马尔克从康德批判哲学中汲取的并非先验辩证法，而是被构想为认知思维（有限自我）基础的先验分析论。

但在我们看来，这种辩证法的思想史前提（Problemgeschichtlichen）并不能将其正当化为"辩证法"——尤其当人们像马尔克那样正确地拒绝"系统性与历史性的割裂"，并主张对问题史进行研究时更是如此。[54] 从问题史的视角来看，无论是认知主体与可知对象之间的"潜在相对统一"，还是认知通过矛盾的运动过程，抑或是统一性与多样性的可知综合，都不足以确立辩证法。但自我意识的综合统一性确实能提供这样的证明。马尔克提出了以下具有历史正确性的指导原则："辩证法诞生于自我，又复归于自我。"[55] 但只有当自我意识（自我）不仅作为认知思维的行为（Verhalten），而且像黑格尔那样——在与作为其对象的"世界"之完整存在的统一中——成为辩证法的起源时，这一原则才成立。这些论述旨在为下文关于辩证法历史问题的讨论提供理论准备。后续关于辩证法问题史的论述将试图阐明这一观点，同时也有助于厘清和补充本文第一部分提出的命题。

2

古代形而上学中辩证法问题的起源[56]可简要概括为如下几点：在探究存在之本质（即存在本身是什么，在生成与消逝的多重变异中保持恒常者为何）时，研究遭遇了这样的境况——这个"真实"的存在本身在其统一性中包含着多元性。它与其他存在者具有多重关联，这些关联并非偶然或表面的，而是其本质所依赖的基础。每个存在者的存在总是与其非存在者、他者共存，唯有通过其非存在与他者的中介才能被把握。但只有当以下三个自古希腊哲学就已存在的前提条件满足时，这组关系才会成为"辩证的"，并要求以"辩证法"作为把握它的"方法"：

1. 存在之真理通过人类言说（逻各斯，legein）得以揭示和保存。

2. 人类的言语本质上是与他人关于某物的对话；唯有在这种相互辩难（Durchsprechen）中才能实现其揭示与保存功能。

3. 在人类言说中被揭示和保存的存在之本质，其真理应当能为人类生活及其活动所用。人类必须掌握和理解存在之本质与真理，既为了造物，也为了应对（最广义的）自然与国家。

根据上述要点可以看出，哲学探究绝非因认识到前述境况而告终结，相反，才真正抵达其本原起点。唯有当哲学探究使这一境况的所有"环节"及其种种具体表现形态都能在人类言说中被复述出来，从而确保其可把握性时，它才成为辩证的，并由此成为通达存在之本质的真正途径。这就要求：首先将本质内在的多元统一性返回至其最终的、不可再变更的根基；其次让这一终极根基自行展开为它所规定的存在之多维性，换言之，追溯这种多维性在其特定"可计数"阶段中的生成过程。只有当存在的终极根基被认知为一端，而由此根基生发的多维性在其所有环节中都成为"可计数"的另一端时，方具备在人类生活中把握并持守所发现真理的先决条件。

我们可以从中得出辩证法历史起源的以下前提：

1. 辩证法仅以中介方式源于自我，其直接最初根源在于存在本质的某种特定状态，以及人类生活必须应对这一既定事态而产生的必然性。

2. 辩证法所"复归"的人类生活之"自我"，首要的不是认知性思维，而是在世发生的生命之完整存在。辩证法的必然性植根于此生命在所有生活情境中可靠掌控存在本质的必然要求。"自我意识的辩证法"绝非漂浮无根的认知辩证法，它始终关联着人类生活的具体存在与行动。

3. 辩证法所实现的统一性与多元性、存在与他者性（Anderssein）的综合，绝非任意的认知综合。它尤其不驻留于生生死死的表象的维度，而直指存在之本质（"理念"）——即便论及此本质与人类生活的可能关联时，亦复如是，后者正是通过彼此言说（Miteinander-reden）发现并把握这一本质。

本文无力详述黑格尔哲学中古希腊辩证法的决定性要素如何在康德哲学奠定的新基础上重现，我们仅聚焦辩证法的一个根本维度，其余要素皆植根于此，马克思对黑格尔辩证法的彻底改造也由此获得最佳理解。唯有通过解读黑格尔早期著作与《精神现象学》，方能证明人类生活的完整存在与发生过程在黑格尔处构成了辩证法的真正基础。有一些迹象在这里足以表明这个判断。

前文已揭示《精神现象学》中生命存在的概念在何等程度上构成黑格尔形而上学的根基。即便在《逻辑学》中，生命仍是"理念"（即"自在自为的真理"）最初的"无中介"形态。"理念"需要"在其作为生命的这种规定性中被领会和认知，如此对其探讨才不致沦为空洞无物的形式"[57]。生命在其"与自身的单纯关系"中正体现为一种真实的"他者中的自我同一性"。它在生命活动的多样状态中始终保持并体现出自我性与统一性。在此发生过程中，生命使自身成为存在的"普遍实体"与"普遍媒介"，因为它"将既存的外部世界与自身中介化"[58]。它"掌控"外在存在并"占有"它，使此存在"转化为自身的手段，并赋予其实体以主体性"[59]。

阐释"生命过程"的诸概念，如"掌控""占有""需求""生产和再生产"，已然表明我们面对的不仅是认知过程，更是整个生命实在的变革与实现过程。这在《精神现象学》相关表述中尤为明晰：生命发生首先是认知性（wissenden）行动的辩证法，是变革性"行动"（Tun）的辩证法。

尽管黑格尔从一开始就将生命存在规定为"自我意识"，即参照生命"理性"的"精神"模态，但发生中的生命之完整具体化仍蕴含于自我意识概念中。自我意识同时是知识（Wissen）与行动，理论理性与实践理性（正如《逻辑学》中"认知的理念"同时是理论的与实践的"理念"，且理论理念唯在实践理念中才达致完成）。《精神现象学》描述生命展开过程的诸概念，表达了生命整体结构的具体统一性："欲望与劳动""观察的、立法的与检验法则的理性""全体与个人的行动""作品"及"事情本身"等。现在通过细察黑格尔辩证法的核心概念"扬弃"，可澄清其基础。

马尔克正是借此概念区分批判辩证法与黑格尔辩证法的。[60]"否定之否定"在他看来是逾越有限自我的一切界限、将神与人同一化的绝对精神形而上学的鲜明表达。"我们的思维"只能持存矛盾，无法扬弃它："不能消除已被设定的东西。"[61]

毫无疑问，只要这里的认知主体是指知性思维的主体，这个论断就完全正确；这种主体当然无法实现扬弃。它始终受制于既存条件。黑格尔本人对此曾着重强调。他在论述"作为认知的认知"时指出："这种认知是有限的，因为它以预先存在的世界为前提；因此它与这个世界的同一性并非自为的。它所能达致的真理因而也仅是有限的。"[62] 对黑格尔而言，超越单纯"作为认知的认知"的动机恰恰植根于此。由于对象始终作为既定的存在（Gegebenheit）无法被认知活动真正扬弃，单纯的认知尚不能成为"理念"的真实形态。这种认知会自发地导向对"实践理念"的诉求——行动正是认知的完成与实现。

因为行动中的［确切说是认知着的（wissend）］主体才能真正实现扬弃，才能消除那些被"设定"的存在。行动主体的意志能够真实地创造与改变。它可以消除现存之物，代之以自己的"作品"（Werk）。这个事实与辩证法基础之间的关联方式，最终构成了马克思与黑格尔根本分歧的现实基点。

如此具体化的扬弃概念，指向人类在既定世界中特有的能动性模式。这种生命唯有通过**超越**其当下存在的特殊"规定性"（这种规定性总是与其进一步发展可能性构成否定性、"偶然性"关系）才能实现自身；它必须克服直接给定的处境，调动自身可能性推动自己迈向更高阶段。只有当生命通过改变既存现实（就其真实可能性而言，这种现实本质上是"他在"，是"自我的丧失"）来中介其全部直接存在，使之与自我本质达成统一，通过变革现实、"占有现实"（"同化现实"）将存在转化为自身所拥有的存在状态，它才能实现其本质。唯有在这种扬弃过程的变革中，生命主体才能在他者性中保持与自身的同一。

生命的这种（在《精神现象学》与《逻辑学》的"生命"概念阐释中确立的）能动性，不仅体现在单一个体中，同时也必然表现为个体之间以及个体与客观世界的对抗。生命过程中发生的他在性扬弃，总是意味着能真实改变人类及其客观环境的现实运动。生命过程的"辩证法"本质上具有这种"现实性"特征。这不是纯粹认知（Erkennens）的辩证法，而是［认知着的（wissend）］

行动的辩证法。[63] 黑格尔的"行动"概念具有决定性意义,它准确表达了活生生的自我意识及其现实性的本质:"行动之所以得以实施,正因为行动自在地体现了现实性的本质"[64],而"绝对事物(Sache)"乃是"其存在即自我意识的现实性与行动"[65]的现实。

让我们在这里举一个例子,说明"扬弃"[66]作为一种行动(Tat)[67]的本质特征。在《精神现象学》中,对对象性的第一次(尽管是不完整的)"扬弃",即意识与对象的首次结合是通过"奴隶的劳动"[68]发生的。奴隶通过对事物的"加工",扬弃了它们纯粹对象性的形式(即相对于活生生意识的纯粹否定性与他者性)。被加工过的事物不再作为纯粹的他在与否定性与活生生的自我意识相对立,而是成为属于它、可供它"享受"与占有的存在。

此外,这些事物继续以奴隶的自我意识劳动所赋予它们的形式(而且只以这种形式)存在。劳动着的自我意识是它们的"实体",正是通过这个实体,它们首先成为具体的现实。因此,"劳动赋予形式的物性……除了意识之外没有别的实体"[69]。意识最初的"否定"现在被否定了,并被纳入活生生的自我意识的统一体。

在劳动过程中,与上述"扬弃"同时发生的还有另一种扬弃。当奴隶认识到,事物只有以他的劳动所赋予的形式才具有持存性与现实性时,这个原本仅处于"为主人服务"状态的人开始意识到自己的独立性。通过这种"自我重新发现",奴隶的自我意识——此前一直是为他者服务的意识——"意识到正是在……(奴隶的)工作中,在看似异化的存在的劳动中,他获得了自己的存在。"[70]"于是劳动意识达到了将独立存在视为自身存在的认知。"[71]

这个例子已然表明,黑格尔在此探讨的是物化及其超越的过程——这是人类生活的基本事件,后来被马克思表述为历史运动的基本规律。这个过程与辩证法中的"扬弃"概念存在本质关联。它在《精神现象学》的每个阶段都以不同形式显现。认知意识与认知对象的矛盾,不过是植根于人类生活本质的这个过程的诸多表现形式之一。

由此观之,前卷论文中关于辩证法与历史性关联的论断,由此也就褪去了看似武断与暴力的色彩。黑格尔在《精神现象学》中发展的自我意识存在,本质上是历史性存在,且最初就是被黑格尔如此把握的。辩证法就其"从自我出发"而言,就其作为自我意识的辩证法而言,本质上与历史性相关。因为自我意识的完整本质正是由历史性规定的。这并非如马尔克所言意味着"人类生存的扩张被表达为绝对逻各斯"[72],相反,这种扩张根本无从谈起。因为构成人类生命历史性存在的存在总体性,恰恰禁止任何关于"绝对存在"的断言,禁止从"绝对逻各斯"立场出发对存在作出规定。黑格尔辩证法最初奠基于"生命"概念,只有当生命原初的历史性在其体系中陷入停滞时,它才转变为绝对辩证法。

对辩证法与历史性之关系的历史考察,首先必须探究黑格尔辩证法基础中这种独特的双重性。充满历史性的生命最初提供了存在的引导性概念,但这种存在随后又超越了自身的历史性并将其凝固——它成为"绝对精神"。这种双重性在《精神现象学》中已然显现,因为绝对精神本身具有历史,它在生命历史的特定阶段实现并完成自身,从而能够在此实现之后统摄并决定所有过去与未来的历史。

这种双重基础的第一面——生命在其历史性中的存在——在《精神现象学》开篇章节得到展开。这些章节描绘了生命存在(对黑格尔而言即自我意识)与始终伴随存在的既定存在("世界")的关系,同时展现了生命历史中如何实现存在整体的真理形式——作为"精神"构成所有存在的真理并完成其历史。这种将自身与世界实现为精神的生命历史,终结于"自由民族"的存在:"在民族生活中,自我意识理性的实现概念……获得了其完满的现实性。"[73]

精神历史始于民族历史,"自由民族的生活"是精神实现的第一形式,这一事实已然表明:生命的历史性事件构成了《精神现象学》的基础。当然,这里的"历史"不能作事实性理解,仿佛黑格尔只是将其形而上学套用于人类史实进行哲学演绎(如他后期在《历史哲学讲演录》中某种程度所做的那样)。《精神现象学》并非总是事后追溯的哲学史,而是勾勒出先于所有史实的基本生命结构史——这种先在性意味着所有具体历史都是该基本结构的(各自不同的)实现。以物化及其超越("扬弃")过程为例,这并非独特的历史事实,而是植根于人类生活本质、在历史各阶段以新形式重复发生的事件。"主奴关系"、"个体与普遍的劳动"、"国家权力与财富"[74] 等范畴同样如此。

如果主要依据《历史哲学讲演录》或《法哲学原理》来解读黑格尔的历史观将铸成大错——这个错误至今遮蔽着黑格尔与马克思的内在关联。这两部著作一方面以《精神现象学》为前提，另一方面以《逻辑学》为基础，但它们已然弱化了这两部原初著作的发现。其中运作的历史概念是对原初历史概念的消减与变形。在《法哲学原理》与《历史哲学讲演录》中，历史仅是绝对精神的部分展开（Teilgeschehen），且只是这种精神的特定形式的部分展开。

对马克思的充分深度诠释必须表明：他的黑格尔批判正始于后者背离原初完整历史概念的转折点。马克思恢复了原初历史概念与历史生命的本质特征，但目的并非（这使其著作不仅与黑格尔，更与一切哲学决裂）在存在整体中确立生命的哲学规定，而是旨在通过分析当代历史情境实现革命性颠覆。因此，马克思明确将物化及其超越过程的描述限定于决定革命形势的历史阶段：资本主义商品生产中生命的物化。

因此，马克思对黑格尔辩证法的彻底改造并非简单地从特定哲学体系中抽离出哲学方法，而是重新发现了黑格尔曾揭示却又再度遮蔽的历史生命之辩证运动。命题、反题与合题的辩证关系，不过是生命历史运动基本法则的普遍表达——它呈现了生命所处的特定历史现实（命题）必然经历的"扬弃"（即根植于生命存在本身的扬弃），这种现实必然表现为生命可能性的衰退（Verfall）（否定），最终推进到消除前者的更高更真实的现实（反题）。此过程不仅进行扬弃，同时实现"保存"：它将当下（gegeben）历史阶段（合题）中已实现的积极可能性整合其中。从关键意义上说，这种保存性扬弃必然受制于当下（Gegebenheit）既定现实，因为它只能基于现存的特定可能性及其生成、衰退与未来的知识（Wissen）才能发生。

即便作为"知识"（Wissen）的概念——当黑格尔在哲学中将生命规定为"自我意识"时——也同样具有原初的历史性内涵，这在《精神现象学》中得到明确阐释。意识的"中介"运动（意识通过该运动将其"当下个别存在"与"普遍精神"相融合），唯有通过当时现存的"意识形态系统"才能实现，这个系统"以世界历史的形态获得其客观定在"[75]。作为自我意识的生命，乃是"将自身系统化的发展"。作为认知（wissendes）的生命，并不像有机自然那样"从纯粹普遍性直接堕入存在的野蛮个别性"，而是从对世界既有"形态"的知识（Wissen）出发，在与先前"客观定在"的对抗中赋予自身以现实性。正是这种保存性扬弃构成其本质时，它才成为历史。也正基于这种历史性，它区别于"没有历史"的有机自然——后者恰恰缺乏这种由知识（Wissen）引导的运动。[76]

从这个角度来看，针对黑格尔与马克思的常见批评——即他们未能将辩证法应用于自身，其方法在自身立场前"戛然而止"（如马克斯·韦伯所言）——是可以被驳斥的。辩证法既不容许任意的中断，同样也不允许武断的延续。黑格尔辩证法深植于其自身体系之中，注定无法超越该体系，因其在自我封闭的哲学体系之外别无根基。而马克思辩证法只要尚未扬弃其植根的历史情境，未能在新情境中建立新的辩证运动，就不能被应用于该原始情境本身。唯有在实现无产阶级革命的基础上，才可能提出关于新发生辩证法的可能性问题。

这些论述旨在表明：马尔克确实提出了辩证法的真正问题，并揭示了探讨马克思辩证法所必需的精确前提条件。

四 论创立历史唯物主义基础的新材料

　　马克思《1844年经济学哲学手稿》(以下简称：《手稿》)的发表无疑是马克思主义研究史上的一个划时代的事件。[1] 这份手稿将为历史唯物主义的起源、原始含义以及整个"科学社会主义"理论的讨论奠定全新的基础。这份手稿同时也为重新审视马克思与黑格尔之间的实质关联提供了更具建设性的研究路径。

　　由于《手稿》的零散性（大量实质的文本已经遗失了，而且一些分析往往在关键点上中断，且它们都不是准备好发表的最终稿），读者不仅需要不断地将个别段落与整体内容联系起来以达到对文本细致的理解，而且《手稿》内容本身还要求读者需要具有极高的专业知识水平。因为，如果可以提前预见的话，我们将讨论的正是作为一种革命理论的政治经济学的哲学批判及其哲学基础。

　　必须在一开始就着重强调解读的困难性，以避免这份手稿再次被轻率地套用既有研究范式。这种风险尤其巨大，因为后世政治经济学批判的所有常见范畴都已在此初现端倪。但《手稿》中这些基本范畴的本真含义比任何时候都更为清晰，我们或许需要根据其原初形态来修正当前对后期更成熟批判理论的解读。仅对《手稿》的初步考察已足以表明：那种认为马克思是从哲学基础转向经济学基础的流行论调实在有失偏颇。

　　我们先来讨论对政治经济学的哲学批判，因为在这里马克思理论的基本范畴（例如"劳动""对象化""异化""扬弃""财产"等）是从他与黑格尔哲学的激烈交锋中产生出来的。[2] 这并不意味着，黑格尔的"方法"经过改造后被马克思所接受，然后被置于新的语境中，从而重获生机。相反，而是马克思回溯至决定黑格尔方法的核心问题,独立把握其真实内容,并将哲学推向一个更加高深、透彻的阶段。这些手稿的巨大重要意义还在于:它首次明确记录了马克思对黑格尔《精神现象学》的批判性吸收,他在《手稿》中指出,《精神现象学》是"黑格尔哲学的真正诞生地和秘密"[3]。

如果说马克思对黑格尔哲学基本问题的讨论为他的理论奠定了基础,那么就不能再说,这个基础只是经历了从哲学基础到经济基础的改变;也不能再说,在马克思随后的(经济)形式中,哲学已经被一劳永逸地克服和"终结"了。更确切地说,在马克思理论的所有阶段上,他的理论基础都包括了哲学基础。即便马克思的根本旨趣并非哲学思辨,而是通过无产阶级的经济政治斗争推翻资本主义制度的实践革命,这一事实也丝毫不减其哲学维度。我们必须认识到:正是通过对人类本质(Wesen)[4]及其历史实现的独特哲学阐释,经济学与政治学才转化为革命理论的经济政治基础。哲学和经济理论之间、理论和革命实践之间的关系是非常错综复杂的,只有通过对历史唯物主义发展全貌进行分析,这种关系才能得以阐明,而且只有通过对《手稿》进行充分的解读之后(本文只是想对这方面做一个大概的介绍),这种关系才可能变得清晰起来。或许可以这样初步表述:对政治经济学的革命批判本身具有哲学根基,而该哲学本身又已包含着革命实践。理论本身即是实践性的;实践不仅存在于理论终点,更在理论开端就已经存在。开展实践并非要踏足一块陌生的领域,踏足一块理论之外的领域。

在做了这些引言性的概述之后,我们就可以继续着手描述《手稿》的整体内容了。马克思自陈其目的在于对政治经济学的批判进行一种"实证"批判[5],因此,这种批判既揭示政治经济学的错误及不足之处,又试图为政治经济学奠定真正胜任其任务的基础。因此,政治经济学的实证批判也构成了政治经济学的批判基础。在此过程中,政治经济学的概念被彻底改造:它成为一种关于共产主义革命的必要条件的科学[6]。这场革命本身意味着——远超经济变革范畴——整个人类历史及其本质规定性(Wesensbestimmung)的革命[7]:"这种共产主义……是人和自然界之间、人和人之间的矛盾的真正解决,是存在和本质、对象化和自我确证、自由和必然、个体和类之间矛盾的真正解决。它是历史

之谜的解答，而且知道自己就是这种解答。"⁸

如果政治经济学能够获得如此重要的地位，那么很显然，我们从一开始就不能仅将其视为另一门科学或某个专门的科学领域。反之，我们必须将它视为对影响人类整体本质问题的科学表达。因此，在这里，我们首先必须更加慎重地考虑政治经济学批判究竟采取何种路径？

这里的批判将政治经济学视为资本主义社会中人类现实全面"异化"与"贬值"的科学辩护或遮蔽——这门科学把人类当作"非本质的东西"（ein Unwesen）⁹，它认为人类的全部生存都被"劳动、资本和土地的分离"、非人化的分工、竞争、私有财产等所支配。¹⁰ 此类政治经济学以科学名义，将人类历史—社会世界转化为货币与商品的异己世界；这个异己世界将人作为一种敌对的力量与之相对立，在这个世界中，人性几乎丧失殆尽，人脱离了人类存在的真实性并沦为"抽象的"劳动者，人与自己劳动的对象相分离，并被迫将自己当作商品出售。

由于劳动者和劳动的这种"异化"，所有人的"本质力量"的实现变成了他们非现实化；对象世界不再是在"自由活动"¹¹中被占有的"真正的人的财产"，不再作为整个人的本性的自由运行和自我确证的领域。相反，对象世界成为一个由私人占有的对象组成的世界，这些对象可以被占有、使用或交换，那些看似不可改变的规律甚至连人都必须遵守。简而言之，这是一个普遍的"死的物质对人的完全统治"的世界。¹²

人们经常用"外化""异化"和"物化"这些名称来描述所有这些情形，这些名称是马克思主义理论中广为人知的概念。然而，更为重要的是，我们要在马克思的理论起点上，去弄清楚他到底是如何以及从什么角度来解释这些概念的。

在马克思开始对政治经济学进行实证批判时，在他着手处理外化和异化的问题时，他就指出："我们且从当前的国民经济的事实出发。"¹³ 但是，外化和异化是像地租或商品价格依赖供求关系的"规律"或生产、消费和流通过程中的任何其他"规律"那样的"经济事实"吗？

这里所批判的资产阶级政治经济学，并不把外化和异化看作是一种事实

(在资产阶级理论中,"外化"和"异化"这些词所指的情况,是以截然不同的标题来涵盖的);对于社会主义政治经济学来说,只有当这种理论被置于马克思所创立的基础之上时,即在我们现在所讨论的研究中,这个事实才会"存在"。因此,我们必须提出这样的疑问:这究竟是何种事实?(因为它与政治经济学中的其他所有事实有本质上的区别),以及它基于何种条件才能显现并被如此描述?

马克思对外化和异化情况的描述,最初似乎完全是在传统政治经济学及其原理的基础上进行的。显而易见,马克思在一开始就有意地把他的研究划分为对政治经济学三个传统概念的考察:"工资""资本的利润"和"地租"。[14] 但更为重要的是,这种将研究一分为三的划分方法很快就被马克思本人推翻和抛弃了,一个指向了崭新方向的标志随之显现:"从第22页到手稿的结尾,马克思完全无视分栏标题采取跨栏书写。这6页文字在现在的书中以'异化劳动'为题呈现。"[15]

因此,"劳动"概念的发展就这样突破了传统问题处理的框架;马克思继续围绕着"异化劳动"这个概念进行讨论,从而发现了随后成为共产主义革命这门科学的基础的新的"事实"。所以,我们的解读也必须从马克思的"劳动"概念入手。

在资本主义社会中,当马克思把工人的劳动方式和存在形式描绘成与生产资料和已成为商品的劳动产品完全分离时,当他把工人的工资描绘成仅仅为了维持他们肉体生存而围绕最低工资进行的一种动态平衡时,当他把工人的劳动本身(在为资本家服务中表现为"强迫劳动")描绘成一种与其"人的现实"相割裂时,这一切仍可视作简单的经济事实的表现。这一印象似乎得到了以下事实的证实:马克思是"通过对外化劳动概念的分析",得出了"私有财产"的概念,并进而得出了传统政治经济学的"劳动"这一基本概念。[16]

但是,如果我们能够更仔细地观察一下马克思对外化劳动的描述,我们就会有一个显著的发现:这里所描述的不仅仅是一个经济问题,它是关于人的外化,关于生命的贬损,关于人的现实的颠倒和丧失的问题。在相关段落里,马克思将"外化劳动"的概念定义为:"外化劳动,即外化的人,异化劳动,异化的生命，异化的人。"[17]

因此，这是人作为人（而不仅仅是作为工人、经济主体等）的问题，也是一个过程的问题，这个过程不仅处于经济史中，而且处于人及其现实的历史中。马克思在同样的意义上讨论了私有财产："私有财产不过是下述情况的感性表现：人变成对自己来说是对象性的，同时，确切地说，变成异己的和非人的对象……对私有财产的积极的扬弃，就是说，为了人并且通过人对人的本质和人的生命的感性的占有。"[18]

马克思经常谈论"人的本质力量"和"人的本质"，例如，他称"工业的已经生成的对象性的存在……是一本打开了的关于人的本质力量的书"，要把握它"同人的本质的联系"[19]。在上面所引用的地方，他还经常使用哲学的概念来描述劳动和私有财产。马克思这样做，并不是他受到某些特定的哲学术语限制，而是因为他的阐释是想尝试讲清楚，政治经济学的整个批判和基础是直接在哲学的基础上和在哲学的争论中发展起来的。因此，马克思所使用的哲学概念并不能被看作是往后要被丢弃的残余，或者是我们能将其剥掉的伪饰物。从马克思与黑格尔的争论中演变出的一种关于人的本质及其实现的思想，于是一个简单的经济事实就应运而生了：人的本质的颠倒（Verkehrung）和人的非现实化。只有在这个基础上，上述的经济事实才有可能成为革命的真正基础，而这种革命将真正地改变人的本质以及人的世界。

我们想要说明的是：批判的基本概念（"外化劳动"和"私有财产"）从一开始就不是简单地作为经济概念被接受和批判的，而是作为与人类历史上的决定性发生有关的概念被接受和批判的；因此，通过对人的现实的真正占有来实现对私有财产的"积极废除"，将彻底变革整个人类历史。正是因为资产阶级的政治经济学没有认识到人是它的现实主体，所以它必须在批判中加以彻底改造。资产阶级的政治经济学无视了人的本质及其历史，因而从最深远的意义上来说，它不是"人的科学"（Wissenschaft vom Menschen），而是一门非人的科学（Unmenschen），是一门由对象和商品组成的非人世界的科学。出于同样的原因，"粗鄙的共产主义"[20]也受到了马克思尖锐的批判：它同样没有立足于人的本质的现实性，而是在事物和对象的世界中运行，因此它本身也仍然处于一种

"异化"的状态。这种类型的共产主义只是用"普遍的私有财产"取代了个人的私有财产[21];"它想把不能被所有的人作为私有财产占有的一切都消灭;它想用强制的方法把才能等等抛弃。在这种共产主义看来,物质的直接的占有是生活和存在的唯一目的,工人这个规定并没有被取消,而是被推广到所有人身上。"[22]

针对马克思主义理论的绝对经济主义所提出的种种反对意见,时至今日,还有人不假思量地盲目推崇,事实上,这些反对意见在马克思本人批判粗鄙的共产主义时就已经提出来了。对他来说,这种粗鄙的共产主义仅仅是对资本主义的简单"否定",它本身与资本主义就位于同一层次上,而那正是马克思想要废除的层次。

在展开阐释前,我们还需避免另一种可能的误解。如果将马克思的政治经济学批判及其革命理论奠基视为哲学探讨,这绝不意味着只关注"纯理论"的哲学问题,从而弱化对无产阶级在资本主义中的具体历史处境及其实践的考量。本文的出发点、基础与目标,正是在于特定的历史处境及正在变革该处境的实践。

从人的本质的历史角度来看待这种状况和实践,这会使得这种批判的实践性变得更加鞭辟入里和尖锐辛辣:资本主义社会不仅质疑经济事实和对象,而且质疑整体的"存在"和"人的现实性"。对马克思而言,这正是无产阶级革命作为整体的和彻底的革命的终极理据,它绝对排斥任何局部改良或"演变"的可能性。这个理由并不在"外化"和"异化"概念之外或背后,恰恰相反,这个理由正是这种外化和异化本身。因此,所有试图否定马克思理论的哲学内容或尴尬地对它进行掩饰的人,都完全没有认识到马克思理论的历史起源。他们一开始就从本质上分离了哲学、经济学和革命实践,而这种分离正是马克思所批判且在其批判伊始就已克服的物化产物。现在,我们开始阐释"劳动"概念。

一

在资本主义社会中,劳动不仅生产商品(即可以在市场上自由销售的商品），还生产"作为商品的劳动自身和工人"，工人创造的商品越多，就会成为"越廉价的商品"[23]。工人不仅失去了自己的劳动产品，而且为不知名的人创造了异己的对象；又由于劳动分工和机械化程度的提高，工人不仅"在精神上和肉体上被贬低为机器"，"从一个人（他）变成一个抽象的活动和胃"[24]，而且不得不"出卖自己和自己的人性"[25]。也就是说，工人本身必须成为商品，才能作为一个物质主体存在。因此，劳动不再是整个人的表现方式，而是人的"外化"；劳动不是人的充分和自由的现实化，而是变成了"非现实化"。"劳动的现实化竟如此表现为非现实化，以致工人非现实化到饿死的地步。"[26]

值得注意的是，即使在这种对外化劳动的"经济事实"的描述中，简单的经济描述也持续不断地突破了人的现实：劳动的经济"状态"又重新投射到劳动者的"存在"上[27]；在经济关系的范围之外，劳动的外化和异化涉及人作为"人"的本质和现实，仅仅出于这个原因，劳动对象的丧失才具有如此至关重要的意义。当马克思指出他描述的事实是一种更为一般的情势"表现"时，他就很清楚地说明了这一点："这一事实无非是表明：劳动所生产的对象，即劳动的产品，作为一种异己的存在物，作为不依赖于生产者的力量，同劳动相对立。劳动的产品是固定在某个对象中的、物化的劳动，是劳动的对象化"[28]。他还明确指出："这一切后果"（资本主义经济制度所造成）"都是由于工人对自己的劳动的产品的关系就是对一个异己的对象的关系"[29]。因此，外化和物化的经济事实[30]，是建立在人（作为工人）对（他劳动的）对象的特定态度上。现在，"外化劳动"必须被理解为人与对象的关系，而不再是一种纯粹的经济条件："工人在他的产品中的外化，不仅意味着他的劳动成为对象，成为外部的存在，而且意味着他的劳动作为一种与他相异的东西不依赖于他而在他之外存在，并成为同他对立的独立力量；意味着他给予对象的生命是作为敌对的和相异的东西同他相对立。"[31]下面我们还会清楚地看到，"私有财产"这一经济事实，也是建立在被理解为人的活动的外化劳动的状况的基础之上的。"因此，私有财产是外化劳动——工人对自然界和对自身的外在关系——的产物、结果和必然后果。"[32]

此处似乎发生了对事实的一个惊人的、唯心主义颠倒：经济事实被认为植根于一般概念及人与对象的关系中："因此，我们通过分析，从外化劳动这一概念……得出私有财产这一概念。"³³ 这是马克思,而不是黑格尔写下的!这种明显的歪曲体现了马克思理论的一个重要方面:从经济事实到人的因素的突破,从静态事实(Tat-"sache")到动态行动(Tat-"handlung")的突破,将被物化的固化的"处境"及其规律(那些脱离人类掌控的僵化形式)理解为历史发展运动中暂时凝固的环节(马克思在《手稿》中对解决这个问题的新方法做了纲领性的介绍)。在这里,我们无法深究这种方法的革命性意义,我们将沿着一开始就概述的方法路线继续走下去。

如果"外化劳动"概念包含着人与对象的关系(以及我们将要看到的,包含着人与其本身的关系),那么"劳动"概念也必须涵盖一种人类活动(而不是一种经济条件)。如果劳动的外化意味着完全的非现实化和人的本质的异化,那么劳动本身必须被理解为人的本质的真正表现和现实化。但这样一来,这也意味着它又一次被当作一个哲学范畴来加以使用。

尽管以上讨论已然发展到如此地步,但如果马克思本人没有在这里明确地使用"本体论"这个经常被人们误用的术语,我们也不愿意将这个词与马克思的理论联系起来。³⁴ 他说,只有"只有通过私有财产媒介,人的激情本体论本质才能在总体性与人性中生成",他还提出,"人的感觉、激情等等不仅是(本体)意义上的人本学规定,而且是对本质(自然)的真正本体论的肯定"³⁵。

马克思对劳动的实证的定义几乎都是将其作为与外化劳动的定义相对立的概念而给出的,然而"劳动"这一概念的本体论性质在这些定义中得到了明确的体现。我们将摘录其中最重要的三个表述:"劳动是人在外化范围之内的或者作为外化的人的自为的生成",它是"人的自我产生的行动或自我对象化的行动","(它是人的)生命活动、生产生活本身"³⁶。所有这三个表述,即使没有在马克思对黑格尔的明确考察中出现,但仍然会指向黑格尔的劳动本体论概念。³⁷ 马克思批判的基本概念,即外化劳动的概念,实际上正是来源于他对黑格尔的"对象化"范畴的考察,而"对象化"这个范畴是在《精神现象学》中黑格尔围绕劳动的概念首次提出的。³⁸《手稿》直接证明了一个事实,即马克思的理论是植根于黑格尔哲学中的核心问题。

我们可以从这些对"劳动"的定义中推断出以下几点:劳动是"人的自我产

生的行为",也就是说,通过并且在劳动这种活动中,人根据人的本质第一次真正成为自己。人通过劳动这种方式,使得"成为"和"是"转化为自为存在,这样一来,人就能按照自己的本性了解和"对待"自己(即人的"自为的生成")。劳动是一种认识(wissende)和有意识的活动。在人的劳动中,人与自己、与他的劳动对象联系在一起;人并不是直接地与劳动合而为一,而可以说是,人能够与劳动相对立、相反抗(正如我们将看到的那样,通过这种方式,人的劳动作为"普遍的"和"自由的"生产,根本区别于"非中介的"生产,例如动物筑巢)。人在劳动中是以对象性的形式"自为"存在的,这与第二点密切相关:人是一个"对象性的",或者更确切地说,是一个"对象化的"存在。人只有通过使用自己的"本质力量"来产生一个"外部的""物质的"对象世界,才能将自己的本质作为某种对象性的东西加以实现。人的现实性和他的本质力量的有效性正是体现在这个世界上他所从事的劳动中(最广泛意义上的劳动)。"通过实践创造对象世界,改造无机界,人证明自己是有意识的类存在物。"[39] 在这一活动中,人展现出自己是同动物、植物和无机物相区别的具有自己"类"特性的人的存在物(在后面,我们将考察"对象化"这一中心概念)。通过这种方式,我们可以将劳动理解为人的"本质的确证",即人的存在在劳动中得到了实现和确证。

因此,即使是对马克思"劳动"概念中最临时性和一般性的描述,也远远超出了经济的范围,并且进入了一个全新的维度——在这个维度上,研究的主题是人类本质的整体性。如果想要将我们的阐释深入下去,就必须对这个维度进行一些叙述。在此之前,我们必须首先回答这样一个问题:马克思是如何以及从何出发来定义人的存在和人的本质的?对这个问题的回答是理解"异化劳动"概念的真正含义以及理解整个革命理论基础的前提。

二

在《手稿》中有两段话,马克思明确地给"人"作出了定义,包括人类存在的整体。[40] 即使这只是一个粗略的概述,这些段落也足以清楚地表明马克思批判的真正基础。马克思曾多次将消除异化和物化的"实证的共产主义"[41]描述为"人道主义"这一术语表明，对他来说，"实证的共产主义"的基础是人的本质的某种特定的现实化。就人的本质实证的定义而言，这种人道主义的提法主要受到费尔巴哈的影响：早在序言中我们就读到"对国民经济学的批判，以及整个实证的批判，全靠费尔巴哈的发现给它打下真正的基础"[42]，"从费尔巴哈起才开始了实证的人道主义的和自然主义的批判"[43]。后来，"创立了真正的唯物主义和实在的科学"被描述为费尔巴哈的"伟大功绩"[44]。然而，在我们的解释中，我们不会沿着哲学史的道路，追溯从黑格尔到费尔巴哈再到马克思的"人道主义"的发展历程，而是试图从马克思的论述本身展开对问题的讨论。

"人是类存在物，不仅因为人在实践上和理论上都把类——他自身的类以及其他存在物的类——当做自己的对象；而且因为——这只是同一种事物的另一种说法——人把自身当做现有的、有生命的类来对待，因为人把自身当做普遍的因而也是自由的存在物来对待。"[45]把"人"定义为"类存在物"对马克思学说的研究造成了巨大影响；这段话之所以如此有价值，是因为它揭露了马克思的"类"概念的真正起源。人是一个"类存在物"，也就是说，人是一个以"类"（他自己本身的类和其他存在物的类）[46]为对象的存在（Wesen）。存在物的"类"是这个存在物根据其"种群"和"起源"而来的；存在物存在的"原则"是这个"类"所共同拥有的独特性，即这种存在物的一般本质。如果人能够把每一种存在物的类都变成他的对象，那么每一种存在物的一般本质对他来说都是对象性的，人可以拥有每一种存在物本质上的一切。正是由于这个原因（这一点在上面所引用的句子的后半部分得到了体现），人才可以自由地与每一种存在物产生联系。人并不局限于存在物特定的、现存的状态及其与之直接关系，事实上，人可以超越其直接的、特定的、现存的状态，从本质上理解存在。人可以认识并把握每一种存在物所内涵的可能性。人可以根据任何存在物的"内在固有的尺度"[47]对它们进行开发、改变、塑造、对待以及进一步发展（"生产"）。劳动，作为特定的人类"生命活动"，其根源在于人的"类存在"；劳动预设了人有能力同对象的"一般"方面以及包含在对象内的可能性产生联系。具体地说，人的自由的根源在于人能够与他本身的类产生联系的能力，即人的自我实现和"自我生产"。然后,"自由劳动"(自由生产)的概念更为紧密地规定了作为类存在物的人与其对象之间的关系。

作为类存在物的人是一个"普遍的"存在(Wesen);对他来说,每一种存在物都可以在其"类特性"中成为人的对象。人的存在同对象是一种普遍的关系。人必须把这些"理论上"的对象事物纳入他的实践,必须把这些对象事物当作他"生命活动"的对象,并对它们产生影响。整个"自然界"是人类生活的媒介,是人类生活的手段,也是人类的先决条件,人必须吸收它并重新将它引入实践。人不能简单地接受对象世界或一味地迁就它,人必须把它占为己有。人必须把这个对象世界转化为他的生命器官,人的生命在对象世界中并通过对象世界表现出来。"在实践上,人的普遍性正是表现为这样的普遍性,它把整个自然界——首先作为人的直接的生活资料,其次作为人的生命活动的对象(材料)和工具——变成人的无机的身体。自然界,就它自身不是人的身体而言,是人的无机的身体。"[48]

"自然界是人的手段"这一论点不仅意味着人只有依靠对象的、有机的和无机的自然界才能维持其肉体生存,还意味着人在"需要"的直接压力下,人"生产"(占有、对待、准备等)对象世界作为其食物、衣着、住房等等的对象。马克思在《手稿》中明确地谈到了"人的精神的无机界""精神食粮"和"人的肉体生活和精神生活"[49]。这就是为什么人的普遍性在于自由,且能够区别于动物本质上的有限性的原因,因为动物"只是在直接的肉体需要的支配下生产",而人"只是在不受支配的情况下真正生产"[50]。因此动物只生产"它自己或它的幼仔所直接需要的东西。动物的生产是片面的,而人的生产是全面的"[51]。人并不把对象仅仅作为其直接生命活动的环境,也不把对象仅仅作为其直接需要的对象。人能够与任何对象"相对立",并在劳动中穷尽和实现对象的内在可能性。人可以"按照美的规律"进行生产,而不仅仅是按照他自己需要的标准进行生产。[52] 在这种自由中,即使生产并没有满足人的直接需要,但是人再生产了"整个自然界",并通过改造和占有它来推动"整个自然界"和人自身的生命一起得到进一步发展。因此,人的生命的历史同时本质上也是人的对象世界和

"整个自然界"的历史（马克思和黑格尔赋予了"自然界"这一概念更广泛的含义）[53]。人不是在自然界之中；自然并不是一个外在的世界，在这个世界，人首先必须从他自己的内在性中走出来。人就是自然。自然界是人的"表现"，是"他的作品和他的现实"[54]。在人类历史上，无论我们在哪里遇到自然界，自然界都是"人的自然"，而人本身也总是"人的自然界"。这样，我们就能懂得，为什么说彻底的"人道主义"就是"自然主义"[55]。

在人与自然相统一的基础上，马克思确定了对象化这一至关重要的概念，通过这种确定，具体的人与对象的关系，即人的生产方式，被更具体地确定为普遍性和自由。将"人"定义为"对象性的存在"的对象化，不仅仅是对人与自然相统一这一确定性的进一步补充，而且是这种统一更紧密和更深刻的基础。（对象化本身就像人对自然的参与一样，属于人的本质，因而不能被"扬弃"；根据革命理论，只有一种特殊形式的对象化可以而且必须被扬弃，即物化和"异化"）。

作为自然存在物，人是一种"对象性的存在"（Wesen），对马克思来说，它是一种"具备并赋有对象性的即物质的本质力量的存在物"[56]，这种存在物与现实的对象产生联系，"对象性地活动着"，并且"人只有凭借现实的、感性的对象才能表现自己的生命"[57]。因为人存在的力量就在于表现出（即，通过外部对象和在外部对象之中）他的一切，所以人的"自我实现"同时意味着"设定一个现实的、却以外在性的形式表现出来因而不属于它的本质的、极其强大的对象世界"[58]。对象世界作为人必然的对象性，是人本身的一部分，通过对它的占有和扬弃，人的本质首先被"生产"和"确认"。只有对自我实现的人来说，对象世界才是真正对象性的，它是人的"自我对象化"，或者说是人的对象化。但是，在这同一个对象世界，因为它是真正对象性的，它就可以作为人的存在的前提条件出现，而这个前提条件并不属于人的存在，是人无法控制的，是"不可抗拒的"。这种在人的本质之中的冲突，它本身是对象性的，正是对象化变成物化、外化（Äußerung）变成异化（Entäußerung）的根源。这一冲突使人有可能完全"丧失"作为其存在的一部分的对象，并让它成为独立的和不可抗拒的。在外化劳动和私有财产中，这种可能性成为现实。

然后，马克思试图将对象化和在它之中表现出来的冲突进一步归到人的定义之中。"对象性的存在物……如果它的本质规定性（Wesensbestimmung）中不包含对象性的东西，它就不进行对象性活动。它所以创造或设定对象，只是因为它是被对象设定的，因为它本来就是自然界。"[59] 然而，由对象所建立的特性又是"感性"（Sinnlichkeit）的根本决定因素（受到对象影响的感官），因此，马克思可以把对象存在与感性存在相提并论，把拥有自身之外的对象的特性和拥有感性的特性相提并论："说一个东西是感性的即现实的，是说它是感觉的对象，是感性的对象，也就是说在自身之外有感性的对象，有自己的感性的对象"；此外，"说一个东西是对象性的、自然的、感性的，又说，在这个东西自身之外有对象、自然界、感觉，或者说，它自身对于第三者来说是对象、自然界、感觉，这都是同一个意思。"[60]（这里所说的第二种表述将在下面加以讨论）。因此，对马克思来说，"感性"进入了他的哲学基础的中心："感性（参见费尔巴哈）必须是一切科学的基础。"[61]

从上面的推论中可以清楚地看出，"感性"是人的本质规定性中的一个本体论概念，它先于任何唯物主义或感性主义。马克思（经由费尔巴哈和黑格尔）采用的"感性"概念可以追溯到康德的《纯粹理性批判》。康德在这本书中说，感性是人的知觉，只有通过这种知觉，对象才被赋予我们。对象只有在"影响"人的情况下才能被赋予人。人的感性就是人的易感性（§B 33）[62]。人的认知（Erkenntnis）作为感性是接受的和被动的。它接受所赋予的东西，它依赖于并需要这种被赋予的性质。在某种程度上，人以感性为特征，人是由对象所"设定"的，他通过认知接受这些前提条件。作为一个感性的存在，人是一个接受的、被动的和痛苦的存在。

在费尔巴哈那里（马克思在所引用的段落中明确提到了他），"感性"这一概念在一开始几乎是和康德那里的含义相同的。事实上，当费尔巴哈在反对黑格尔的过程中，试图将感官的接受性恢复为哲学的起点时，他最初几乎是以康德批判主义（反对"绝对唯心主义"）的维护者和捍卫者的形象出现的。"存在这样一种东西，不只有我个人参与，而且有其他的人，尤其是有对象参与的。"[63] "只有通过感觉，一个对象才能在真实的意义之下存在——并不是通过思维本身"；"对象并不是呈现于'自我'之中，而是呈现于'自我'中的'非我'之中……因为只有我被动的时候，才产生一种存在于我以外的活动性……的观念。"[64] 这种接受的、痛苦的、需要的、依赖给定事物的存在表现在人的感性之中，并被费尔巴哈发展为"被动原则"[65]，并被置于其哲学的顶点——尽管他所走的方向与康德的方向截然不同。将"人"定义为纯粹的"痛苦"和"需要"的存在，是费尔巴哈攻击黑格尔的原始基础，也是费尔巴哈抨击黑格尔将人视为纯粹自由的、有创造力的意识这一观点的原始基础。"只有需要的存在才是必然的存在。没有需要的存在是多余的存在……没有痛苦的存在是一种没有根据的存在……没有痛苦的存在是一个没有存在的存在［Wesen ohne Wesen］。没有痛苦的存在不是别的，仅仅是一种无感觉、无物质的存在"[66]。

现在，在马克思身上也可以看到同样的回归感性的倾向——通过人自身的感性，人的存在是由需要以及他对预先确立的对象性的依赖来定义的。这一趋势反过来服从于这样一个目标，即勾勒出人作为对象的、自然的存在的现实的、具体的图景，将人与世界统一在一起，而不是成为黑格尔的抽象"存在"，从预设的"自然性"中解放出来，这种"自然性"既预设了自身，又预设了一切对象性。与费尔巴哈的观点一致，马克思说："人作为自然的、肉体的、感性的、对象性的存在物，是受动的、受制约的和受限制的存在物。"[67] "说一个东西是感性的，是说它是受动的。因此，人作为对象性的、感性的存在物，是一个受动的（leidendes）存在物；因为它感到自己是受动的，所以是一个有激情的（leidenschaftliches）存在物。"[68] 人的激情，即人的现实的活动和自发性，归因于他的受动性和需要，因为人的激情本质上是一种渴望——渴望实现一个存在于他之外预先确定的目标。"激情、热情是人强烈追求自己的对象的本质力量"[69]；此外，"富有的人，亦即需要人的生命表现之完整性的人；在他身上，自我实现体现为一种内在的必然性，也作为一种需要而存在"[70]。

我们现在可以理解为什么马克思强调"人的感觉、激情等等……是对本质（自然）的真正本体论的肯定"[71]。人的感性所呈现出的痛苦和需要，与其说是纯粹的认知问题，不如说是纯粹经济上的痛苦和需要，正如在异化劳动中所表现的那样。忧伤和需要根本不是用来描述人的个体行为方式；它们是用来表征人整个存在的特征。它们是本体论的范畴（因此，我们将结合《手稿》中繁杂多样的主题，复归到对它们的讨论）。

之所以有必要对"感性"概念进行如此广泛的解释，是为了再次说明它的真正含义，而不是把它当作唯物主义的基础从而产生了许多误解。在发展这一概念的过程中，马克思和费尔巴哈实际上是想解决"德国古典哲学"的一个至关重要的问题。但在马克思那里，正是这个"感性"概念（作为对象化）导致了一个具有决定性意义的转折——他从德国古典哲学转向了革命理论，这是因为他把实践的和社会的存在的基本特征嵌入人的本质存在的规定性。作为对象性，人的感性在本质上是实践的对象化，而由于它是实践的，所以它本质上又是一种社会的对象化。

三

我们从马克思的《关于费尔巴哈的提纲》中知道，正是"人类实践"的概念在他和费尔巴哈之间划定了界限。另一方面，正是通过这个概念（或者更确切地说，通过"劳动"概念），他超越了费尔巴哈，回到了黑格尔那里："黑格尔的《现象学》及其最后成果……在于……黑格尔……抓住了劳动的本质，把对象性的人、现实的因而是真正的人理解为人自己的劳动的结果。"[72] 因此，事情并不像我们想象的那样简单；从费尔巴哈到马克思的道路并不是一条一通到底拒斥黑格尔的道路。相反，马克思在革命理论的源头，再次占有了黑格尔的决定性成就，并对其进行了改造。

我们看到，人的感性意味着他是由预先确定的对象所设定的，因此也意味着他有一个既定的、对象的世界，他"普遍地"和"自由地"与之相联系。现在，我们要更详细地描述人拥有世界和与世界相联系的方式。

对费尔巴哈来说，人对世界的拥有和联系本质上是理论性的，这表现在人真正拥有现实的联系方式是"知觉"（Anschauung）[73]。对马克思来说，简而言之，劳动取代了这种知觉，尽管理论联系的核心重要性并没有消失；感知与劳动结合在一种辩证的、相互渗透的关系之中。我们在前文中已经指出，马克思在超越了劳动的所有经济学意义的情况下，将劳动作为人的"生命活动"和人的真正现实化来把握。现在，我们要把"劳动"概念呈现在它与人的规定性的内在联系之中，而人的这种规定性是一种"自然的"和"感性的"（对象的）存在（Wesen）。我们将看到，在劳动中，人的忧伤和需要以及人的普遍性和自由是如何成为现实的。

"人直接地是自然存在物。人作为自然存在物，而且作为有生命的自然存在物，一方面具有自然力、生命力，是能动的自然存在物；这些力量作为天赋和才能、作为欲望存在于人身上；另一方面，人作为自然的、肉体的、感性的、对象性的存在物，同动植物一样，是受动的、受制约的和受限制的存在物，就是说，他的欲望的对象是作为不依赖于他的对象而存在于他之外的；但是，这些对象是他的需要的对象；是表现和确证他的本质力量所不可缺少的、重要的对象。"[74] 因此，对象主要不是知觉的对象，而是需要的对象，并且作为人的力量、能力和欲望的对象。前文已经指出，"需要"不能只在肉体需要的意义上理解：人需要"人的生命表现的总体"[75]。为了能够实现自身，人需要通过与其相对立的预先确定的对象来表现自己。人的活动和人的自我确证在于占有与其相对立的"外部对象"，也在于将自己转移到这个外部对象中。在人的劳动中，人扬弃了对象的纯粹对象性，使它们成为"生命的手段"。人把自己存在（Wesen）的形式深深地烙印在对象身上，使它们成为"他的作品和他的现实"。已完成作品的那一部分对象是人的现实；人在自己的劳动对象中实现了自己。由于这个原因，马克思可以说，在人的劳动对象中，人以对象性的形式看待自己，从而达到了"自为"的存在状态，将自身也视为一种对象。"因此，劳动的对象是人的类生活（Gattungsleben）的对象化：人不仅像在意识中那样在精神上使自己二重化，而且能动地、现实地使自己二重化，从而在他所创造的世界中直观自身。"[76]

马克思在这里谈到了"类生活"的对象化，因为在劳动中活动着的并不是孤立的个体，劳动的对象性既不是孤立个体的对象性，也不是多数个体的对象性，而是在劳动中，作为类的人的普遍性得到了具体的实现。

因此，我们可以领会到对象化的第二个基本特征：它本质上是一种"社会的"活动，而对象化的人基本上是"社会的"人。从事劳动的对象的范围正是进行共同生命活动的范围；在劳动对象中以及通过劳动对象，人在它们的现实中互相展示自己。交流的原始形式，人与人之间的本质关系，表现在共同使用、占有、渴望、需要和享受对象世界等方面。所有的劳动都是同他人联系在一起的劳动，都是为了他人同时又反抗他人的劳动，因此，人们正是在劳动中首先互相揭示了自己的真实面目。[77] 这样一来，每个人在其个体中进行劳动的对象，"同时是他自己为别人的存在，同时是这个别人的存在，而且也是这个别人为他的存在"[78]。

如果对象世界在其总体上被理解为一个"社会的"世界，被理解为人的社会的对象性的现实，被理解为人的对象化，那么通过这一点，对象世界也就成为一个具有历史性的现实。在任何既定情况下，为人类预先确定的对象世界都是以往人类生活的现实，尽管它属于过去，但以往人类生活的现实仍然以它赋予对象世界的形式存在。因此，对象世界的新形式只能在已经存在的早期形式的基础上，并通过扬弃这种旧形式才能产生出来。真正的人和他的世界首先就出现在这场扬弃过去进入现在的运动中。"历史是人的真正的自然史"，是人的"起源行为"，是"人通过人的劳动而诞生的过程。"[79] 不仅是人，而且自然也在历史中"产生"，因为它不是外在的、与人类本质相分离的东西，而是属于人的超验的和占有的对象性。"世界历史"是"是自然界对人来说的生成过程"[80]。

只有在作为人与自然的统一体的人的本质的整体性，被实践的、社会的、历史的对象化过程变得具体之后，我们才能理解人作为"普遍的"和"自由的"类存在物的这个定义。人的历史同时也是"整个自然界"的发生[81]；人的历史是整个自然界的"生产和再生产"，是通过对自然界当前形式的重新扬弃来推进对象存在物的发展。因此，在人与整个自然界"普遍的"关系中[82]，自然界终将不是对人的限制，也不是人所服从、与人相异、外在于人的东西。自然界是人的表现、确证和活动："外在性是……显露在外的并且对光、对感性的人敞开的感性。"[83]

我们现在要简要地总结一下人作为一个普遍的和自由的存在物的概念中所

汇集的决定性因素。人把自己和存在的东西"联系起来"（verhält sich）[84]，人可以扬弃那些给定和预先确定的东西，然后占有它，赋予它自己的现实，并且在这一切中实现自身。这种自由并不与我们在开始时谈到的人的痛苦和需要相矛盾，相反，在人的痛苦和需要的基础上，自由只是作为对既定的和预先确定的东西的扬弃。人的"生命活动"不像动物一样"与之直接融为一体的那种规定性"[85]；人的"生命活动"是"自由活动"，因为人可以将自己与其存在的直接规定性"区分"开来，"使它成为一个对象"，并扬弃它。人可以把自己的存在变成一种"手段"，并赋予自身现实性，自己"生产"自己和自己的"对象性"。我们必须在这种更深层次的意义上（而不仅仅是生物学意义上），来理解"人生产人"和人类的生活才是真正意义上的"生产性的"和"产生生命的生活"这些句子。[86]

因此，马克思的定义（Bestimmung）又回到了他的出发点[87]："劳动"的基本概念。我们现在很清楚，在多大程度上将劳动作为一个本体论范畴来处理是正确的。就人而言，人通过劳动创造、处理和占有对象世界并赋予自身以现实性，就人"同对象的关系"是"人的现实的实现"而言[88]，劳动体现了人的自由的本质；人也在劳动中获得自由。人在他的劳动对象中自由地实现自身："随着对象性的现实在社会中对人来说到处成为人的本质力量的现实，成为人的现实，因而成为人自己的本质力量的现实，一切对象对他来说也就成为他自身的对象化，成为确证和实现他的个性的对象，成为他的对象，这就是说，对象成为他自身。"[89]

四

在前面的章节中，我们试图展示《手稿》中马克思对人的规定性的分析，并揭示对人的规定性是政治经济学批判的基础。尽管存在很多反对的声音，认为我们好像一直是在哲学研究的领域中讨论问题，而忘记了《手稿》的内容是关于革命理论的基础且最终是关于革命实践的。但是，只需要将我们阐释的结果与马克思的理论起点相比较，这些持反对意见的人们就会发现，哲学批判本身已经直接成为实践的革命批判。

进行这种批判和解释所依据的事实是，表现为劳动外化和异化的人的本质的外化和异化，因而也是人在资本主义历史事实中的处境。这一事实的出现似乎完全颠倒和掩盖了批判所定义的人和人的劳动的本质。劳动不是"自由活动"，也不是人的普遍和自由的自我实现，而是对人的奴役并使人丧失其现实性。工人的整个生命表现是非人的，是一些非本质的东西（ein Unwesen），是"抽象"活动中纯粹的肉体的主体。劳动的对象不是工人的人的现实性的表现和确证，而是异己的东西，属于工人以外的其他人——商品。基于所有的这一切，在异化劳动中，人的存在并没有成为他自我实现的"手段"。相反的情况发生了：人的自我只是作为他存在的手段。工人纯粹的肉体的存在是他整个生命活动所服务的目标。"因此，结果是，人（工人）只有在运用自己的动物机能——吃、喝、生殖，至多还有居住、修饰等等——的时候，才觉得自己在自由活动，而在运用人的机能时，觉得自己只不过是动物。动物的东西成为人的东西，而人的东西成为动物的东西。"[90]

我们看到，马克思把这种异化和非现实化描述为一种完全颠倒的"表现"（Ausdruck），一方面体现在工人对劳动产品的关系中，这种劳动产品是"异己的、统治着他的对象"，另一方面体现在工人同他自己的活动的关系中，这种活动是"异己的、不属于他的活动"[91]，是人作为人的行为的关系。物化绝对不仅限于工人（尽管它以一种独特的方式影响着工人），它也影响着非工人——资本家。"死物对人的统治"在资本家私有财产的状态以及他拥有和占有私有财产的方式中显现出来。这实际上是一种被占有、被拥有的状态，一种为占有服务的奴隶制（Besitz）。资本家占有他的财产（Eigentum）不是作为自由的自我实现和活动的领域，而是仅仅将其作为资本来拥有和占有。"私有制使我们变得如此愚蠢而片面，以致一个对象，只有当它为我们所拥有的时候，就是说，当它对我们来说作为资本而存在，或者它被我们直接占有，被我们吃、喝、穿、住等等的时候，简言之，在它被我们使用的时候才是我们的东西……而它们作为手段为之服务的那种生活，是私有制的生活——劳动和资本化。"[92]（我们现在将回到对"真实财产"定义的探讨，它是描述"虚假的拥有"的基础。）

因此，如果历史事实揭示了人的本质规定性中所有给定条件的完全颠倒，这难道不就证明了这种规定性本身缺乏内容和意义，只是一种反对历史现实的唯心主义的抽象吗？我们知道，在《手稿》出现仅一年之后，马克思在《德意志意识形态》中用辛辣的嘲讽抨击了施蒂纳和"真正的社会主义者"等黑格尔派关于本质、人等的空谈说教。那么，马克思本人在定义人的本质时，是否也受到了这些空谈议论的影响？还是说，从《手稿》到《德意志意识形态》，马克思的基本观点发生了根本性的转变？

马克思的观点确实发生了变化，虽然这不是在他的基本观点之中。必须一再强调的是，在奠定革命理论基础的过程中，马克思是在不同战线上进行斗争的：一方面是反对黑格尔派的伪唯心主义，另一方面是反对资产阶级政治经济学中的物化倾向，然后还要反对费尔巴哈和伪唯物主义。因此，他斗争的意义和目的是根据他进攻和防守的方向而变化的。马克思将资本主义历史事实与人的真实本质对立起来，在这里，马克思主要是与政治经济学中的物化倾向作斗争，因为这种物化把一种特殊的历史事实变成了一种僵死的"永恒"规律和所谓的本质关系。在这样做的过程中，他揭示了这种事实性的真相，在人类真实历史的背景下把握它，并揭示了克服它的必要性。

所以，马克思的变化是随着斗争领域的变化所造成的。但以下这一点更具有决定性。如果将本质（作为"人"的决定因素）和事实（人既定的具体历史状况）相互对立起来，那么人们就完全错过了马克思在其研究之初就已经采取的新立场。对马克思来说，本质和事实，本质历史的状况和事实历史的状况，不再是彼此独立的封闭区域或层次；人的历史性[93]已被纳入人的本质规定性。我们所论述的不再是一个在具体历史的每个阶段都同等有效的抽象的人的本质，而是一个可以在历史中而且只能在历史中定义的本质。(因此，与布鲁诺·鲍威尔、施蒂纳和费尔巴哈相比，马克思所谈及的"人的本质"是一个完全不同的问题!)[94] 尽管如此，或者说正是因为如此，对于伴随着德国哲学最活跃时期成长起来的马克思来说，在所有人类历史实践中重要的始终是人本身，这一事实是如此显而易见，以至于无须再加讨论。(然而，对于马克思主义拙劣的追随者来说，恰恰把与此对立的观点看成是不言自明的。)即使是在德国哲学处于衰落阶段、马克思与之进行艰苦斗争的时期，一种哲学的动力仍然存在，只有那些完全天真的人才会把这种斗争误解为要把哲学也彻底摧毁。

人的本质的历史性的发现并不意味着人的本质历史可以与人的事实历史同日而语。我们已经知道，人从来都不是直接"与他的生命活动融为一体"；反之，人与他的生命活动"相区别"，同时又与之"相联系"。本质和存在在人身上是分离的；人的存在是实现他的本质的"手段"，或者说，在异化中，人的本质仅仅是维持他肉体存在的手段。[95] 因此，如果本质和存在已经互相分离，如果人的实践的真正和自由的任务是将两者（本质和存在）统一为事实的现实化，那么，当事实已经发展到完全颠覆人的本质时，真正的任务就是对这种事实进行彻底的扬弃。正是对人的本质的透彻的洞察，成为引发彻底革命的不可阻挡的动力。资本主义的事实状况的特点不仅仅是经济或政治危机，而且是人的本质的灾难；这种见解从一开始就宣告了任何单纯的经济或政治改革都会以失败告终，并且主张必须无条件地要求通过总体革命对实际情况进行灾变式的扬弃。只有以这种方式建立了基础，使其牢固到不能被任何单纯的经济或政治论点所动摇之后，历史条件和革命的承担者的问题才会出现，亦即阶级斗争理论和无产阶级专政的问题。任何一种批判，如果只注意到这一理论，而没有把握住其真正的基础，那么它一定会错过重点。

我们现在要看一下《手稿》，看看它为准备实证的革命理论作出了哪些贡献，以及它如何对待物化、外化劳动和私有财产的真正扬弃。我们将再次把自己局限于经济和政治事实所表现的基本状态中。我们将要阐明的一点是：关于物化起源的考察，即对历史条件和私有财产出现的考察，同样属于这种实证的革命理论。因此，必须要对两个主要问题作出回答：（1）马克思如何描述私有财产的彻底扬弃，也就是说，如何论述总体革命之后的人的本质的状态？（2）马克思是如何分析私有财产的起源，或者说，怎样分析物化的产生和发展问题的？马克思本人也明确地提出了这两个问题；他在《手稿》第90—91页和第114—121页中给出了他的答案。

人的完全异化和人的非现实化可以追溯到劳动的外化。在分析中，私有财产被揭示为外化劳动"必须在现实生活中表现和展示自己"的方式[96]，以及"外化的实现"[97]（我们将在下文中回到外化劳动和私有财产之间紧密联系的问题上）。外化的扬弃，如果是真正的扬弃（而不仅仅是"抽象的"或理论的），就必须扬弃外化的真实形式（外化的"实现"）；因此，"整个革命运动必然在私有财产的运动中——即在经济的运动中——为自己既找到经验的基础，也找到理论的基础"[98]。

通过这种与外化劳动的联系，私有财产已经不仅仅是一个具体的经济范畴。马克思着重强调了"私有财产"概念中的这个额外因素："这种物质的、直接感性的私有财产，是异化了的人的生命的物质的、感性的表现。私有财产的运动——生产和消费——是迄今为止全部生产的运动的感性展现，就是说，是人的实现或人的现实。"[99] 通过这一解释，即马克思补充的"人的……实现"，他明确强调，私有财产的运动是"展现"的"生产"，不是经济的生产，是整个人类生命的自我生产的历史过程（如上所述）。私有财产在多大程度上表现出异化了的人的生命运动，在下面这段话里有更加详细的描述："私有财产不过是下述情况的感性表现：人变成对自己来说是对象性的，同时，确切地说，变成异己的和非人的对象；他的生命表现就是他的生命的外化，他的现实化就是他的非现实化……因此对私有财产的积极的扬弃"不仅仅是经济上的扬弃；它是对整个人类现实的积极"占有"[100]。私有财产是异化的人将自己对象化，"生产"自己和他的对象世界，并且在对象世界中现实化自己的真实表现。因此，私有财产构成了人类行为的一种完整形式的实现，而不仅仅是一个外在于人的规定性的肉体的"状态"[101] 或"仅仅是一个对象性的存在"（gegenständliches Wesen）[102]。

但是，如果一种丧失现实性的异化行为形式在私有财产中得到了实现，那么私有财产本身只能代表一种真实的和本质的人类行为的异化的和非现实的形式。因此，必须有两种现实的财产"形式"：一种是异化的形式，一种是真实的形式，一种仅仅是私人的财产，一种是"真正人的"的财产。[103] 必须有一种属于人的本质和实证的共产主义的"财产"形式，它并不意味着抛弃所有财产，而恰恰是恢复这种真正人的形式的财产。

如何才能"从私有财产对真正人的和社会的财产的关系来规定作为异化劳

动的结果的私有财产的普遍本质"?[104] 对这个问题的回答必须同时明确实证地扬弃私有财产的意义和目标。"私有财产的意义——撇开私有财产的异化——就在于本质的对象——既作为享受的对象,又作为活动的对象——对人的存在。"[105]

这是对真正的财产的最一般的、实证的解释:人自由地实现他的本质所需要的所有对象的可得性和可用性。这种可得性和可用性是作为财产来实现的——这一点绝对不是不言而喻的,而是基于这样一种观念,即人从来没有简单地而直接地拥有他所需要的对象,只有当他占有了这些对象时,他才算真正拥有了它们。因此,劳动的目的就在于经人处理过的对象作为他自己的财产提供给他人,并使这些对象成为一个世界,通过这个世界人可以自由地从事活动并实现他的潜能。财产的本质在于"占有";财产的基础是一种具体的占有方式,是通过占有过程实现的,而不仅仅是拥有和占有。我们现在必须更仔细地定义这个作为马克思分析基础的占有和财产的新概念。

我们已经看到,私有财产是如何以一种不真实的方式包含在拥有和占有对象的模式之中的。在私有财产的条件下,当对象可以被"使用"时,它就是"财产"。这种使用既包括直接消费,也包括将财产被转化为资本。"生命活动"为财产服务,而不是财产为自由的生命活动服务;被占有的财产不是人的"现实",而是作为物品(货物和商品)的对象,甚至这种占有也是"片面的";私有财产仅限于人的肉体行为,或限于立即"享乐",或限于资本转化。与此相反,"真正人的财产"现在被描述为其真正的占有:"为了人并且通过人对人的本质和人的生命、对象性的人和人的产品的感性的占有,不应当仅仅被理解为直接的、片面的享受,不应当仅仅被理解为占有、拥有。人以一种全面的方式,就是说,作为一个完整的人,占有他自身全面的本质。"[106] 然后,马克思对这种全面的占有作了更详细的描述:"人对世界的任何一种人的关系——视觉、听觉、嗅觉、味觉、触觉、思维、直观、情感、愿望、活动、爱——总之,他的个体的一切器官……是通过自己的对象性关系,即通过自己同对象的关系而实现对对象的占有。"[107]

因此,作为财产基础的占有,超越了所有经济和法律的关系,成为一个把握住了人与对象世界的普遍的和自由的关系的范畴。人与正在成为自己的对象的关系是"普遍的"——它"解放"了人类的所有感官。整体的人在作为"他的作品和他的现实"的整个对象世界中是自由自在的。对私有财产经济上和法律上的扬弃并不是终点,这只是共产主义革命的开始。因为正如我们所看到的,这种普遍和自由的占有是劳动,即人与对象之间的具体关系,是一种创造、设定和形成的过程。但在这种情况下,劳动将不再是一种异化和物化的活动,而是全面的自我实现和自我表现。

因此,由物化所代表的非人性,在它最根深蒂固和最危险的地方,即在"财产"概念中,被废除了。如果对象不再以"片面"的方式拥有和占有,如果对象仍然是人在"生产"以及自我实现的过程中形成的作品和现实,那么,人就不会再在对象世界中"丧失"自己,人的对象化也不再是物化。然而,在对象世界中已经实现的人不是孤立的个体或抽象化的多数个体,而是社会的人,作为社会存在的人。人对其真正财产的复归就是对其社会本质的复归,这就是社会的解放。

五

"只有当对象对人来说成为人的对象或者说成为对象性的人的时候,人才不致在自己的对象中丧失自身。只有当对象对人来说成为社会的对象,人本身对自己来说成为社会的存在物,而社会在这个对象中对人来说成为本质的时候,这种情况才是可能的。"[108] 因此,破除上述的物化需要具备两个条件:对象性的关系必须成为人的关系,也就是社会的关系;必须承认并有意识地维持这种人的(社会的)关系。这两个条件从根本上说是相互关联的,因为只有当人自己意识到它们是这样的关系时,也就是说,当人获得有关他自己和对象的知识时,对象性的关系才能成为人的和社会的关系。这样,我们再次看到了马克思独具慧眼的洞察力(即人的"自为生成")在马克思理论的基础上所起到的核心作用。那么,知识,即作为社会事物的对象化的知识,能在多大程度上能够成为废除所有物化的真正动力呢?

我们知道,对象化本质上是一种社会活动,而且,人正是在他的对象和作用于对象的劳动中，才认识到自己是一个社会存在。破除物化的对对象化的洞察，就是对作为对象的主体的社会的洞察。因为在个体之外不存在"社会"的主体。马克思明确地反对把社会作为一个与个体对立起来的独立实体。"首先应当避免重新把'社会'当做抽象的东西同个体对立起来。个体是社会存在物。因此，他的生命表现，即使不采取共同的、同他人一起完成的生命表现这种直接形式，也是社会生活的表现和确证。"109

因此，对象化的知识是指人和他的作为社会关系对象世界是如何和通过什么成为它们所是的知识。这种知识意味着对人的历史—社会状况的洞察，它不是单纯的理论认识或任意的、被动的知觉，而是"实践"：对存在的事物进行扬弃，使其成为自由的自我实现的"手段"。

这也意味着，定义这项任务的知识绝不是人人都能获得的。它只能由那些因其历史—社会状况而实际委以这项任务的人所认识（在马克思所分析的情况下，我们无法追究无产阶级以何种方式成为这一洞察力的承载者；马克思在《〈黑格尔法哲学批判〉导言》的结尾处谈到了这个问题）。这不是这样一类"人"的"任务"问题，而是在特定历史条件下的特定历史任务问题。因此，"异化的扬弃总是从作为统治力量的异化形式出发"110。因为它依赖于历史预先确定的条件，所以为了真正的扬弃，扬弃的实践必须揭示并占有这些条件。对象化的知识，即作为人的历史和社会状况的知识，揭示了这种状况的历史条件，因此获得了实践的力量和具体的形式，这些知识便由此成为撬动革命的杠杆。我们现在也就能理解，关于异化的起源和对私有财产的起源的洞察，在多大程度上必然成为实证的革命理论的一个整合要素。

马克思对私有财产起源问题的处理，表明了他的理论是具有开创性的新"方法"。马克思从根本上相信，当人意识到自己的历史时，他不可能陷入一种非他自己创造的处境之中，只有人自己才能把自己从任何境地中解放出来。这一基本信念已经在《手稿》中对"自由"概念的论述中得到了体现。工人阶级的解放只能是工人阶级自己的事，这句话在所有的经济学解释中都引起了强烈的共鸣；只有当历史唯物主义被篡改并变成庸俗唯物主义时，这一思想才会与历史唯物主义产生"矛盾"。如果生产关系已经成为一种束缚人的"枷锁"和异己的力量,那只是因为在某个阶段,人本身对生产关系的统治已经外化了。如果人们认为生产关系主要是由既定的"自然"生产力(例如气候或地理条件、土地状况、原材料的分布)所确定的东西,而忽略了所有这些物理数据总是以一种历史流传的形式存在着,并且构成特定的人类和社会"交往形式"的一部分,那么也是因为在某个阶段人本身对生产关系的统治已经外化了。因为通过这种先存的生产力而存在的人的状况,只有通过人对他发现的先存的东西作出"反应",即通过占有这些东西的方式,才能成为一种历史的和社会的状况。事实上,这些作为异己力量而被物化的支配性的生产关系,实际上总是特定社会关系的对象化形式,只有从人的关系的角度解释经济革命,才能全面地、真实地废除这些生产关系所体现出来的异化。因此,私有财产的起源问题就变成了人通过某种活动将财产外化于自身的问题。"现在要问,人是怎样使自己的劳动外化、异化的?这种异化又是怎样由人的发展的本质引起的?"由于意识到这种新的表述问题的方式至关重要,马克思补充道:"我们把私有财产的起源问题变为外化劳动对人类发展进程的关系问题,就已经为解决这一任务得到了许多东西。因为人们谈到私有财产时,总以为是涉及人之外的东西。而人们谈到劳动时,则认为是直接关系到人本身。问题的这种新的提法本身就已包含问题的解决。"[111]

这个问题的答案并没有包含在《手稿》中,但是马克思在后来对政治经济学的批判中对这一问题作出了回答。然而,《手稿》在关于"人的本质"的定义中论证了这样一种看法:在人的本质中,对象化总是带有物化的倾向,而劳动则总是带有外化的倾向,所以,物化和外化不只是偶然的历史事实。与之相关的是,《手稿》还显示了工人如何通过他的外化"产生"非工人,从而产生了私有财产的统治[112],以及工人如何在异化之初而不是在得到解放之后,将自己的命运掌握在自己的手中。

马克思在谈及黑格尔《精神现象学》的真正成就时,他将"异化"定义为自我异化:"人同作为类存在物的自身发生现实的、能动的关系……只有通过下述途径才有可能:人确实利用自己的全部类力量……并且把这些力量当做对象

来对待，而这首先又只有通过异化的形式才有可能。"¹¹³

我们在这里无法找到一个解释，为什么首先只有通过异化的形式才有可能；严格来说，也不可能给出一个解释，因为我们面对的是一个根植于人的事态（人作为"对象性的"存在），而这种事态只能以异化的形式被揭示到这般程度。正如上文所解释的那样，这是人的"需要"，这是人对于异己的、"不可抗拒的"和"不属于他的存在"的对象的需要，人必须与这些外在的对象发生关系，尽管这些对象只是通过人和为了人才成为真正的对象。对象首先以外在和异己的形式直接与人相对立，只有通过有意识的历史和社会占有，对象才能成为人的对象，成为人的对象化。因此，人的外在化首先趋向于外化，而他的对象化趋向于物化，所以人只有通过"否定之否定"，即通过对人外化的扬弃和摆脱异化的复归，才能达到普遍的和自由的现实。

在论证了外化劳动的可能性根植于人的本质之后，哲学阐述的极限就已经达到了，在这之后，马克思发现外化的现实起源其实是一个经济和历史分析的问题。我们知道，对马克思来说，这种分析的出发点是劳动分工（例如，见《手稿》第139页）；在这里，我们不可能对这种分析做详细的论述，只想快速地看一看马克思是如何表明，随着劳动的外化，工人"产生"了资本家的统治，从而产生了私有财产的统治。在这一分析的开头，有这样一句话："人同自身以及同自然界的任何自我异化，都表现在他使自身、使自然界跟另一些与他不同的人所发生的关系上。"¹¹⁴我们已经对这句话所处的上下文非常熟悉：人与他劳动的对象的关系，直接地就是人同那些与他共享这个对象的其他人和作为社会存在物的他自身的关系。因此，如果在劳动的自我外化中，工人将对象视为异己的、不可抗拒的、不属于自己的东西加以占有，那么这个对象在任何地方都不会作为一个孤立的东西与他相对立，也不会只属于他一个人，而是像属于他之外的东西一样。情况恰恰是这样的："如果劳动产品不是属于工人，而是作为一种异己的力量同工人相对立，那么这只能是由于产品属于工人之外的他人。"¹¹⁵随着劳动的外化，工人立即成了为某个"主人"服务的"奴隶"。"因此，如果人对自己的劳动产品……就是对一个异己的……的对象……那么他对这一对象……就在于有另一个异己的……的人是这一对象的主宰。如果人把他自己的活动看作一种不自由的活动,那么他是把这种活动看做替他人服务的、受他人支配的、处于他人的强迫和压制之下的活动。"[116]

外化劳动并不是一个"主人"首先存在,然后迫使别人服从于他,再将别人从自己的劳动中外化出去,随之使别人仅仅成为一个工人,又使自己成为一个非工人的情况。统治和奴役之间的关系,也不是外化劳动所造成的简单结果。劳动的外化,作为与人自身的活动和其对象的异化,本身就已经是工人和非工人之间的关系,统治和奴役之间的关系。

这种区别似乎只是次要的,事实上,在后来纯粹的经济分析中,这种区别确实又消失了。尽管如此,在《手稿》中,马克思依然着重强调了它们,哪怕只是因为这种区别关系到马克思对待黑格尔的关键态度。统治和奴役在这里不是特殊的(前资本主义或早期资本主义)形态、生产关系等的概念,它们是对人在异化劳动条件下所处社会状况的一种一般性描述。在这个意义上,它们又回到了黑格尔在他的《现象学》中所发展起来的"统治和奴役"的本体论范畴。[117]在这里,我们无法讨论马克思对统治和奴役之间关系所做的更进一步的描述,但我们将选择一个重要的观点来进行讨论:"凡是在工人那里表现为外化的、异化的活动的东西,在非工人那里都表现为外化的、异化的状态。"[118]

我们知道,对异化的扬弃(主人和奴隶都会发现自己所处的状态,尽管方式不一样)只能建立在对物化的毁灭的基础上,也就是说,建立在对其历史和社会状况中的对象化活动加以实践的洞察的基础之上。因为只有在劳动中,在他的劳动对象中,人才能真正理解在历史和社会状况中的自己、他人和对象世界,而作为非工人的主人是不可能达到这种洞察的。因为在非工人看来,这种状况实际上是一种特殊的人类活动,是一种物质的和对象性的事态,所以相对于非工人,工人有一种(可以说是)无法削减的优势。工人是变革的真正因素;摧毁物化只能是他的事情。主人只有在成为工人的情况下,才能达到这种革命性的洞察,然而,这将意味着他扬弃了自己的本质。

从各个切入点和方向来看,这种从政治经济学的哲学批判和哲学基础中产生的理论,证明了自己是一种实践的理论,是一种其内在含义(由它的对象的性质所要求)为特殊的实践的理论;只有特殊的实践才能解决这个理论所固有的问题。"我们看到，理论的对立本身的解决，只有通过实践方式，只有借助于人的实践力量，才是可能的；因此，这种对立的解决绝对不只是认识的任务，而是现实生活的任务，而哲学未能解决这个任务，正是因为哲学把这仅仅看做理论的任务。"[119] 我们可以在这句话上补充一句：但是，如果哲学把它作为一个实践的问题来把握，也就是说，如果哲学超越了"仅作为理论存在的哲学"本身，这反过来也意味着，如果哲学第一次真正"实现"了自己，哲学就可以解决这个问题。

马克思把解决这个问题的实践理论称为"真正的人道主义"，因为它将人作为历史和社会存在置于了中心地位，并将其与"自然主义"相提并论，因为这种理论如果得到贯彻，就能把握住人与自然的统一，即"人的自然性"和"自然的人性"的统一。如果说，马克思在这里概述的作为其理论基础的真正的人道主义与人们通常理解的马克思的"唯物主义"不相符，那么，这样的矛盾也完全在马克思的意料之中："正如我们在这里看到的，彻底的自然主义或人道主义，既区别于唯心主义，也不同于唯物主义，同时又是把这二者结合起来的真理。"[120]

六

最后，我们需要简单地考察一下被看作整个《手稿》的结尾的马克思对黑格尔的批判。因为我们已经在解释政治经济学批判的时候，深入探讨过马克思所阐述的对黑格尔批判的实证的基础（即他将人定义为"对象的"、历史的、社会的、实践的存在物），所以我们在这里的讨论可以简短一些。

马克思首先指出，必须讨论一个仍未得到充分回答的问题："我们现在该如何看待黑格尔辩证法？"[121] 这个问题是在马克思对政治经济学进行实证的批判的终了和建立革命理论时提出的，这表明了马克思多么清楚地认识到自己是在黑格尔所开辟的领域里工作，这也表明了，与几乎所有的黑格尔主义者和他后来的追随者相反，马克思是如何将这个事实当作对黑格尔所应尽的科学—哲学义务。在简单地打发了布鲁诺·鲍威尔、施特劳斯等人（他们的"批判性批判"使得对黑格尔的讨论变得非做不可）之后，马克思立即表现出对费尔巴哈的支持:"费尔巴哈是唯一对黑格尔辩证法采取严肃的、批判的态度的人,只有他在这个领域内作出了真正的发现。"[122] 马克思指出了这三个"发现":费尔巴哈(1)认识到哲学(即黑格尔的纯粹思辨哲学)是"人的本质的异化的另一种形式和存在方式";(2)他将"'人与人'的社会关系作为其理论的基本原则",从而确立了"真正的唯物主义";(3)正是通过这一原则,用"自立的积极的、以自身为基础的积极的"[123] 来反对黑格尔仅仅是"否定之否定"的、没有超越否定性的否定。通过对这些"发现"的列举,马克思同时阐明了他自己对黑格尔批判的三个主要方向,现在我们就来谈谈这三个方向。

"必须从黑格尔的《精神现象学》,即从黑格尔哲学的真正诞生地和秘密开始。"[124] 从一开始,马克思就着手研究在《精神现象学》中的黑格尔哲学,在那里,黑格尔哲学的起源一直以一种未遮蔽的形式出现。如果在批判之初,我们还可能把马克思对黑格尔的批判误解为大家通常所认为的那种对黑格尔"辩证法"的批判,那么现在我们可以清楚地看出,马克思所批判的辩证法是黑格尔哲学的基础和实际"内容",而不是它(假定的)"方法"。在马克思对黑格尔进行批判的同时,他同时也吸取了积极的方面,即黑格尔的伟大发现。对马克思来说,黑格尔的确拥有着真正积极的发现,他可以而且必须在此基础上做进一步的工作,而黑格尔的哲学可以而且必须成为他批判的主题。我们将从批判的否定的方面开始,即马克思对黑格尔的"错误"的揭露,这样我们就可以从这些否定的方面吸取积极的方面,并表明这些错误实际上只是对真正的和真实的事态所作出的错误解释。

在《精神现象学》中,黑格尔的"思辨的表达"涉及了"人的本质"的历史运动,但没有涉及人的现实的历史,事实上,他只是对其"形成的历史"进行了"思辨的表达"[125]。也就是说,黑格尔描述出了人的本质的历史,在这个历史中,人首先成为他自己,而且,当人的现实历史发生时,人的本质的历史已经发生了。即使在这样一般性特征的概括中,马克思也已经比大多数黑格尔哲学的解释者更深刻、更准确地把握了《精神现象学》的意义。然后,他开始对黑格尔自己的问题的核心加以批判。在马克思看来,黑格尔对人的本质历史的哲学描述从一开始就陷于失败,因为黑格尔从一开始就只把人的本质理解为抽象的"自我意识"(即"思想"与"心灵"),从而忽略了它真正具体且丰富的内容:"人的本质,人,在黑格尔看来等于自我意识。"[126] 人的本质的历史纯粹是作为自我意识的历史,甚至是只作为自我意识中的历史而展开的。马克思所指出的对确定人的本质至关重要的东西,以及他放在其概念结构的中心的东西,是人的"对象性"、人的"本质对象化",这正是被黑格尔糟糕地赋予不同含义且颠倒的东西。对象(即对象性本身)在黑格尔那里只是意识的对象,意识是对象的"真理",而对象只是意识的否定方面。在被意识"设定"(创造、产生)为它的外化和异化之后,它还必须被意识再次"扬弃",或"带回"到意识之中。因此,就存在的性质而言,对象是一个纯粹否定的东西,是一个"虚无性"[127];它只是一个抽象思维的对象,因为黑格尔把自我意识归结为抽象思维。"主要之点就在于:意识的对象无非是自我意识;或者说,对象不过是对象化的自我意识、作为对象的自我意识……因此,需要克服意识的对象。对象性本身被认为是人的异化了的、同人的本质即自我意识不相适应的关系"[128]。然而,对马克思来说,对象性恰恰是一种人的关系,只有在这种关系中,人才能实现自我和进行自我活动;这是"现实的"对象性,是人类劳动的"作品",当然不是抽象意识的对象。从这一立场出发,马克思可以说,黑格尔将人固定为"一个非对象性的、唯灵论的存在物"[129]。这种存在从来没有与真正的对象存在过,而始终只作为自我设定的自身的否定性存在着。它实际上总是在它的"他者本身"中"与自己在一起"[130]。因此,它最终是"非对象性的",而"非对象性的存在物是非存在物"[131]。

就其声称要呈现人的本质存在的历史运动,这也构成了对《现象学》的批判。如果这个正在发生的历史存在是一个"非存在",那么这个历史在这个词的意义上也必然是彻头彻尾的"非本质的"。马克思认为,黑格尔是在"作为自我外化和自我异化的自我对象化"[132] 的运动中发现了人的历史运动,并在整个《精神现象学》中通过对异化的"扬弃"以多种形式的反复呈现,发现了这种运动。但这种对象化只是表面的、"抽象的和形式上的",因为对象只是"对象的外观",而自我对象化的意识在这种看似外化的情况下仍然"在它自身"[133]。就像异化本身一样,异化的扬弃只是一种表象;外化依然存在着。黑格尔所提及的人的异化了的存在形式,并不是异化的现实生活的形式,而只是意识和知识(Wissen)的形式。黑格尔所处理和扬弃的不是"现实的宗教、国家、自然界,而是已经成为知识对象的宗教本身,即教义学;法学、国家学、自然科学也是如此"[134]。因为外化只是在思想上被扬弃,而不是在现实中被扬弃,也就是说,因为"这种思想上的扬弃使对象保留在现实中",马克思可以说,整个《精神现象学》,甚至黑格尔的整个体系(只要它是以《精神现象学》为基础的),都仍然处于异化之中。事实上,这一思想也在整个黑格尔的体系中表现出来,例如,在"自然界"与人或其"人性"的本体论统一中,"自然界"并没有被理解为"人的感官的自我表现",而是被视为一种外部性,"在异化、错误、缺陷的意义上,它不应该"是一种"虚无"[135]。

在这里,我们不再进一步讨论这种否定性批判的其他特征。在《黑格尔法哲学批判》中,它们其实已经耳熟能详了;例如,将思想转化为绝对,将绝对主体作为历史过程的承担者,主语和谓语之间的关系被绝对地相互颠倒了[136],等等。必须牢记的是,马克思把所有这些"不足之处"都视为现实事态的"不足之处"。如果黑格尔把人的本质设定为一种"非存在",那么它就是一个现实存在的非存在,因而也是一个现实的非存在;如果他"只是为历史的运动找到抽象的、逻辑的、思辨的表达"[137],那么这仍然是一种现实的历史运动的表达方式;如果他以抽象的形式描述了对象化和异化,那么他仍然把对象化和异化看作人的历史的本质的运动。马克思对黑格尔的批判的重点肯定是在积极的方面,我们现在开始讨论这个问题。

"因此,黑格尔的《精神现象学》及其最后成果——辩证法,作为推动原则和创造原则的否定性——的伟大之处首先在于,黑格尔把人的自我产生看做一个过程,把对象化看做非对象化,看做外化和这种外化的扬弃;可见,他抓住了劳动的本质,把对象性的人、现实的因而是真正的人理解为人自己的劳动的结果。"[138]只有将黑格尔著作的核心问题加以展开,我们才能理解马克思对《精神现象学》所做的解释的全部意义,但在这里我们显然无法做到这一点。也只有到那时我们才能清晰地看出,马克思究竟以何种前所未有的肯定性看穿了一切神秘的和令人误解的解释(这些解释甚至在黑格尔自己的作品中就已经开始了),并且追溯到现代哲学中第一次提出这些问题的基础,即《精神现象学》中所展开的问题。

在上面引用的这句话中,马克思把他认为黑格尔所有至关重要的发现都汇集了起来。在下文中,我们想简要地说明一下这些被马克思称为"黑格尔辩证法中的积极环节"的这些发现。

《精神现象学》提出了"人的自我创造",除了前面已经说过的内容,这还意味着人(作为一个有机的、有生命的存在物)按照他的本质成为他自己的过程,也就是成为人的本质所是的过程。因此,现象学展示了人的本质的"形成史",或者说人的本质的历史。[139] 人的"创造活动"是一种"自我创造的活动"[140],也就是说,人将自己的本质赋予了自己。人必须首先使自己成为他所是的样子,"设定"自己,"生产"自己(我们已经探讨过这个概念的含义)。人自己掌握的历史在黑格尔那里被理解为一个以外化和扬弃为特征的"过程"。整个过程被称为"对象化"。因此,人的历史是作为对象化而产生和实现自身的。人的现实性是由从他所有的"类的力量"中创造现实的对象所构成的,或者说"建立一个现实的、对象性的世界"[141]。黑格尔把这种世界仅仅看作"意识"或知识(Wissen)的外化,或者当作抽象思维与"物性"之间的关系,而马克思则将其理解为整个人在历史和社会劳动中"实践的"实现。[142]

黑格尔以这样一种方式定义知识(Wissen)与对象世界的关系,即这种对象化同时也是非对象化,即非现实化或外化,因此,"首先又只有通过异化的形式才有可能"[143]。换句话说,知识(Wissen)在成为对象的过程中,最初就会在对象中失去自身。对象把知识当作一种外来物和其他物与之相对立,对象以事物和物质的外部世界的形式出现,事物和物质同在它们中表现自己的意识失去了内在联系,现在它们作为一种独立于意识的力量存在。例如,在《精神现象学》中,道德和权利、国家和财富的力量,只是作为"思维世界"而不是作为现实世界出现[144],因为对黑格尔来说,它们只是"精神"的外化(Entäusserungen),而不是现实的、完整的人的存在的外化。

尽管对象化最初表现为对象的丧失或异化,但在黑格尔那里,恰恰是这种异化成为对真实存在的恢复。"把人的自我异化、人的本质的外化、人的非对象化和非现实化理解为自我获得、本质的表现、对象化、现实化。"[145] 人的本质[在黑格尔那里总是将其设想为专门的知识（Wissen）]是这样一种东西：为了能够发现自己，它不仅要表现自己，而且要外化自己，不仅要对象化自己，而且要使自己丧失对象。只有当它真正地丧失了自己，它才能回到自身，只有在它的"他者性"中，它才能成为"自为的"的存在物。这就是否定的"积极意义"，即"作为推动原则和创造原则的否定辩证法"[146]。我们必须去深入探究黑格尔本体论的基础，以证明和澄清这一论断。这里我们只需要展示马克思是如何解读黑格尔的这一发现的。

通过上面提到过的否定的积极概念，黑格尔认为"劳动是人的自我产生的行动"[147]；"他把劳动看做人的本质，看做人的自我确证的本质"[148]。关于这一点，马克思甚至说"黑格尔是站在现代国民经济学家的立场上的"[149]——这似乎是一个自相矛盾的论断，然而正是通过这一论断，马克思总结了黑格尔现象学庞大的、几乎是革命性的具体内容。如果劳动在这里被定义为人的自我确证行动中的本质，那么这显然是指劳动不是一个纯粹的经济范畴，而是一个"本体论"范畴，正如马克思在这段话中对劳动的定义："劳动是人在外化范围内的或者作为外化的人的自为的生成。"[150] 那么，马克思究竟出于什么原因会选取劳动这一范畴来解释黑格尔关于"异化中的自我发现"和"外化中的实现"这一对象化的概念呢？

这不仅是因为黑格尔用劳动来揭示人的本质的对象化及其异化，也不仅是因为他把劳动的"奴隶"与其世界的关系描绘成对异化了的对象化的第一次"扬弃"[151]。尽管在《精神现象学》中，这一点经常被视为人的历史的真正开端，但这一事实既不是一种巧合，也不是一种纯粹主观臆想的结果，而是表现了整部作品最深刻的内在意蕴。因此，尽管这样的说法有点夸张，但是马克思正是由此发现了在黑格尔《精神现象学》中以自我意识的历史形式所阐述的人的本质的历史的原始意义。正是实践，即自由的自我实现，始终占有、扬弃和变革预先建立的"直接"事实性。前面已经指出过，马克思认为黑格尔的真正错误是用"精神"代替了实践的主体。因此，对马克思来说，"黑格尔唯一知道并承认的劳动是抽象的精神的劳动"[152]。但这并没有改变一个事实，即黑格尔把劳动作为人的自我确证的本质加以把握，直至今日，这一事实仍然具有重要意义。尽管在《精神现象学》中对历史进行了"精神化"（Vergeistigung），但阐释人的历史的真正占主导地位的概念是进行改造的"行动"（Tun）[153]。

如果对象化及其扬弃的内在含义是实践，那么各种形式的异化及其扬弃也就不仅仅是从现实历史中抽取出来的、彼此并列没有必然关系的、拼凑起来的"例子"。它们必然已根植于人的实践中，成为人的历史不可分割的一部分。马克思用这样一句话表达了这一观点，即黑格尔"为历史运动找到了思辨的表达"[154]。对这一句话，既要积极地理解，也要从否定和批判的角度理解。如果异化的形式作为历史形式扎根于人的实践本身之中，那么它们就不能被简单地视为意识的对象性的抽象的理论形式；在这种逻辑的、思辨的"伪装"下，它们必然会产生不可避免的实践后果，它们必然要加以扬弃和"被变革"。在《精神现象学》中就隐藏着一种批判，马克思赋予这一"批判"以革命的意义。"可见，《精神现象学》是一种隐蔽的、自身还不清楚的、神秘化的批判，但是，因为《精神现象学》紧紧抓住人的异化不放……所以它潜在地包含着批判的一切要素，而且这些要素往往已经以远远超过黑格尔观点的方式准备好和加过工了。"[155]在它涉及的各部分中，它包含着"对宗教、国家、市民生活等整个领域的批判的要素，不过也还是通过异化的形式"（同上）。

由此，马克思十分清晰地说明了革命理论与黑格尔哲学之间的内在联系。按照这种批判（它是哲学争辩的结果）加以衡量，令人惊讶的是，人们后来对马克思的解释（甚至是对恩格斯的解释！）竟如此堕落。他们认为可以把马克思与黑格尔的关系归结为对黑格尔的"辩证法"进行为人所熟悉的改造，但即便如此，他们也完全缺乏对这种改造内容的了解。

我们的见解只能进行到这儿了，最重要的是，我们还无法讨论马克思指责黑格尔所犯的"错误"，是否真的可以归咎于他，以及如何归咎于他。但通过这篇文章，有一点我们或许已经很清楚：这一讨论实际上是从黑格尔的论题中心出发的。马克思对黑格尔的批判不是前面的政治经济学批判和基础的附属品，因为他在对政治经济学的考察过程中本身就是贯穿着一种对黑格尔的批判。

五 论经济学中"劳动"概念的哲学基础

一

经济理论之间有一种心照不宣的默契,它们会努力避免对劳动本身进行"明确的"规定,并且只将劳动理解为经济活动,理解为经济范畴内的实践活动。于是,那些企图从根本上规定"劳动"概念的尝试似乎就成为冗余且没有必要的事情。[1] "'劳动'的一般概念在它的日常使用中包含了如此不确定的内容,以至于它几乎不可能被界定为一个明确的概念。正是由于这种情况,经济学界的代表们拥有了一个使用特定的、经济学的'劳动'概念的权力,这个概念不是从'劳动'的一般概念中衍生出来的,而是通过另一种方式得出的。"[2] 经济学的劳动概念是一个有限的劳动概念,它不足以断定劳动在人的整个此在中的地位、意义和功能;所有与经济有关的劳动分化(例如,监督与受监督、自由和非自由劳动的区分,以及不同生产部门的劳动类型的区分)都可以归入这个经济学的劳动概念。如此看来,经济理论本身似乎需要规定一个"一般"的劳动概念。

然而,这种并非从"一般的"劳动概念衍生出并获得保证的"明确的"经济学的劳动概念,在它出现之时就在经济理论取得了中心地位:"劳动概念内含于三组基本问题中被引入了政治经济学(Nationalökonomie):在价值和价格理论、生产要素理论和成本理论中。"³ 此外，在这三组问题中，劳动都是一个基本概念，是整个问题的实际基础：无论是生产要素理论，还是价值和价格理论，抑或是成本理论，都将劳动作为"终极"要素，或至少是"终极"要素之一。正是在这里，人们才意识到经济理论明显缺少一个对劳动一般概念的明确规定。

以下事实使得这个问题变得更为复杂：经济学的劳动概念又对一般劳动本质的解释产生了决定性的影响，甚至对经济领域以外的劳动也产生了这种影响。经济学的劳动概念以一种非常明确的方式塑造了人们对劳动本质和意义的理解，因此，劳动在最首要、真正的意义上是指经济活动，而例如政治家、艺术家、研究人员和牧师等的活动仅在隐喻和不确定的意义上被定性为劳动，而且在任何情况下，这些劳动都被视为与经济活动根本对立的。但是，在经济理论本身中，对劳动概念的狭窄化并没有停滞，甚至走向了更远的地方。在经济学领域中，劳动概念局限于受监督的、不自由的活动（这种活动的概念模型是雇佣劳动者的劳动），即使经济学的劳动概念明显地处于经济学基本概念的背景下，这种概念的规定也发生了限制和缩小。例如，马克斯·韦伯只想将劳动视为"面向管理机构的指令"［而不是"管理的"（disponierende）活动］⁴。而戈特尔从一开始就把他的劳动概念表述为与任何"形成型企业"（如企业家的企业）相对立的概念，在他看来，劳动是"一种任何人都可以简单地填充时间的活动"，劳动的"结果可以用时间来衡量"⁵，并且作为人类行动的"日常形式"，它最典型的类型是"职业"行动。⁶

因此，这个原先看起来毫不含糊的经济学的劳动概念已经支离破碎了。但是，这种分裂以及由此产生的各种劳动概念（例如，作为一般生产要素的劳动，作为价值和成本理论的基本概念的劳动，作为受监督、定向的活动的劳动，等等），既不能结合它们产生的背景来理解，也不能从它们所依据的劳动概念中推导出来。那么，那些声称经济活动是真正意义上的劳动的说法真的合理吗？在人的整个此在中，经济活动与其他活动究竟是如何产生关联的？为什么在各种经济活动中，恰恰是那些受监督的、定向的活动被视为真正意义上的劳动呢？也许，这种局限于经济劳动中的经济理论，早就已经预设了一个非常具体的劳动概念，这种概念表现出一个非常具体的实践经济学方式，而在人的整个此在中，这种方式包含着一种关于经济存在的本质和意义的具体构想，因此，经济学的劳动概念表面上的不言而喻性受到了某些预设条件的严重损害。在我们看来，所有这些问题只有通过对"劳动"概念进行一次根本的哲学讨论才能得到澄清，这种讨论的目的是可靠地勾勒出劳动在人的此在中的地位和意义。正是劳动的一般概念所获得的"不确定的内容"，使得我们有责任再次回过头来关注这种概念。也许这场讨论（我们在这里只是试图介绍一下）还能够有助于阐明哲学和政治经济学之间的内在（sachlich）关系——马克思是最后一个认识到这种关系的重要性的，此后这种关系就从视野中消失了。

近来，人们再次更为强烈地认识到有必要重新审视哲学和政治经济学之间的内在联系。大约在30多年前，马克斯·舍勒纲领性地提出要对基本经济概念进行哲学讨论，以此作为实现这一目标的手段，而他本人则从对劳动概念的哲学解读开始着手。[7] 马克斯·韦伯在完全不同的背景下，从完全不同的角度，将各个时期的经济制度归结为它们所依据的"伦理"。通过这种方式，他把经济理论带入了神学—哲学领域，而这个过程正是通过使用"劳动"概念作为其指导思想的。

现代的劳动科学试图在这种全部复杂性中公正地处理劳动问题。然而，它是在自然科学—生物学的基础上承担这一任务的（无论何时它都超越了经济—技术维度）。劳动科学认为，只要这个问题超越了经济—技术维度，那么本质上它就是一个心理学问题。但是，心理学（尤其是建立在自然科学—生物学基础上的心理学）不能充分对待劳动问题，因为（希望以下阐述能说明这一点）"劳动"是一个本体论的概念，也就是说，一个把握住了人的此在本身的存在概念。如果劳动被当作一种心理学现象来对待，那么劳动的基本特征从一开始就被掩盖了（我们将在后面谈到劳动的负担性时再回过来讨论这个问题）。由于吉斯以这种方式误解或完全忽视了劳动的基础，他的《劳动哲学》未能实现该书标题所指明想要达到的目标。吉斯讨论了大量可能的、由劳动概念"引发"的问题群，但它们内在的、必要的相互关系从未被阐释清楚。他的"劳动"概念来自各种不同的科学和学说，其晦涩难懂之处在于他将"劳动"概念基本确定为"一种划时代的现象……一方面，劳动概念对应于个人和共同体的目的性活动，这种活动指向由职业规定的文化目标;另一方面,劳动概念在生物和技术唯能论的基础上产生,但遵循目的论的指令"[8]。

在经济理论中,只有在提出同劳动相联系的"伦理"问题时,极富煽动性的"劳动"概念的哲学基础才会被提及,这通常关系到劳动分工及对劳动者整个生存的影响。大多数试图阐述"劳动"对人的整个此在的根本意义的理论,都没有超越最初的阶段(我们在这里只谈论当代经济理论!);我们将在注释中提及一些例子。稍后我们也会提及戈特尔对劳动问题的研究。

在哲学中,我们在黑格尔的作品中发现了对劳动本质的最后一次彻底反思,他深入到历史此在的具体领域中对劳动本质进行了阐述。这个概念被马克思采纳并在最广泛的基础上对它进行了进一步发展,特别是在1844至1845年的著作中。这个概念还被纳入了洛伦茨·冯·施泰因的社会理论中,他对社会秩序的描述是以对"劳动本质"的探究开始的。在下文中,我们将从这三位思想家的理论内容出发,对"劳动"概念进行考察。首先,我们要简单介绍一下经济学中的劳动概念,以便之后进行比较。

二

卡尔·埃尔斯特在他的文章《什么是劳动》中,收集了经济理论中普遍使用的关于"劳动"概念的典型定义(从教科书等来源之中收集的)。[9] 基于我们的目的,他所收集的例子就已经足够了。无论这些定义在细节上如何不同,它们都同意,劳动是一种明确的人的"活动",然后以各种方式加上活动的目标、对象和结果。没有什么比劳动是一种明确的人类活动更不言而喻、更没有理论预设负担的说法了。难道对劳动现象的划分不是通过直接将劳动与各种非活动和"伪"活动(诸如游戏、分心等)进行对比来加以区别的吗?但是,如果我们把这些定义与最近在这个问题的历史上形成的具有哲学基础的"劳动"概念进行对比,对经济学中劳动概念的怀疑立马就会变得清晰起来。在哲学讨论中,没有任何地方将劳动作为一种具体的活动来讨论。黑格尔把劳动设想为行动

(Tun)［而不是活动（Tätigkeit）[10]；我们很快就会讨论这二者的根本区别］，在这个过程中，"意识的纯粹自为存在……外在化自己，进入到持久的状态"，并在这个状态中通过把自身交给劳动对象，作为一种"实体"而"回到了它自身"[11]。洛伦茨·冯·施泰因说："劳动是……通过个体个性的自我设定，在各方面实现自己的无限规定性"，在这种情况下，个性"使外部世界的内容成为自己的内容，并以这种方式迫使外部世界成为自己内部世界的一部分"[12]。在努力为政治经济学奠定新基础的背景下，马克思采用了黑格尔的"劳动"概念及其所有本质特征："劳动是人在外化范围之内的或者作为外化的人的自为的生成"[13]；它是"人的自我产生或自我对象化的行动"[14]。当然，与《资本论》中对"劳动过程"的具体分析相比，这只是对劳动的"抽象"规定，这对于经济理论来说是远远不够的；但它仍然是马克思对"劳动"概念所做的一切具体定义的基础，并且在《资本论》中清晰明了地产生着影响："劳动作为使用价值的创造者，作为有用劳动，是不以一切社会形式为转移的人类生存条件，是人和自然之间的物质变换即人类生活得以实现的永恒的自然必然性。"[15] 劳动作为"中介""对象化"，从"不稳定的形式"过渡到"存在的形式"等等，这些都是黑格尔所阐述的"劳动"概念的哲学环节。[16]

为了勾勒出"劳动"概念的出发点，我们只在必要时介绍黑格尔具有哲学基础的"劳动"概念。这种概念与经济学中的劳动概念的本质区别在于：在黑格尔的概念中，劳动是人类此在的一个基本发生，这个发生不断地、持续地渗透到人的整个存在中，在此期间，人的"世界"也发生着一些变化。[17] 在这里，劳动不是一种具体的人的"活动"（因为没有任何一种活动能够抓住并穿透人的整个此在；每一种活动都只影响这个整体的特定区域，并且只发生在其世界的特定区域）；反之，每一种活动都要基于劳动，并且每一种活动都要返回到劳动：劳动是一种行动（Tun），是人存在于这个世界上的方式。通过劳动，人首先成为"自为"的东西，走向他自身，获得他的此在的"形式"，他的"永恒"，同时使世界成为他自己的。从这个角度来看，劳动不是由其对象的属性决定的，也不是由其对象的目标、内容、结果等决定的，而是由人的此在本身在劳动中的发生决定的。

我们想沿着最初解释"劳动"概念时所规划的路线前进，试图对劳动的发生获得一个的清晰认知：劳动是人类此在在世界中的特定实践。通过劳动与对象世界（Gegenständlichkeit）之间的关系，即这种一直在具有哲学基础的"劳动"概念中被强调的关系，我们拥有了进一步规定这种实践的可能性。在劳动中，人和对象世界都发生了一些变化，这使得"结果"是人和对象世界的本质统一：人把自己"对象化"，对象成为"属人的"，即人的对象。"行动"与"对象化"之间的这种关系并不只是意味着，例如，在每一个劳动的行动中总是有某种对象需要被处理。这种关系还应该为人类此在的整个实践指定一个构成环节，为人类此在指定一个"任务"。事实上，这种关系被赋予了"介导"和"占有"对象世界的任务。只有通过完成这项任务，人类的此在才能成为"自为"的，才能回到它自身。[正如格林（Grimm）字典所指出的那样，"劳动"一词的含义中隐含着行动、对象化和既定任务的三重统一；劳动的所有含义始终与三个方面有关：劳动（Arbeiten）、劳动的对象（Gearbeitete）和劳动的目标（zu-Arbeitende）。] 因此，我们在考虑劳动现象时，必须始终保持对这三个环节的关注。我们在思考劳动这一行动的同时，还必须关注在这个过程中对象世界发生了什么，以及人类此在在这一过程中所承担的任务。

三

界定"劳动"概念一个明显行之有效的方法就是考察另一种人类行动概念，这种行动经常被视作劳动的反概念：游戏[18]。在下文中，我们将简要地总结游戏的特征，这将使得我们至少可以获得"游戏"这个概念的初步定义，以便接下来对劳动的特征进行考察。

游戏可以（但不是必须）与对象打交道——人在游戏时可以全神贯注于对象。但是在这种情况下，对象具有与劳动完全不同的意义和完全不同的功能。当游戏时，人并不把自己指向对象，指向它们的内在规律性（由对象的特定属性决定），也不指向它们"对象性的内容"（Sachhaltigkeit）所提出的要求（劳动在对待、运用和构造对象时必须指向其对象性的内容）。游戏尽可能地否定了对象的这种"对象性的"内容和规律性，取而代之的是另一种由人自己创造的规律性，游戏者按照自己的自由意志来遵守这种规律性，即"游戏规则"[从最广泛的意义上来讲，那些独自游戏的人也遵守规则；游戏规则不一定需要非常明确，可以在个案情况下通过特别设定（ad hoc）来加以使用]。在游戏中，对象的"对象性"[19]、对象产生的影响和对象世界的现实性（人们通常被迫不断地认识它并与它互动）仿佛被暂时中止了。这一次，人可以完全随心所欲地对待对象；人把自己置于这些对象之上，并从它们那里获得"自由"。这便具有了决定性的意义：在将自己置于对象世界之上时，人恰恰回到了自身，进入了自己在劳动中被剥夺的自由领域。在游戏者的一次抛球动作中，存在着比人在技术性劳动中所获得的最大规模成就还要伟大的人类自由的凯旋，即人类获得了对对象世界的无限自由。

就游戏的意义和目标而言，一个人在游戏中是与自己在一起，而不是与对象（对象不是他自己）在一起的：一个人通过对对象发挥作用、与对象同行或与对象一起玩耍来表现自己的自由。[20] 如果我们想用日常语言表现游戏在人类生活中的功能，我们所说的是自我发生的特定方式，而不是对象发生的方式：我们会说游戏的意义和目标是为了自我分散、自我放松、自我忘却和自我休整。

由此我们已经有了游戏的一个特征，它直接指明了劳动和游戏是相反的现象。在人类的整个此在中，游戏没有持续性或永久性。游戏本质上是在"间隔"中发生的，"介于"不断地统治着人类此在的其他行动（Tuns）的时间之间。但是，游戏在生活中发生的方式并不是一种通过它自身完成的发生：它本质上是依赖性的，并固有地指向另一种行动。游戏是从严管、紧张、辛劳、强烈的自我意识等中产生的一种自我分散、自我放松和自我休整。它是为了新的专注、紧张等目的而进行的自我分散、自我放松和自我休整。因此，游戏在其总体上必然与它的来源和它的目标有关，而与之相反的行动，已经通过严管、紧张、辛劳等特点被预设为劳动。

在民族学研究的基础上，卡尔·毕歇尔声称游戏比劳动更古老："技术是在游戏中发展起来的，而且从娱乐性到实用性的过渡是非常缓慢的……艺术比起为了使用而生产更为古老。即使是在更发达的原始民族中……舞蹈仍然先于至关重要的劳动,或者紧随其后。"²¹ 毕歇尔的伟大贡献在于他清楚地表明,劳动绝不只是或主要是出于"经济"动机,它最早也并非扎根于经济领域。然而,他对游戏和劳动之间关系的构想会将人们的理解引入危险的境地。从结构意义上来讲,在人的整个此在中,劳动必然永远"早"于游戏。劳动是游戏的起点、基础和原则,因为游戏恰恰是从劳动中解脱的片刻休息和为了下一次劳动的短暂休养。对游戏和劳动之间关系的明确的、深刻的见解可以集中地在亚里士多德的哲学中找到:所有的游戏本质上都不是终极目的,而是为了休息;因此,根据它的终极目的,它必然属于并与最广泛意义上的休闲—劳动的缺失有关。这归结为一种表述:人为了忙碌而游戏,这正是游戏和劳动之间本质性的基本关系。²²

从游戏的角度来看,劳动的行为最初可以被描述为三个环节:它本质上的持续性,它本质上的永久性,以及它本质上的负担性。此外,这三个环节都超越了个别的劳动过程(作为个别的"有目的的活动"),而指向了劳动的行动本身,指向了它在人的整个此在中的意义和功能。换句话说,持续性、永久性和负担性并不表征特定的劳动过程,而是表征在它们基础之上、通过它们得以表现并使它们得以成形的人类行动。

以这种方式理解,劳动的持续性就意味着,劳动为人类此在所提出的任务永远不可能在一个或多个个别的劳动过程中得到完成。因此,这个任务对应于人的持久的在劳动中存在,以及整个人类此在集中于、定向于劳动本身(当一个人只在一种劳动过程或一种行动中完全实现自己时,情况也是如此,因为一个人的此在持续地定向于劳动不能被误认为是一种持续的活动!)。另一方面,游戏在本质上是特殊的,它没有持续性,它只是暂时发生的、偶尔发生的。关于人的生命的发生,我们可以说"生命在于劳动",但不能说"生命在于游戏"。

劳动的永久性可以暂时定义如下:某种东西应该从劳动中"产生"出来,其意义或功能比个别的劳动过程更持久,而且是"一般"过程的一部分。通过劳动所获得的某种东西将被加工到劳动者的"世界",就像它是从这个"世界"中被加工出来的一样。这种东西作为一个"对象"(在最广泛的、尚待澄清的意义上来说),它是某种"永久"的事物,在特定的劳动过程结束后,它本身仍然存在，并且也为其他人存在。或者说，这种东西应该通过提供和维护劳动者在他的世界中的基础，赋予劳动者自己以永久性。在关于这个问题的历史讨论中，劳动的永久性一直被置于"对象化"的标题下加以讨论。劳动是对象化的行动，人类此在劳动中将自己对象化。人类此在成为实际的、存在的、历史的"对象性"（Objektivität），它在"世界"的发生中获得了一种对象性的形式。

劳动的负担性是最容易被误解的。[23] 如果有人试图把这种负担性归因于劳动表现的特定条件，归因于劳动的社会—技术结构，归因于物质的抵抗性等，那么他从一开始就错过了重点。这既不是一个在某些类型的劳动中出现的"不快感"的问题，也不是一个可以通过技术或心理治疗来消除或抑制这种"不快感"的问题。相反，在所有这些问题出现之前，由于劳动的方式和组织形式，劳动本身已经被体验为一种"负担"，因为这种方式和形式将人的行动置于一种外来的、强加的规范之下：置于要处理的"事情"的法规之下（即使在一个人付出了自己的劳动之后，它仍然是一种"事情"，而不是生活本身）。在劳动中，负担性首先是事物本身的问题，而不是劳动者的问题，即使劳动和"劳动产品"之间还没有完全分离的时候也是如此。在劳动中，人总是被带离他的自我存在而走向其他东西：他总是与他者在一起并为他者服务。

在接下来的考察中，我们的任务是从人类的特定行动和实践中，发展和推导出劳动的特征。我们还需要清楚地阐明，劳动最初的表现绝不是一种[24] 经济现象，它实际上植根于人类此在本身的发生，而且正是通过"劳动"概念，经济学又回到了更深层次的、作为经济学基础的领域。因此，经济学对"劳动"概念所做的每一次彻底的讨论，都要求它回到这个深层领域，因为它们是经济学的基础，但同时也超越了经济学。

四

到目前为止，劳动的特征已经显现出来了，它将劳动的意义和功能问题引回到了人在世界中的发生方式。我们现在必须尝试将关注点聚焦在作为行动、实践的发生上来（因为"劳动"概念的哲学分析首先揭示出来的就是这种行动）。

从一个突出的意义上来说，人的生命是作为实践发生的，人必须使他的此在成为他自己，通过这样的方式，人得以抓住自己的此在并将其作为一项任务来完成。人的发生是一种持续地使其发生的过程（而动物此在的发生仅仅是一种任其发生：动物只能让其此在直接地发生，即使当它在"做"某些事，例如当它筑巢、避险、觅食的时候。韦克斯伯格对此作出了一种恰当的表述，对动物来说，所有这些行动都是"生物学上的认可"。动物并不"拥有"它的此在，并不"拥有"这项作为它必须通过其存在方式来完成的既定任务）。人不断地发现他自己和他的世界处于一种并非直接地属于自己的状况之中，因此人无法简单地让他的此在在这种直接性中发生。相反，人必须通过"中介"自己与每个状况，首先使每个状况成为他自己的。这个中介过程是由"生产和再生产"的概念来标示的（在马克思之后，这些概念被剥夺了它们原来的本质含义，并被贬入经济领域之中）。生产和再生产绝不是简单地指"物质的此在"在经济行动中的发生，而是指使人类整个此在发生的方式，即人类此在在生活的各个领域中的占有、扬弃、变化和发展。这既适用于"世界"的直接状况，也适用于在"世界"中的此在。"生产和再生产"的过程是一个把自己带到自己面前的过程，并且（"表征了"）已经把自己带到自己面前，是一个此在及其世界在一切领域中创造和发展的过程［包括"物质的""生命的"和"精神的"（geistig）存在］。对人类来说，这种行动本质上是一种认识（wissendes）行动[25]，它将自己的目标（以更合适的方式，生产和发展此在及其世界）保持在视界范围内，并将这种"目的"作为目的性行动的指导。

劳动的基础是这种中介—认识行动（vermittelnd-wissenden Tun）和人类此在的持续生产和再生产（与动物此在直接让其发生的过程相反）。在之前对劳动的分析中所指出的一切特征都出现在这种发生方式中。此外，在这种发生方式中，劳动最普遍的意义与人类此在在世界中的发生有关。无论何时何地，从《创世记》（奥古斯丁在他的评注中非常强调这一点）和《保罗书信》中的段落一直到黑格尔，只要谈论到劳动的本质，人们都会与"劳动"概念相遇。在这里，我们发现了"劳动"概念的一个关键转折点："劳动"概念的意义开始发生转变，而且在此之后，这个概念的运用逐渐被贬入了经济领域。有人提出了这样一个问题：为什么人类此在的发生本质上是通过"中介"、生产和再生产实现的？为什么人从本质上来说不能让他的此在直接发生？通过指出人在世界中的准"自然"状况就可以回答这些问题。人类此在的发生是劳动，因为这个世界就其本身而言永远无法满足人的"需要"。因此，人必须不断地占有自己，才能在这个世界上生活（获得衣服、营养、住房、工具等）。

人的自然状况中这种原始的"匮乏"使"需要"成为其行动的驱动力。这种行动的首要和必要的目标是"需要的满足"——在这里，我们已经进入了传统的经济和劳动定义（劳动是经济的行动）的范围。以下是三个随机挑选的概念界定："政治经济学的研究对象是人为了满足其需要而进行的活动。"[26] "每一种经济的目标都是满足人的需要。因此，经济是一种旨在使这种需要的满足得以成为可能的活动。"[27] 在经济学术语中，劳动的"特征是……以创造满足需要的手段为目标"[28]。当需要的概念和为满足需要而进行的活动的概念被更加紧密地确定时，诸如此类的定义就不会发生本质上的变化。

所有这些定义都建立在一个无法真正理解劳动本质的基础上。这一点将在后文中进行简要阐述。

每一个将"需要"作为驱使活动开始进行的刺激物的理论都主要将人视为一个有机存在，视为生物学意义上的有机"生命"；因为以有机存在为基础和条件是需要的一个基本特征。只有一个有机体，一个自然—有机的统一体，才有所谓的需要。这一点并没有因为通过有意识的、统治的或指导性的目标导向、行为自由等来区分人与动物的需要而有所改变。[29] 这些东西是无法将需要从自然—有机领域中剥离出来的。

但是，如果人在世界中的特定存在方式，如果人的此在本身的实践受到质疑（就像我们关于"劳动"概念的假设一样），那么将人认定为一个自然—有机的存在就是不充分的。优先设定的自然—有机存在将从一开始就把人的某个确定的"领域"绝对化（这与人是否可划分为"领域"完全无关），因此只能把其他领域仅视为上层建筑或相邻结构：这个绝对化的领域正是满足需要的地方——满足需要的手段的世界或"商品的世界"。

我们在这里并不是研究经济学是否可以合法地把人视为自然—有机存在

(Wesen），并将其作为自己的出发点（因为它明确或隐含地将"需要"作为基础概念）；也不是研究人是否以其整个存在来从事经济活动，而不只是作为一个满足需要的有机体来从事经济活动。无论如何，可以肯定的是以满足需要为基础和出发点的劳动定义，实际上已经将其意义限定在一个非常具体的领域——物质性的"商品世界"。事实上，这样的定义是将劳动的意义植根于这个领域，因此，劳动的所有其他非经济方面都主要是从这个角度来进行思考的。

然而，如果在定义"劳动"概念时不应该将人主要设定为自然—有机存在，那么应该如何设定呢？具有哲学基础的"劳动"概念是如何对人进行设定的呢？我们姑且将其初步地界定为一种历史性的存在。接下来的考虑会将劳动作为一个历史存在的范畴而显露出来。

经济理论并非没有意识到，也许"劳动"概念的传统解释并不足以解释劳动的全部现象。卡尔·毕歇尔在其著作《劳动与节奏》的开篇就指出，劳动一直只被视为"一个绝对的经济范畴"，而那些本身就是目的的其他所有活动，却没有被视为劳动。而后，他继续说道，"在人类发展的各个阶段都能够对劳动和其他活动进行这样的区分是非常值得怀疑的"。然而，毕歇尔并没有进一步发展这一富有成效的深刻见解，托马斯·布劳尔也是如此，他只是通过对劳动问题的考虑，被迫明确地修改了"需要"概念。布劳尔用"获得匮乏的东西"（Bedarfsversorgung）取代了需要的满足，这不再主要针对"纯粹的此在"，而是针对"特定类型的存在"[30]。原则上，这将使我们有可能在经济学中以不同的方式看待人——不仅仅将人视为"需要的世界"的主体，而是将其视为人的全部存在。毕歇尔将"确保和扩大一个人的存在"确定为经济活动的目标，目的是指涉人的"质的此在"，而不是人的"纯粹的此在"——它的目标是人类实践的总体性。但是毕歇尔在他的调查过程中并没有坚持这些深刻见解。他很快退回到通过"驱动力"来解释经济行动。

更为激进的是，弗里德里希·冯·戈特尔（Friedrich von Gottl）最近试图将确定经济行动的问题置于新的基础之上。在这里，我们只需要在与把握"劳动"概念直接相关的范围内来处理他的理论。

根据戈特尔的观点，经济的驱动力主要不是需要的满足，而是"提供匮乏的东西"。粗略地说，这种方法旨在突破作为"商品世界"的经济维度的片面绝对化，并开始考虑"作为生活的经济学"，且在人的总体性中考虑人的存在。匮乏主要不是与个别的经济主体（可以说是仅作为纯粹的经济个体）有关，而是与经济的"结构"有关，因为它们本身就已经是有组织的生活形式。其次，匮乏总是指涉一种总体性的需求，归根结底是为了确定地"肯定"和"促进"生活本身。"匮乏与供给的相互作用"最终总是导致"对生命的肯定；也就是说，它本质上倾向于促进生活"。"这意味着经济不以任何数量最大化为目标；它明确地以总体上的最优解为目标。"[31]

在这里，决定性的是经济活动与人类此在本身的发生之间的联系的初步重建。因为戈特尔关注的不是作为满足需要的手段的商品，也不是为商品生产服务的"表现"（Elster）等等。相反，他关注的是人的此在在其丰富的可能性中发生的能力问题。当我们看到戈特尔如何确定这种发生的内在终极目的时，即这种发生的真实"任务"时，这个论题的研究意义就变得更加清楚了。这种终极目的或真实"任务"是"在现实的统一中"发生的综合，这样"就持续性而言，它表现起来是有序的；就永久性而言，它表现起来是统一的"[32]。"每当生活作为一个有生命的过程被实现时，一个活跃的统一体也随之显现，它的持续性反过来作用于自身。这是一个具有内部永久性的统一体，它是由劳动产生的，而且也一直在适应它的周围环境。"[33] 经济行动也必须从这个角度来看待，"因此，所有的交换和生产总是有助于将所有发生的事情以持续性和永久性的统一体的形式结合起来"[34]。

对于劳动问题来说，这意味着经济劳动（毕竟是经济学中唯一的一种利益攸关的劳动）本身就有一种责任和目标，但是从满足商品世界中需要的意义上来说，这种责任和目标本身又不再是经济的。经济劳动肩负着对人类此在而言至关重要的任务，比如自我实现（Selbsterwirkung），创造具有持续性和永久性的形式。事实上，一般来说，劳动的首要和最终目的是实现此在本身的存在，以"确保"它的持续性和永久性。个体形形色色的匮乏最终都是基于此在本身的原始和持续的匮乏，即在持续性和永久性中未完成的自我实现的过程。

通过这种概念化，戈特尔试图超越经济维度，转向人的存在，转向人在世界中的特定实践方式。而正是在这种存在本身中，劳动作为持续的和持久的自我实现出现。戈特尔明确地强调了概念化的"基本"特征，这种特征表现在，理论上和实际上都不可能提供匮乏所需要的一切。在经济行动中，人类此在的原始匮乏最终基于的不是任何种类的"商品"的匮乏，而是人类此在本身永远无法被"满足"的匮乏。戈特尔把这称之为"生命的紧迫性"。"生命的紧迫性的根本性质体现在这样一个事实中，即我们可以想象为匮乏提供它所需要的一切，但最终总有一些东西仍然是匮乏的。"[35]

因此，经济理论又把我们引回到之前我们试图粗略概述的基础。"生命的紧迫性"指的是一种"本体论"的条件：它建立在人类结构的基础上，它永远不可能简单地让自己立即发生，而是必须不断地"实现"和"做"（Tun）自己。即便是人类此在的实践，作为一种对自身的认知和中介，也需要"劳动"作为其发生的方式。

我们试图表明，只要有人把"需要"概念和人在商品世界中的满足作为经济理论的出发点，那么所有的经济理论都不能完整地认识劳动。这些理论充其量只能把劳动解释为"物质"生产和再生产；但事实上，它们甚至不能解释这一点！想象一下，一个社会已经成功地获得了它所需要的所有经济产品（而且在可预见的未来，这种状况得到了保证），那么，即使所有的经济动机和强制都消失了，人类此在和它的世界之间的互动也会继续作为"劳动"发生。然后，这种发生很大程度上会从经济维度转移到人类此在及其世界的其他维度（因此，经济在人类生活的总体性中的位置、形式和功能也会彻底改变：在这样的社会中，经济劳动显然不能再作为一般劳动的"方式"）。劳动的本质方面不是基于商品的稀缺性，也不是基于商品供给（在任何特定时间存在和可利用的）与人类需要之间的相位滞后；反之，劳动的本质植根于人类此在的本质过剩，超越了自己及其世界的每一种可能性。在任何指定的时间，人的存在总是比人的此在更多。它超越了每一种可能性，正是因为这个原因，它与其直接存在之间总有一种差异。这种差异需要通过不断的劳动来克服，尽管人类此在永远无法拥有自己及其世界。

这种超越此在的存在的本质过剩，构成了根本的、不可转移的"生命的紧迫性"(戈特尔)。这也是人的内在需要的来源,对它的安抚是劳动的最终意义。人总是需要持久的自我实现,需要在所有的可能性中实现自己的存在——经济最终也是为这个任务服务的。如果继续沿着这一思路必然会导向人的本体论[36],而只有在此基础上才能阐述劳动的具体特征。当然,在本文的讨论范围内是无法做到的。为了使"劳动"概念更加具体化,特别是为了确定它在经济学中使用的意义,我们必须从其他方面入手。我们把前文所述的劳动这一行动的基本特征(它在人类此在的发生中的基础现在已经被勾勒出来了,即使只是粗略的)作为我们的出发点,然后继续考虑劳动与对象世界(Gegenständlichkeit)之间的关系,以及劳动中生命的对象化(Vergegenständlichung)。通过这种方式,我们将提高我们对劳动"对象性"(Sachlichkeit)的深刻见解,这种深刻的见解在我们第一次考察劳动现象时就已经初见端倪了。

五

如果有人联想到诸如"精神"劳动、政治活动、社会服务工作(如医生、教师的活动等),那么关于所有劳动在本质上都与对象世界有关的说法似乎从一开始就是令人怀疑的。我们在研究中发现,"作为对象"是"作为自我"的反概念。对象世界首先意味着除了自我的一切东西。对自我来说,除了自我的所有存在[37]都是对象世界的一部分,这甚至包括其他人和自己的身体。虽然存在的方式不同,但艺术作品、科学等都属于对象世界,技术作品、自然界、使用的对象等,皆是如此。

自我只是存在于其"世界"的语境中——存在于和伴随着对象世界。但就自我的发生而言,特定的整个世界和在其中的一切都以一种"不同于"自我的方式发生;它们拥有自己的"历史",且从不与自我的历史相一致。当自我开始使它的此在发生时,它就会发现自己与另一个此在的世界相对立:一个由人类的生命力填充和形成的世界,这种力量不属于它自己,它总是属于过去,却又属于当前和现实。这是一个由公共机构、政治、社会和经济性质的组织、生产资料和消费对象、使用物品、艺术作品等组成的世界。它也是一个空间和时间的普遍分配和组织的世界,总的来说,它仍然是过去的此在的作品,甚至在每一个新的创造中也是如此。究竟是哪一个此在赋予一个特定的世界以时间,究竟是哪一个此在负责塑造和填充一个特定的生活空间,只能根据各自的历史状况来确定。根据现有的历史发展阶段,"世界形成"的"主体"出现在家庭、部落、产业、阶级等之中。但无论世界是如何形成的,它总是作为过去的此在的现实与我们相遇,总是作为仍然存在的过去与我们相遇。正如对象世界是此在已经过去的现实一样,它也承载着这个过去生活的未来:它是其规定和计划、其发现和错误、其联盟和敌人的现实。因此,对象世界既不是一个封闭的"状态"(Zustand),也不是一个静态的、先存的、可支配存在的多样性,而是一个彻头彻尾的未完成和开放的发生过程,一个地地道道的运动。对象世界的发生总是与此在相对立的,它从过去延伸到现在并预示着未来,是一种具有自己的时间和空间维度的发生,伴随着此在的发生同时进行;对象世界的发生拥有自己的内在动力和内在规律,这甚至使它能够"拥有自己的生活"并逃避此在的控制。

此在为了发生,它必须首先让这个对象世界发生;此在必须保护它、照顾它、发展它并致力于它。这是劳动的行动所拥有的第一个决定性的经验。现在我们可以说,"中介"的过程,生产和再生产的过程,始于对过去和现在的扬弃。为了使此在产生自己的处境,占有和塑造自己的世界,它必须与发生的过去互动,而过去呈现为一个对此在的发生提出某些要求的对象性的过程。乡村,一旦向商业开放;田地,一旦耕种;矿井,一旦挖掘;工厂,一旦开始运营;法律,一旦颁布;宪法,一旦实施;艺术或科学作品,一旦提供给公众——它们都拥有了自己的"历史",它们从不与任何特定此在的历史相一致,也无法从任何此类历史中推导出来。它们都有自己发生的规律。为了使此在继续发生,对象世界的所有元素都必须以它们自己的方式得到照顾、维护、保障、扩展和保存。这种劳动绝不是仅仅由当代此在的需要所决定的,它必须考虑到对象世界的这些不同元素所匮乏的东西,它必须解决直接此在的必要性,即必须解决预先形成和预先填充的"世界"所带来的必要性。[38]

对于对象世界提出的这些要求,人类行动的反应是有意识地使自己适应其对象,并将自己约束在其内在规律之中——这两种反应都表现在每一次劳动的行动中，而且这两种反应都使人与对象世界之间的"中介"具有事物之间关系的特征，并使对象成为一个事物（被当作事物对待）。无论明确与否，自愿与否，劳动总是与事物本身有关（die Sache selbst）。在劳动中，无论劳动者是站在机器旁、制订技术计划、关注组织措施，还是研究科学问题，抑或是指导人们……他们总是"与物为伍"。在这样的行动过程中，人允许自己被事物所引导，服从并受其规律的约束，即便他掌握、处理、指导甚至放弃了自己的对象，在每一种情形下，人也并非"与自己为伍"，没有让自己的此在发生。相反，人将自己置于"自身之外"的服务中，他与"自身之外"的东西在一起——即使这种行动实现了人自己自由选择的生活。此在的这种外化和异化，这种把自己当作事物的规律，而不是让自己的此在发生，从根本上说是不可避免的（尽管它在劳动期间和劳动之后可能被淡忘甚至完全遗忘）。这种现象绝不是与"物质"（Stoff）的阻力相同的，它也不会随着一个特定的劳动过程的终止而停止。此在本身就受制于这种对象性（Sachlichkeit）。

我们现在可以尝试在真正的"否定性"中阐述劳动的本质对象性，从而至少可以影射出劳动负担性的根本意义。人在世界上的存在过程自始至终都是"自我实现"（Selbsttäterschaft），使自己的此在发生，在每个此在中成为自己，但这种成为自己是通过让对象世界发生，通过与他者在一起和为他者存在才得以成为可能的。这就是为什么对对象世界的劳动本质上是一种负担，这与任何特定的劳动过程中所隐含的任何负担无关。归根结底，劳动的负担性只表现了植根于人类此在本质中的否定性。人只有通过他者，通过"外化"和"异化"，才能回到它自己的存在。

六

通过证明劳动的负担性、劳动的本质对象性和劳动行动的原始否定性之间的相互联系，我们只揭示出了劳动与对象世界之间关系的一小部分。我们还必须进一步追问：通过劳动，对象世界发生了什么，劳动者发生了什么？

我们倒过来处理这个问题，以展示已经被加工过或已经产生过的对象是怎样的，也就是说，展示已完成的劳动"产品"是怎样的。人们可以看出，这些"产品"的存在模式已经完全不同了。粗略地说，如果它以前是原材料、物质、一个东西等，那么现在它就是一个可支配的、可利用的对象（一种"物品"）。它现在与人类此在及其历史保持着一种特殊的具体关系；它以一种独特的方式被"激活"（verlebendigt）。它的存在和发生不再是一种"自然"的发生。它的本质不再是物质性、事物性以及类似的东西。它的运动性[39]再也不能通过任何形式的物理概念和规律来把握了。通过劳动加工和获得的对象所发生的事情，并不是发生在"自然""物质性"等维度上，而是发生在人类历史的维度。然而，这种对象性的发生与人类此在本身的发生是不同的。发生在生产出来的商品上的事情，即运转的工厂和耕种的景观，都是发生在历史生活的空间和时间里，它是一种历史的发生（geschichtliches Geschehen）。

这种看似微不足道的状态，只有当它被发展成这样的深刻见解时才会获得充分的意义，即对象的活力和历史性不仅仅是理论看待事物的一个角度，而且恰恰是对象"实体性"的构成。通过劳动，对象已经成为现实，并产生了进一步的影响。人的对象世界是对象化的生活的现实。人类生命的劳动通过使用、享受、装饰等对象得到了巩固和实现——在家庭、城市和国家中，在每天围绕着我们的所有机构和组织中。以这些方式被对象化的生活，每时每刻都在要求人、约束人和规定人（而人不一定会意识到这一点）。人类活动必须不断地与在对象中实现自身的历史生活进行互动。[40]

只要在一个以某种方式形成的世界中与劳动对象相遇，人就得被迫服从于这个世界的特定历史性；只有这样，劳动对象才能也使劳动者本身的历史性成为现实。[41]通过劳动，人实际上将自己置于历史的具体状况中，被迫面对历史的存在，肩负着历史的过去，并为历史的未来而努力。人的这种"实践的"成为历史的过程贯穿了整个劳动过程，从作为"物质"对象的特定先存开始（它本身在选择和形式方面已经是一种历史传承），再到方法论、空间和时间的组织，最后甚至到劳动的意义和目标方面。

首先，人只有通过劳动，才会成为一个真正的历史存在，并在历史进程中获得自己确定的地位。不管是谁，是站在机器后面、在矿井里挖煤、在柜台后面服务、在官僚机构中担任官员,还是以科学家的身份教书,在每一种情况下人都走出自己的个人领域,以便在一个已经组织好的、有区别的环境中占据一个确定的位置,这个环境被划分为各种公司、职业、阶级等。作为其中的一部分,人已经在这些大环境中找到了自己的特定位置。首先是通过这种先存的劳动安排,个体在历史世界及其发生中扎根于一个独特的、不可改变的"位置"(Stand)。他所拥有的占有和改变自己处境的可能性是由这个位置决定的。在劳动之前和劳动之外,也就是说,在为生产和再生产服务的实践之前和实践之外,人的此在可以规划许多可能性,但它无法实现任何可能性。通过劳动,人的此在进入了一个明确的可能性领域:它获得了历史的永久性。劳动者现在是工厂工人、雇员、公务员、商人、知识分子等等(这些头衔在这里是作为实际历史地位的例子),因此他们已经接管了这些"地位"的所有具体关系、条件和可能性。劳动者现在要么成为一股真正的历史力量,要么变得无能为力。他们是社会阶层、阶级、群体等的一部分,他们被暴露在这些群体的权力或无权力之下。

人通过劳动成为"实际的"历史——这正表现在劳动的对象化中。通过把自己带入劳动对象,劳动者在其所加工和产生的对象中,成为一种在历史维度和历史生活时间里持久存在的、"客观"现实的和有影响力的东西。马克思在他对劳动过程的描述中着重强调了这种状态:"劳动与劳动对象结合在一起。劳动对象化了,而对象被加工了。在劳动者方面曾以动的形式表现出来的东西,现在在产品方面作为静的属性,以存在的形式表现出来。""在劳动过程中,劳动不断由动的形式转为存在形式,由运动形式转为对象性形式。"[42]

到现在为止,劳动在多大程度上是一个特定的历史范畴,一个作为历史此在的人类此在的范畴,也许已经很清楚了。劳动预设了一种确定的与时间的关系,这种关系彻底渗透到此在之中并指导其实践。我们已经提到了与时间的关系的几种方式。人的实践是通过对过去进行变革性的"扬弃"和对未来保持预见性的关怀,对当前或在当下进行的劳动。劳动者不断地把自己保持在自己的时间性和对象世界的时间性中,这表现在许多方面:在创造、处理和评估劳动材料时,在分配和管理劳动资料时,尤其是在遵循一般规则[43]划分时间时,所有劳动者都或多或少地受制于此(在个体劳动过程中,在把此在划分为劳动和

"自由时间"中，在规定工作日长度中，等等）。只有在非常狭窄的范围内，个人才能自由地安排自己的时间。生活时间的真正"主体"是各种历史共同体（更确切地说，是那些在历史共同体中作为"统治阶级"确立自己地位的"群体"）[44]。

从这个角度来看，人们可以阐明劳动在所谓的原始生活中的作用问题。人们一直强调，劳动对原始人的意义似乎与对所谓的文明人的意义有着本质上的不同[45]——事实上，对于处于特定发展阶段的原始人来说，我们根本无法在严格意义上谈论劳动。对这些人来说，劳动不是一种"常规的行动"；在提供所匮乏的东西时，他们不会超越"目前所需要的"（即使他们非常清楚，在未来，例如在冬天，他们将要遭受短缺的事实）。用于劳动的时间与用于游戏、舞蹈、制作装饰品等的时间显现出了一种鲜明的"不协调"。这些事实直接揭示了此在的历史性与劳动作为其实践方式之间基于时间的密切关联。原始人没有与时间的关系，而这种关系使人的存在具有历史性，并使劳动构成为此在的实践。因此，即使"在"历史中，即使在当下，这些原始人与我们相遇，他们的存在本质上也是史前的。（历史存在和史前存在之间的界限不能用我们的历史年表中的一个精确的日期来标记：它是一个"本质的界限"，把此在的各种方式分开。）

在这里，我们无法探讨这样一个问题：历史与时间相联系的初始，以及随之而来的向作为此在实践的劳动的过渡，是否可以解释为是由于可支配商品的减少而导致此在需要的日益增长？经济理论本身似乎普遍对这个问题给出了否定的答案（至少根据前文提到的作者的说法）。它认为，从"前经济"到"经济条件"的发展不能通过"纯粹的经济动机"加以解释（Gurewitsch）。

七

现在我们可以尝试大胆地勾勒出，至少是粗略地勾勒出劳动在人类此在总体性中的"位置"。在最广泛和最原始的意义上，劳动建立在作为历史存在的方式的人类存在的基础之上：通过生产和再生产的认知—中介实践，人使自己的此在得以发生。这种实践（作为历史此在的实践）总是面对着一个先存的对象世界，它已经以一种特定的方式被分割、形成和填充。在它的特定位置上，此在必须与这个世界互动。在互动的过程中，劳动表现为个体劳动过程在时间和空间上的多元性，具有不同的对象、方式和目标。这些个体劳动过程发生在此在的各个维度，这取决于工人及其世界的历史状况：在"物质"或"精神"的生产和再生产中，在对人类此在唯一必要的实践中，或在超越这些必然性的实践中。所有这些个体的劳动过程——当然，不是作为单独的劳动过程，而是作为一般的劳动过程——都是为了最终的意图，即赋予人类现实的持续性、永久性和在其此在中的充实性。

从这个角度来看，我们还应该清楚的是，劳动本身不是一个"目的"，不是自给自足的，也不是它自己的"目标"。因为它本身是匮乏的（mangelhaft），是否定的；它所指向的是未在此处的、应该提供的、尚未存在的东西。这种匮乏（Mangel）的真正实现，即劳动的目标和终极的真正实现，正是此在在其持续性和永久性中的真正充实。但是，当有人说劳动的目标在它之外时，这个"外部"是一种危险的模棱两可。既然劳动的目标是此在本身的全部现实，那么"外部"就不能意味着是超越此在的东西，比如任何超越此在的目标，或者任何类型的对象性。劳动的目的是此在本身，而不是它之外的东西。但是，如果有人在谈到劳动的本质对象性时说到"外部"，这种表达就是合理的。所有的劳动，就其本质而言，在通往劳动者自身的此在的道路上，都超越了每一个特定的劳动过程和它所经过的所有"他者"。

尽管劳动在此在中具有本质的普遍性和连续性，尽管此在的规定性是劳动，但是人类的每一个行动并不都是劳动。事实上，即使是那些被广泛描述和颂扬为"劳动"的行动，也未必是劳动。当一个人只是占有自己，或做一些无关于"自我实现"、无关于使此在发生的"某些或其他事情"，就不能算作劳动。这里概述的劳动普遍概念包含了两个方面，这二者都属于"劳动"概念。一方面是为"物质"生产和再生产服务的行动，也就是提供、获取和维持此在的基本必需品。（需要注意的是，这里重要的不是工人为他人生产什么，而是工人自己从这种劳动中"获得"了什么。在商品生产社会中，劳动过程的最终产品不再是劳动此在本身的生产和再生产的一部分——即使是生产奢侈品的工厂工人也只是为了他生存的基本需要而劳动。)另一方面,是所有超越这些必需品的劳动,这些劳动都与使此在发生联系在一起。接下来,我们将简要地考察这两种实践形式之间的区别,这对探讨劳动的意义至关重要。

我们已经提出,历史此在的世界被分为两个领域:一个是必然存在和可支配的东西,这样此在才能得以发生,另一个是不仅必要而且其本身是充实和完满的东西(据我们所知,对这二者的通用指称没有比亚里士多德的"必需品"和"美的事物"概念更好的了)。[46] 必需品本身并不是"美的事物",也不立即包含"美的事物";正如我们看到的,必需品本身是一种匮乏,就此在的总体性而言,它是不完整的,也不是一种"目的"。它迫使此在要首先获得并保障此在可以在其自身可能的真实性和充分性中发生。粗略地说,"必需品"可以等同于物质生产和再生产。但对于超越物质生产和再生产的领域,对于超越纯粹的"必需品"的领域,还缺乏一个合适的术语加以描述。马克思把这个领域描述为"自由王国"。我们将接受这一指称,一方面是因为它准确地捕捉到了在这里对我们而言至关重要的东西,即超越物质生产和再生产的此在实践的特定方式,另一方面也因为它表现了这两个领域之间的基本关系。作为给此在提供最首要和最直接的必需品的东西,物质生产和再生产是此在一切充实和完满的条件。只有从这种必需品中解脱出来,此在才能为了其自身的可能性而重获自由。即使超越了必需品,人类此在的发生仍然是一种实践:即使身处此处也要从事劳动,但劳动的性质已经发生改变。劳动不再仅仅为了使此在发生,它不再是为了建立和保障生活空间而付出的持续努力。它的路线已经改变了。劳动不再将此在的形成和实现作为它首先必须引起和保障的东西;相反,劳动是从已经实现了充实和完满的此在开始的。因此,这种实践本身就包含了它的目标和目的;它无须再受"外在"对象世界的摆布(Ausgeliefertsein),无须为了存在而不断地受制于某种强加的发生。在这里,此在所呈现并使之发生的是它自己的真实自我。它揭示了它存在的真实性和充实性,并在这种真实性和充实性中保持自己——在最终的意义上,成为它能够成为的东西。因此,"自由王国"的实践是真正的实践,所有其他的劳动都以其为"目的",即此在在其真正的可能性中自由地展现。

原则上,每一种实践方式都可以根据在其中实现自身的此在的可能性和力量而变得"自由"。但是,因为"真正的"人类此在不是个体或群体的任意功能,所以此在本身要求基于此在的内在真实性和充实性建立实践方式的"等级秩序"。希腊人是西方第一个制定这种"等级秩序"的人(其影响至今犹在),对他们来说,实践的最高方式是"理论"。我们倾向于(尽管不再有这样的良知!)维持这种等级秩序,把艺术、科学等领域的"智力劳动"置于其他实践方式之上。我们无法在这里讨论这种等级秩序的合理性问题。

有了这些,我们相信我们已经很好地概述了劳动的普遍概念,足以证明它超越了经济学的维度——尽管有这种超越,但它还是不断地突显在经济学中。就经济理论而言,如果在方法论上把经济维度设想为一个自我封闭的科学研究的对象领域,而这个领域也没有把人类实践作为它的主题之一,那么经济理论就不需要关注"劳动"概念的哲学特征(例如,一个纯粹的"商品世界"模型,作为一个在数学上可以理解的对象领域,它大约等同于现代科学中的"自然"模型)。但是这种可能性被排除了,因为经济理论构成了人类实践的一个维度——这个维度的存在和发生,是通过历史和人类此在的存在和发生,并通过它在存在的总体性中的"本体论位置"来构成的。劳动的意义是建立在人的本体论位置之上的,是所有人类实践的构成要素,不能被排除在任何维度之外。[47]因此,每一个真正的经济理论都与超越它的人的本体论明确或隐含地联系在一起。这种本体论至少给历史的人类此在提供了一个粗略概念,同时它还指导着经济理论。[48]

八

为了理解"劳动"概念是如何被简化为并局限于经济维度的,以及由此带来的其意义的变化,我们需要研究一个我们已经多次提到的事实:劳动分工。

"劳动分工"这一说法具有误导性,因为在历史上劳动从来没有作为一个统一体和总体存在过,因此也就无从谈起在后来的某个时间点被分割开来。事实上,历史上的劳动总是处在被分割的状态——因为它本身就是局部的,首先就不可能被分割。每一个此在的实践,当它在个体劳动过程中开展时,总是只处理人类此在及其世界的特定维度中的特定对象。个体的此在为了发生而需要的东西（在广义上，作为与生命总体性相关的必需品）来自他者，来自不属于自己的过去，它也在不属于自己的未来中由他者终结。此在发生在一个由他者塑造的空间里，发生在一个由他者产生（gezeitigt）的时间里。从此在的角度来看，每个个体的此在都对这种空间和时间的塑造贡献了自己的一份力量。这种本质上的特殊性只有在各种历史共同体（家庭、部落、城市、国家等）中才会"终止"，而这些共同体是各自世界的真正"主体"。只有它们"拥有"此在为了发生所需要的全部的总体性对对象世界的获取、塑造、保障和照顾的实践，总是发生在这些特定共同体的生活空间和生活时间的边界之内。通过劳动，个体此在从这个世界上获取他所需要的东西，同时也取代了它。个体此在的发生本身就是与他者一起、在他者之中、为他者而发生的。在历史共同体的总体性中，此在的实践总是局部性的。

传统上被区分为"自然"和"社会"的劳动分工只有在这种特殊性中才能获得。所谓"自然分工"，我们所理解的是根据性别、体质和天赋等因素的差异而进行的分工。这种分工产生于作为第一个历史共同体的家庭，在一定限制下，它仍然在历史发展的每个阶段发挥作用。它的原型是男人和女人之间关于"性"的劳动分工。"社会分工"是根据职位、阶级、职业等进行的分工，它从"物质"生产和再生产的过程开始，在社会上将特定类型的劳动确定地归属于特定群体，最终涵盖此在的所有维度。在这里，我们需要对这两种类型的劳动分工都给予关注，因为这对于解释劳动的社会和经济表现以及阐释它们对此在的特定方式的归属是非常必要的。

尽管确定"自然分工"和"社会分工"的原因和原则大有不同，但它们仍然具有一致之处，这表现在它们都建立在支配和被支配劳动（"指导"和"被指导"劳动）之间的对立上。这种对立本身（在它在社会经济关系中实现和结晶之前就被考虑过）就在于作为历史此在的实践的劳动本质。劳动作为一种认知性的行动，要求人们着眼于自己的可能性和对象性，以修身养性、为人处世。它还要求人们能够审慎和预见在劳动中和通过劳动发生的事情，以及拥有对对象和此在"应该做什么"的自信。由于所有的劳动都是在一个共同的生活空间和时间中的部分劳动,这种审慎和预见总是包含在此在和他者的劳动之中:它意味着要预料到其他此在以及它们的可能性和必然性。在此在所处的"自然"和社会经济状况的条件下,此在的建立、保障和进一步发展首要依赖于这种审慎和预见的深度、广度和力度。由于实践总是与此在不可互换的、与独特的情况相对立,总是与独特且不可互换的可能性和必然性相对立,这种审慎和预见也从一开始就已经被不同地"分割"了。然而,这并不意味着,这种植根于此在的、始终存在的历史性原始差异,已经暗示了社会经济决定的"地位群体"(Stände)、"阶级"等方面的差异,或社会经济决定的劳动占有。相反,此在的力量,即它的审慎和预见的程度,可以决定它在世界中的"地位",而不仅仅是由社会经济归属所决定的。

但是,这些社会中的社会分工和各自的"生产关系"坚决反对每一种"基本"的劳动分工(即针对人类此在最真实的可能性)。[49] 在下文中,虽然我们无法详细说明这种事态(Sachverhalte)的基础,但是我们将在有限范围内,以一种概括的方式提及它们,使其能够被任何理论所接受,成为进一步讨论的基础。

每一个历史共同体(Gemeinschaft)(即每一个相对独立的、拥有自身的社会经济基础和发达的社会经济结构的"政治"集体,都可以被描述为自身的历史空间和时间的"主体")都是由统治和奴役的(Herrschaft und Knechtschaft)基本关系构成的。每一个历史共同体都是在(政治、经济或社会)斗争中构成的,这种斗争的结果是征服者将被征服者维持在其统治下的奴役状态。[50] 黑格尔将"统治"和"奴役"概念作为历史此在的范畴,在此指定了一种普遍的历史条件:奴役意味着整个此在的实践被持久地、不断地与物质生产和再生产联系在一起,并被置于另一个此在(实际上是"统治者")及其需要的服务和指导之下。只有当统治是安全的和持久的,并且相应地,奴役具有此在整体方式的持续性和永久性时,历史共同体才会成为这个发生(Geschehen)的"主体"。一个历史共同体的意义和目标只有在一个包含了此在总体性的秩序中才能实现,这个秩序规定了此在需要的分离和满足。这种秩序总是一种特定的劳动分工,因为正是在劳动中,此在的持续性、永久性和充实性才得以实现和保证。

在社会经济构建并保障的统治和奴役关系中实现劳动分工,是地位群体、阶级、职业等之间进一步分工的基本条件,与劳动的社会经济占有有关。最初,被征服的此在的实践是有限的,并且只限于提供普通的必需品上(在这里无法考察通过什么手段、以什么方式)。物质生产和再生产确立了自己作为一种存在方式(奴役),支配着整个此在。

我们看到,所有的劳动都需要一定认知程度的审慎和预见。超越物质生产和再生产的自由王国的实践需要审慎和预见,而这种审慎和预见只有在此在世界中的一个非常特定的位置上才有可能实现:在这个位置上,此在已经获得了必要的东西,已经与最必要和最直接的东西相隔甚远。只有在这样的情况下,超越了直接存在和必须提供的东西,存在的总体性和丰富性才能在此在中得以显现,此在必须拥有这种深刻见解,才能真正自由地发生。黑格尔和马克思最深刻的见解之一在于:将此在的总体性与物质生产和再生产结合起来,使此在被物化,并阻止它跨入自由实践的维度。人的劳动作为人的存在的一种方式既不能与人分离,也不能与"产品"分离。当劳动的对象变得独立并与劳动者的存在分离时,后者本身也必然被对象化了。劳动者的此在被外化和异化了,并作为一个与他自己的自由相分离的外来的、对象的力量与其相对立。无论谁的此在被置于为"事物"服务之中,这些事物都会成为枷锁,如果不扬弃(aufheben)他的此在,他就无法再从这些枷锁中解放出来。此在对物质生产和再生产的持久和持续的束缚,从根源上切断了与真实可能性相对应的有意识的审慎和预见的增长。"地位"(Stand)和劳动的归属不再取决于此在的力量,也不再建立在审慎和预见之上;它们变成了社会经济的桎梏,个体生来就困于其中或被迫困于其中。

劳动在其本质和意义上与此在总体性的发生有关,也就是与两个维度(必然和自由)的实践有关。但是,一旦当此在的总体性中必然和自由的二维性,变成了此在不同的总体性中的二维性(即此在在社会经济领域中建立和传播的不同方式),劳动就被转移并被局限于经济维度——必需品的生产和再生产的维度。现在,劳动的全部负担和辛劳(以劳动的对象性为基础)第一次落入了物质生产和再生产的维度,落入了与必然性有关的实践,而与此同时,自由的维度从这种实践中解脱出来并与之分离。[51] 社会经济的劳动分工表现为统治和奴役的基本关系,它割裂了人类此在的两个维度及其实践的两种基本方式的本质联系。由于只有这种结合才能实现劳动的全部意义,并使得人类此在的总体性发生,因此,切断它也就意味着切断了物质生产和再生产的劳动与积极性的联系,而只有通过这种联系它才能变得完整。[52] 使此在发生的现实的、持久的、不断的过程现在完全被物质生产和再生产的实践所吸收,这些实践自始至终都掌握在特定的社会经济地位群体和阶级手中,而在这个领域之外的维度上的实践也作为社会经济的占有而出现,不再对每个此在开放,这每个此在是个体本身的自由可能性,是个体本身可以而且必须被实现的自由可能性。

这种将物质生产和再生产从完成和实现它的"自由"维度中割裂开来的重要现象,对这些维度和其中的实践产生了恶劣影响。一旦脱离那个既满足又约束它的领域,脱离于"经济维度"的实践就会吞噬此在的总体性,并将其自由实践对象化。事实上,这个过程就发生在我们眼前,但我们无法在此对它进行详细的讨论。劳动也正在失去其超越物质生产和再生产的真实意义。它不再与现实的发生、此在的现实实践拥有本质上的联系。它再也无法实现其最高的可能性,即干预此在总体性的发生,以赋予它意义和目的。劳动被剥夺了作为实践的全部现实,劳动事实上达到了这样的地步:它不再是最终意义上的劳动;它现在只是附属于劳动,跟随劳动或先于劳动(它本身没有坚实的基础)。

将此在的总体性中建立的社会经济分工扬弃为此在的对立方式,并将物质生产和再生产(它已经拥有自己的生命并与实现它的维度割裂开来)转变为由这些维度控制、限制和完成的实践,这种转变是真实劳动回归此在的可能性的条件,也是这种劳动摆脱异化和物化,再次成为其本质的条件:整个人类在其历史世界中的自由和全面实现。"事实上,自由王国只是在必要性和外在目的规定要做的劳动终止的地方才开始;因而按照事物的本性来说,它存在于真正物质生产领域的彼岸……这个领域内的自由只能是:社会化的人,联合起来的生产者,将合理地调节他们和自然之间的物质变换,把它置于他们的共同控制之下,而不让它作为一种盲目的力量来统治自己;靠消耗最小的力量,在最无愧于和最适合于他们的人类本性的条件下来进行这种物质变换。但是，这个领域始终是一个必然王国。在这个必然王国的彼岸，作为目的本身的人类能力的发挥，真正的自由王国，就开始了。但是，这个自由王国只有建立在必然王国基础上，才能繁荣起来。"[53]

六 德国哲学，1871—1933

自1871年至1933年，德国哲学传统经历了一个戏剧性的转变：新康德主义开始尝试将哲学确立为一门精密科学（以数学为例）来复兴哲学，而以"英雄—种族主义式现实主义"（heroic-racist realism）对科学哲学的抛弃而告终。这一转变几乎与第三帝国自第二帝国演变的历史进程完全同步——即从受封建军事贵族影响的自由主义，过渡到服务于极权国家的垄断资本主义的公然独裁。19世纪资产阶级特有思维方式及其理性主义哲学的终结征兆，在此过程中已初现端倪。该转型依如下路径展开：由新康德主义与胡塞尔现象学（后文将论及）重建的先验唯心主义根基，逐渐遭到生命哲学、存在主义、历史主义及直觉主义形而上学等反理性思潮的侵蚀。其中部分哲学思想曾试图超越资产阶级思维界限，以构想人类社会的理性秩序，但随着资产阶级最先进元素遭到压制而式微，这些原本构成资产阶级精神内核的思想也丧失批判能力——尼采对资产阶级观念的批判与狄尔泰对历史世界的发现皆因庸俗化而失效，转而沦为现存社会秩序的神圣辩护。

1. 新康德主义

黑格尔哲学在19世纪中叶之前几乎毫无争议地统治着德国思想界，其衰落后，科学实证主义试图僭取哲学之位。然而自然科学方法的力量与技术成就一且运用于人类社会便显出其无能。这种"不可知论"(Ignorabimus)[1]的影响远超形而上学领域。面对社会理论与实践的贫瘠,人们迫切需要为人类世界观念奠定坚实的哲学基础。而经济周期危机与技术进步下底层生活水平的持续恶化,更强化了这种紧迫性。即便在繁荣期平均生活条件有所提升,底层阶级却完全丧失安全感,意识形态转型迫在眉睫。由于这一转变经由资产阶级哲学自身完成,其表现便是向作为资产阶级理性理论根基的先验哲学回归。新康德主义首次尝试通过复兴康德"纯粹理性"(作为独立于理论与实践的自律领域)的概念来克服理论无政府状态。

新康德主义的真正创始人是马尔堡大学教授赫尔曼·柯亨(Hermann Cohen, 1842—1918)。他首先对康德哲学进行了新的诠释:《康德的经验理论》(1871)、《康德伦理学的奠基》(1877)、《康德美学的奠基》(1889)。柯亨的"哲学体系"为哲学及其时代的领先科学理论提供了坚实基础:《纯粹认识的逻辑》(1902)、《纯粹意志的伦理学》(1904)、《纯粹情感的美学》(1912)。柯亨的合作者保罗·纳托普(Paul Natorp, 1854—1924)也是马尔堡大学教授,他则在社会哲学与心理学领域完善该体系:《社会教育学》(1899)、《柏拉图的理念论》(1903)、《精密科学的逻辑基础》(1910)、《普通心理学》(1912)及《实践哲学讲义》(1925)。恩斯特·卡西尔(Ernst Cassirer)后来通过与先验唯心论现代拥护者(非理性主义与存在哲学)的论辩,巩固了新康德主义的哲学史根基,其代表作包括《近代哲学与科学中的认识问题》(1906—1920)、《实体与功能》(1910)及《符号形式的哲学》(1923—1929)。

在此语境下,新康德主义超越自然科学的本体论(ontonomie)[2],追求一种普遍的先验哲学,但须注意其始终受科学方法本身引导。较之康德本人,纯粹逻辑的方法与工具更彻底地成为该体系各部分的指令原则。新康德主义与康德哲学的差异主要体现在两方面:其一,康德哲学中的经验与非理性因素几乎被完全清除(如理性对感官直接材料的依赖、感受性的被动本质及物自体学说)。柯亨用微积分方法量化感觉,使被动感受成为自发理性的产物(参见其1883年关于微积分原理的论著)。由此,通过将经验事实呈现为理性的结果,纯粹理论作为绝对指南的权威得以保全——理性成为造物主,它构造了整个实在。"理性内容必须被视为理性自身的产物"（柯亨）。该哲学以同样方式处理理论与实践问题：文化与自然皆源自纯粹理性。甚至在国家结构内部，也要实现"伦理人格的自我创造"（Selbsterzeugung der sittlichen person）。此处可见一种国家哲学：最初具有危险性的社会主义思想，经形而上学阐释（Natorp）弱化后（纳托普），被吸纳进民主国家即自由主义（Rechtsstaat）"法治国"的建构中。其二，新康德主义存在摧毁先验哲学原初意义的倾向。理性基本原则不再具有超时间判断与综合的特征（即普遍有效性），其方法与假说反而受制于历史变迁。将基本范畴视为变量的观念，动摇了资产阶级意识永恒真理的信念。资产阶级思想自明性与绝对性的确定性由此遭受首次打击。狄尔泰思想中的相对主义倾向已然显现——但若仅囿于先验哲学框架，这种相对主义本不会壮大；唯有当理性被证明依赖于特定社会现象时，它才获得真正影响力。无论如何，基本范畴可变性学说已然昭示自由主义唯心论深陷危机，该症状在纳托普的《实践哲学讲义》为代表的新康德主义后期发展中愈发明晰：柯亨的理性主义逻辑在此转化为逻各斯神秘主义，即一种纯粹形而上学。

新康德主义的自我解体现象是引人注目的。对理性创造力的信仰，对理性凌驾于现实之上的自主性的信念，恰与自由主义的鼎盛时期相呼应。彼时，每个个体在自主理性指引下的活动，似乎能自发保障社会整体利益；个体意志仿佛能通过某种高级理性的统摄力量达成和谐，而无需为经济与社会的正常运转精心设计任何方案。但这种信仰的现实基础早已开始瓦解。接连不断的经济危机持续侵蚀着这些根基。哲学注定无法沿着新康德主义预设的轨迹继续前行。甚至在新康德主义如日中天之际，反拨之势已初现端倪：狄尔泰的《精神科学导论》于1883年问世，1894年文德尔班发表了著名的校长就职演说《历史与自然科学》。这些著作标志着资产阶级哲学试图重新把握历史世界、重建与现实世界断裂的联系。这种尝试自始便以先验唯心主义为根基，此时期以巴登学派的崛起为标志。

文德尔班，李凯尔特，拉斯克

文德尔班（Windelband, 1848—1915）在《序曲》（1884）、《黑格尔主义的复兴》（1910）、《哲学导论》（1914）等著作中的探索，经由李凯尔特（Rickert,

生于 1863 年）发展为系统理论：《认识的对象》(1892)、《自然科学概念形成的界限》(1896)、《生命哲学》(1920) 及《哲学体系》(1921)。

人们逐渐认识到，以数理科学作为哲学真理概念的范式具有局限性：文化科学（包括哲学）需独立构建其体系。该学派哲学家在科学领域划定了影响深远的基本分野：自然科学属于"制定法则的"，文化科学则属于"描述特征的"科学。前者探究普遍规律，后者研究具体的历史特殊性。但历史特殊性仅在与文化永恒价值的关联中才被考量。历史由此丧失了现实性品格，被移入纯粹精神与理念的领域——它不过是永恒价值在历史事件中或促或阻的实现过程。唯此方能赋予历史现实中本不存在的意义。李凯尔特认为，历史规律与科学规律不可同日而语；历史因其崇高性而拒斥规律解释。这种哲学与历史唯物主义的对立昭然若揭，其流行某种程度上可归因于知识界某些群体欲以唯心主义历史哲学抗衡日益壮大的马克思主义传统。现实被转化为价值系统，判断即意味着价值立场的抉择，真理成为必须接受的价值。真正的知识超越事实性，把握那些不"存在"而"有效"于永恒意义领域的价值。埃米尔·拉斯克（Emil Lask，1875—1915）敏锐地意识到这种历史与意义的新维度将突破先验哲学的传统形式，试图创立新哲学逻辑：《哲学逻辑与范畴学说》(1911)、《判断理论》(1912)。他认为如果先验哲学旨在正确地理解自身，那么它就必须抛弃传统逻辑的范畴——这些范畴仅对应现实存在，无力把握价值存在。当拉斯克提议以新范畴体系取代传统体系时，概念的历史性却显现为哲学的终极形态，推动哲学走向范畴体系的相对主义。这位殁于第一次世界大战的哲学家未及深入发展其激进洞见。

尽管巴登学派将历史纳入价值哲学的先验化处理，其历史观仍产生巨大影响。德国资产阶级社会学最重要的方法论创新皆源于此。代表人物马克斯·韦伯（1864—1920）终其一生都受李凯尔特影响，恩斯特·特洛尔奇（Ernst Troeltsch, 1865—1923）的文化哲学与社会历史研究亦然。巴登学派影响甚至超越资产阶级社会学领域，青年卢卡奇等学者即以马克思主义社会学——作为革命实践引擎——对抗韦伯价值中立的客观科学。

新黑格尔主义的复兴

从康德到黑格尔的复兴的路径，呈现出两个主要趋势：对纯粹理性自主主观性的反拨,以及对历史世界的特定把握方式。由文德尔班开启的新黑格尔主义并未产生原创性著作,其贡献主要体现在唯心主义哲学史研究与黑格尔文献学领域。理查德·克罗纳(Richard Kroner)的《从康德到黑格尔》(1921—1924)堪称唯心主义视角下德国观念论发展的最佳分析。乔治·拉森(Georg Lasson)于1911年主持的黑格尔著作新评注本,凭借大量未刊手稿的整理校勘成为里程碑。尼古拉·哈特曼(Nicolai Hartmann, 1929)与西奥多·哈林(Theoder Haering, 1929)的黑格尔专著,其理解深度已超越老黑格尔学派。当新黑格尔主义思想建构尝试〔如克罗纳、汉斯·弗雷耶(Hans Freyer)的文化哲学〕表明,真正的黑格尔复兴沃土其实不在资产阶级哲学之中。黑格尔哲学的真正成果,今日仅存于马克思主义理论——卢卡奇在《历史与阶级意识》(1923)中从马克思主义立场推演出了黑格尔哲学的最激进结论(哲学上所有极端发展都更倾向于唯心主义而非唯物主义)。需补充说明的是,法国学界主要将黑格尔视为国家神化论者,这种解读未免褊狭。黑格尔确实说过体现哲学理念的理性国家——即维护全民利益的正义共同体——是尘世中的上帝。他可能错误地美化了当时的普鲁士国家,但这应归咎于作为普鲁士公民的黑格尔,而非作为辩证法家的黑格尔。

2. 现象学

今日我们所理解的"现象学",无非是各种互不相容的哲学倾向的混合体,它们与现象学学派创始人胡塞尔的哲学已毫无共同之处。自1900年以来,现象学经历了重大演变。由于学派内部主导思潮的分歧,现象学在意识形态领域的影响绝非一致。现象学发展的主要阶段以胡塞尔(1859年生)各部著作的出版为标志:《逻辑研究》(1900—1901年初版),《作为严格科学的哲学》(1913年修订版),《纯粹现象学通论》(1913),《形式逻辑与先验逻辑》(1929),以及《笛卡尔式的沉思》(1931)。

现象学最初是对实证主义的全面反拨。在《逻辑研究》中,胡塞尔通过确立关键区分——即伴随所有判断的心理体验与这些判断所承载的意义之间的区分——批判了逻辑学中的"心理主义"。纯粹逻辑只处理后者,这些意义构成一个不受时间影响的理念领域,其中先验有效性无处不在。胡塞尔的决定性创新在于其直观理论:传统哲学只承认感性直观(纯粹的经验感知),而他通过确认对理想意义及其关系的"非感性"直观,极大地拓展了直观领域。通过这种"本质直观",人们能明晰把握独立于经验规定的存在范畴及其先天法则,即具体事实的普遍理念。这一后来被称为"本质直观"的理论,虽与神秘主义认识论或形而上学理念领域毫无关联,却成为现象学最具争议的方面。

现象学成为德国哲学中影响最为深远的思潮之一。其新锐魅力源于它坚持"回到事物本身"的严格主张,摒弃一切虚假理论,只关注自我呈现的事实——那些作为纯粹现象的存在。现象学允许人们追问这些现象:它们如何彰显自身的"逻各斯"。《逻辑研究》的巨大影响力直到第二版(1913)才真正显现,而此时胡塞尔早已将现象学改造为先验的本质科学(理念)。在事实世界之外,胡塞尔系统性地添加了本质世界,对后者的研究构成了纯粹现象学的基础——这门被视为一切科学之根基的先天学科。与此同时,这种本质科学通过"现象学还原"获得了方向指引与先验论证。这种让人联想到笛卡尔沉思方法的还原术,是对日常感知和理解世界之习惯的悬置,也是对现实存在之信念的中止。将现实"清除"的做法,为哲学开辟了通往唯一绝对确定根基的道路:在"纯粹自我"的先验主体性中,世界如其本然地自我构建。简言之,现象学发展的两条主要路径是:先验主义路线与客观—形而上学路线。这两条路径在垄断资本主义新意识形态的构建过程中扮演了截然不同的角色。

1. 先验现象学被胡塞尔发展为"构成性"现象学,不仅超越康德先验哲学,更旨在揭示世界起源及存在的先天结构。它基于普遍意识理性为所有理论提供辩护,至今仍抵制理论对非理性预设的屈从。这种虽已式微的哲学,仍与自由主义意识的进步时刻相连,属于前种族主义时代。

2. 客观—形而上学现象学则彻底不同,它将本质直观运用于直觉主义形而上学,压制了现象学的批判与理性倾向。理性对(本质上是情绪与非理性的)形而上学实在的完全屈从,为种族主义意识形态铺平了道路。

六　德国哲学，1871—1933

马克斯·舍勒

马克斯·舍勒（Max Scheler，1874—1928）最初是奥伊肯（R. Eucken）的追随者（《先验与心理方法》，1900）。[3] 随后他相对独立于胡塞尔转向现象学方向（《伦理学中的形式主义与非形式的价值伦理学》，1913—1914）。继而发展出基于社会学、心理学和生物学普遍基础的哲学体系：《价值的颠覆》（1919）、《论人身上的永恒》（1921）、《同情的本质》（1923）、《知识形式与社会》（1926）、《人在宇宙中的地位》（1928）及遗著。舍勒发动了针对"理性"最猛烈的哲学攻势：他将人类存在的情感维度（感受与价值）置于"理性"之上，视其为知识的真正基础。这些价值构成独立于人的完整系统，具有固定等级秩序。但其形而上学常被社会学和人类学探索所中断——历史世界的引入（舍勒哲学始终保持开放，他是当代德国哲学最丰沛活跃的影响源之一）使体系变得流动。舍勒最终在精神与生命、政治、经济领域的互动关系中理解精神，在其人类学中，精神终究只是生命有机体表层稀薄的高级形态。但舍勒的哲学具体化从未延伸至人类真实物质史，始终停留在普遍人类形而上学框架内。

作为舍勒继承者，尼古拉·哈特曼建构了价值伦理学（《伦理学》，1926）。这位新康德主义者迅速转向客观本体论（《知识形而上学纲要》，1921），试图将其与批判唯心主义衔接。他宣称独立于所有既有预设（拒绝唯心论、实在论、形而上学和先验哲学），实则不过是一种肤浅的实在论（《精神存在问题》，1933）。

马丁·海德格尔

马丁·海德格尔的哲学中，现象学通过突然转向旨在重获真实的人类事实性，使哲学重新成为人类实践的组成部分。需要注意的是：现象学向事实性领域的激进突进，一方面很快被重新导向先验维度，另一方面直接通向了种族主义德国的政治意识形态。早在《存在与时间》（1927）中，激进动机就已被先验潮流淹没。后期著作中纯粹形而上学吸纳了所有问题：《论根据的本质》（1929）、《康德与形而上学问题》（1929）、《什么是形而上学？》（1929）。近期出版物显示，海德格尔已坚定地站在"政治存在主义"阵营，成为第三帝国的代言人。

对海德格尔而言，古代本体论形态的形而上学（即关于自在且整体之存在的理论）是哲学首要终极任务。但存在只存在于人的理解中（此处延续胡塞尔路线），故施行本体论前需先分析此在。把握此在不是胡塞尔式的先验"自我"纯粹意识，而是事实性中的具体之人。哲学基础不是笛卡尔至黑格尔主导的"我思"抽象，而是现实历史中的具体生存。由此海德格尔与胡塞尔分野，现象学成为"此在解释学"即"生存论分析"。他提出的此在生存方式具体分析，构成新哲学最富成果的路径之一，狄尔泰哲学研究的影响在此昭然若揭。

在此，我将简单介绍一下威廉·狄尔泰（1833—1911）的著作。他的作品在1883年至1910年期间得以出版，但其真正价值到战后才被承认［《全集》(Gesammelte Schriften)，1914］。其哲学标志着资产阶级思想在历史本质与结构领域达到的最高点。他凭借对人与历史世界的深刻分析抗击实证主义与教条形而上学，清醒认识到先验哲学的危险：使具体之人的哲学脱离真实关切。后期著作中基于具体生活重建哲学的努力，绝不可与非理性主义谬见混同。他的"生命"概念正是摧毁"绝对永恒"范畴的批判武器，通过揭示这些范畴在历史中的真实功能来瓦解僵化体系。

海德格尔试图发展狄尔泰的方案。其本体论的新方向体现为对时间中存在的普遍解释，这决定性地抛弃了资产阶级传统范畴。既往形而上学总试图在逻各斯内概念化地解释存在（黑格尔哲学中本体论最终成为逻辑学），而海德格尔认为存在的原初视域不是逻各斯而是时间。他力图将本体论革新为时间本体论，并在此维度中解读此在的时间性结构——此在的真实时间性即其历史性。他将人理解为本质历史性的存在，视人类可能性及其实现条件为历史所规定。但与这种历史性倾向并存的，还有现象学与本体论理念本身要求的先验轨迹。海德格尔的"生存论"分析扭曲了具体之人，导向本体论本质中性化的一般人类存在。这种哲学推崇通过对自身可能性的赴死决心来实现本真生存，最终转化为英雄主义的种族现实主义政治。胡塞尔"世界毁灭后的纯粹意识"残余，在海德格尔处变成先验纯粹的人类生存。历史性原初倾向被麻痹——历史被移植入此在，甚至与真实生存同一化。人最终别无选择，只能接受所处历史境遇。由于物质领域完全外在于此哲学且不能作为真实生存的判准，自我封闭的人极易臣服于任何将现实境况宣称为真正历史处境的力量。本真生存的特征——向死决断、生命冒险、命运接纳——被割裂于人类真实苦难与幸福，脱离于人类理性目的。这些抽象特征最终成为种族主义世界观的基本范畴。

3. 资产阶级哲学瓦解为英雄—种族主义式现实主义

当代德国哲学的转型始于将哲学重建为一门精确科学的尝试——效法数学范式，亦即一种极端理性主义的进路。然而随着这种观念所依附的自由主义信仰日渐瓦解，其内部的非理性主义与自然主义思潮便愈发凸显。正如整体社会境况所示，在这场运动中，进步力量与团体在垄断资本主义的独裁阶段面前节节退却。因此，哲学的发展非但未能促成其复兴，反而使其更深地屈从于经济与社会力量的支配。因此，对绝对理性的消解与资产阶级传统思想范畴的悬置，并非通过朝向历史本质与结构的推进而实现，而是借由回归有机自然的史前领域（生命、种族、血统、精神）来完成。这种反动非理性主义的力量呈现出多重面相：曾蕴含社会批判的"生命哲学"（尼采与柏格森尤为如此），如今却向所有批判性与进步性倾向发起攻讦。路德维格·克拉格斯在《精神作为灵魂的敌手》(*Der Geist als Widersacher der Seele*, 1929—1933) 中，将精神诠释为整体生命的退化，而唯有在血液与本能的神秘渊薮中才存有真理。斯宾格勒早在其《西方的没落》(1918—1922) 中就已将黑格尔历史哲学的范畴去理性化，而在近作《人与技术》(1931)、《抉择时刻》(1933) 中，更成为野蛮英雄主义的先知与进步文化的死敌——他以"权力即目的""运动即目的""战争即目的"等说辞，为社会与经济帝国主义政策提供合法性论证。

德国哲学的主流轨迹由此发生根本逆转：理性放弃了主导性诉求，转而与非理性力量合流。"现实拒绝被认知 (connaitre)，只允许被承认 (reconnaitre)"——海因里希·福斯特霍夫 (Heinrich Fersthoff) 在《人文主义幻象的终结》(*Das Ende der humanistischen Illusion*, 1933) 中的这句宣言，不仅标志着哲学的弃守，更意味着全部理论思维的溃退，新的意识形态在此昭然若揭。思想与行动的真理被置于人类社会实践无法触及的先天条件之下（种族、血统、土地、民族等），这彻底摧毁了理论与实践之间的辩证关系：理论沦为某种先验实践的附庸，其功能仅在于美化或遮蔽这种实践。存在主义分析所发现的"精神行为兼具英雄气概与谦卑品性乃人之本真实现"的命题，如今被赋予固化的社会意涵。统治阶级将维持非人化社会实践所需的决绝、牺牲与谦卑，鼓吹为无需目的与价值的纯粹姿态。人沦为手段，其目的性被彻底消解，"在荒谬的临界处"，人才触及真正现实（恩斯特·荣格，《劳动者》，1932）。

在尚未完全沦为垄断资本主义意识形态的哲学残余中（马克思主义倾向除外），仅存两种可能：要么回归人的内在性与孤立境遇（雅斯贝尔斯哲学即循此径），要么寄望于孤立个体间的"交往"。雅斯贝尔斯为此付出的代价，是对现实力量与时代苦难的视而不见，他的哲学思想至多提供了一种精致深邃的贵族式心理图景（《哲学》，1932）。

以下简要梳理这种自诩为"英雄—种族主义式现实主义"的政治化哲学主潮（德国大学讲席几乎尽数被其占据），其代表人物有海德堡大学的恩斯特·克里克（Ernst Krieck）（接替李凯尔特）与柏林大学的阿尔弗雷德·博伊姆勒（Alfred Bäumler）：

1. 人类学领域：理性的"政治人"取代了"理性人"概念。这种存在者以政治为行动域，其目标虽具理性形式，但行动之"为何"的终极目的却被悬置［博伊姆勒的《男性同盟与科学》（Männerbund und Wissenschaft，1934）］。舍勒与哈特曼的前种族主义价值体系，如今被英雄主义、权力、魔性、牺牲等帝国主义价值等级所替代。

恩斯特·荣格和阿尔弗雷德·罗森堡

2. 在认识论与形而上学领域，首要议程呈现双重否定：一方面拒斥从康德到黑格尔的德国唯心主义理性人文哲学，另一方面否定将唯物主义视为对生命真实价值的马克思主义式扭曲。由此产生的所谓"现实主义"，实则是对某些自然力量与民族力量的神秘化崇拜——种族、民族、鲜血与土地被塑造成上帝授予的永恒神圣存在（恩斯特·克里克在其《民族形成》

书评中的表述）。

3. 在国家哲学与法哲学层面，自由主义倡导的法治国家与理性学说被极权国家理论所取代。当国家被视作生存关系的集合体时，它便凌驾于一切理性批判与法律规范之上。国家有权为实现自身目标持续动员全体国民并要求其牺牲，却无需提供对等的世俗补偿的"领域"[4]。该理论奠基者是著名公法学家卡尔·施密特（早在1931年，作家恩斯特·荣格就提出"总体动员"概念，主张对平民实施类似军事动员的常态化战备状态）。法律被理解为自然力量与民族特性的体现，因而被限定于种族主义与民族主义视角。

4. 心理学领域则利用"格式塔"理论［与机械论相对，主张感知世界通过不可分割的原初形式构建——沃尔夫冈·柯勒（Wolfgang Köhler）与马克斯·韦特海默（Max Wertheimer）的学说］来阻断批判性与历史性分析。由此构建的静态形式抽离了运动消长的过程，不受历史变迁影响。固定的历史形态从其发展进程中剥离，以现存状态被神圣化（荣格的《劳动者》中的观点）。

七 海德格尔的政治：一则访谈

一则采访

奥拉夫森：马尔库塞教授，您是一位广为人知的社会哲学家和马克思主义者；但我认为很少有人知道马丁·海德格尔在您的职业生涯中发挥了多大的作用。也许我们可以先列出与海德格尔及其哲学接触的基本事实。

赫伯特·马尔库塞：以下是基本事实：1927年《存在与时间》出版时我读过它，读过之后，我决定回到弗莱堡（1922年我在那里获得了博士学位），并与海德格尔展开合作。我住在弗莱堡和海德格尔一起工作到1932年12月，在希特勒上台前几天，我离开了德国，这结束了我和海德格尔的私人关系。战争结束后，再次见到海德格尔，我想是1946年至1947年，在黑森林中，他有他的小房子。我们进行了一次谈话，并不十分友好，也不是很积极，我们还交换了信件，从那之后，我们之间就没有任何联系。

奥拉夫森：是否可以这样说，您在弗莱堡期间接受了《存在与时间》的原则论点，而且从某种意义上说，您当时就是一个海德格尔主义者？或者说，即使在那个时候，您也有一些保留意见？

赫伯特·马尔库塞：我必须坦率地说，在这段时间内，从1928年至1932年，我的保留意见相对较少，批评也相对较少。就我们而言，因为当时海德格尔的问题不是个人问题，甚至不是哲学问题，而是第一次世界大战后在德国学习的一代人中很大一部分人的问题。我们在海德格尔身上看到了那些我们在胡塞尔身上第一次看到的东西,这是一个新的开始,是第一次将哲学建立在真正具体的基础上的激进尝试,哲学关注的是人的存在、人的条件,而不仅仅是抽象的思想和原则。当然,我想我和我这一代的很多人都有同感,在30年代初期,我们出现了对这种哲学的失望。但只有在海德格尔与纳粹主义的联系为人所知之后,我们才彻底地重新审视了他。

奥拉夫森:在那个阶段,您是如何看待海德格尔哲学对政治和社会生活及行动的影响?在那个阶段,您自己是否对这些社会方面感兴趣,您是否从海德格尔的思想中认识到了这些社会方面的问题?

赫伯特·马尔库塞:在那个阶段,我对它非常感兴趣,同时我为德国社会民主党的理论机构(Die Gesellschaft)撰写了马克思主义分析文章。我之所以如此感兴趣,是因为我首先和其他人一样,相信存在主义和马克思主义之间可能有某种结合,因为他们坚持对实际的人类存在、人类和他们的世界进行具体分析。但我很快意识到,海德格尔的具体性在很大程度上是虚假的,是虚假的具体性,事实上,他的哲学与当时德国大学的哲学一样抽象,同样脱离现实,甚至回避现实,即相当枯燥的新康德主义、新黑格尔主义、新唯心主义,但也包括实证主义。

奥拉夫森:您曾希望他的哲学与马克思主义的社会哲学进行某种富有成效的整合,他对此有何回应?

赫伯特·马尔库塞:他没有回应。您知道,就我所能说的,今天仍然有人,正如卢西恩·戈尔德曼(Lucien Goldmann)所坚持的那样,质疑海德格尔是否真的读过马克思的作品,海德格尔是否读过卢卡奇的作品。我倾向于他读过。他可能在第二次世界大战之后或期间看过马克思的作品,但我不认为他以任何方式研究过马克思。

奥拉夫森:海德格尔的著作中有一些关于马克思的正面评价,表明他一点也不……

赫伯特·马尔库塞:很有意思。我只知道一个:《关于人道主义的通信》(*Letter on Humanism*,以下简称《通信》)。

奥拉夫森：是的。

赫伯特·马尔库塞：他在通信中说，马克思的历史观超越了所有其他观点。我知道这个《通信》是在第二次世界大战后法国占领时期写的，当时人们还不知道事情会怎样发展，所以我不太重视这句话。

奥拉夫森：更广义地说，您如何看待海德格尔在《存在与时间》一书中提出的现象学和本体论分析的重要性，我的意思是，它们对于社会分析真的重要吗？您已经明确表示，海德格尔本人对朝着这个方向发展现象学和本体论分析并不感兴趣。您是否认为它们的用途可能超出了他感兴趣的范围？

赫伯特·马尔库塞：在我的第一篇文章《对历史唯物主义现象学的贡献》（1928年）中，我本人试图将存在主义和马克思主义结合起来。萨特的《存在与虚无》就是这样一个更大规模的尝试。但在萨特转向马克思主义的程度上，他超越了自己的存在主义著作，并最终脱离了这些著作。即使是他也没有成功地调和马克思和海德格尔。至于海德格尔本人，他似乎是在用他的存在主义分析来摆脱社会现实，而不是进入社会现实。

奥拉夫森：您会发现，也许从本体论和现象学入手，但后来又转向……的人，他们的作品中几乎没有海德格尔的思想内容。

赫伯特·马尔库塞：是的。

奥拉夫森：那些转向马克思主义的人……您没有看到海德格尔思想的持续作用。

赫伯特·马尔库塞：我不这么认为。您看，我一开始就说过，我谈到了海德格尔的虚假具体性。如果您看看他的主要概念（我会使用德语术语，因为我仍然不熟悉英语翻译）"此在""常人""存在""存在物""生存"，它们是"糟糕的"抽象，因为它们不是理解表面上的真正具体性的概念工具。它们偏离了对真正具体性的理解。例如，对海德格尔来说，此在是一个社会学甚至生物学上的"中性"范畴（性别差异不存在！）；存在的脆弱性（Frage nach dem Sein）仍然是一个一直没有答案但不断重复的问题；恐惧和焦虑之间的区别往往会将非常真实的恐惧转化为普遍而模糊的焦虑。即使是他乍一看最具体的存在类别，死亡，也被认为是最无情的残酷事实，只会成为一种不可战胜的可能性。海德格尔的存在主义确实是一种先验唯心主义，与之相比，胡塞尔的最后著作（甚至他的《逻辑研究》）似乎充满了历史的具体性。

奥拉夫森：那是否会使社会理论家将唯物主义或行为主义作为某种人性的有效理论？我认为海德格尔和萨特一直在尝试抵制这种哲学。社会理论中现象学和本体论要素的退出是否意味着事实上对行为主义的接受？

赫伯特·马尔库塞：不，不是。它完全取决于本体的含义。如果有一个本体论，尽管强调历史性，却忽视历史，抛弃历史，回到静态的先验概念，我想说，这种哲学就不能为社会和政治理论提供概念基础。

奥拉夫森：让我带您谈谈历史。这是其中海德格尔相当感兴趣的事情之一，《存在与时间》中至少有两章涉及历史。当然在这里这种处理是根据海德格尔所谓的历史性，这意味着这个主题是根据个人（主要是个人）人类存在的某种结构来处理的，也就是说，个人的存在与自己过去的关系，他将自己置于传统中的方式，在他接手的同时，他修改了那个传统。在您看来那样有用吗？它具有持久的价值、具有具体性吗？

赫伯特·马尔库塞：在他的"历史性"概念中，我看到了同样的虚假或伪造的具体性，因为实际上没有一个具体的物质和文化条件，没有一个具体的社会和政治条件，使历史在《存在与时间》中占有一席之地。历史也被中性化了。他把历史变成了一个存在论的范畴，而这个范畴对构成历史进程的具体物质和精神条件是免疫的。也许有一个例外：海德格尔晚期对技术和工艺的关注（也可以说，对技术和工艺的专注）。对"存在的质疑"在对"技术的质疑"面前退却了。我承认，这些著作中的许多内容我并不理解。与以往相比，这听起来好像我们的世界只能用德语来理解（尽管是一种奇怪的、折磨人的语言）。它给我的印象是，海德格尔的技术和工艺概念是一系列中性化过程中的最后一环：它们被当作"自身的力量"，脱离了构成它们并决定其使用和功能的权力关系的背景。它们被重新定义，被赋予了命运的属性。

奥拉夫森：难道他没有以另一种方式将"历史性"概念作为个人存在的结构来使用吗？对于一种社会理论来说，说明个人如何将自己置于某个社会、某个传统中难道不重要吗？对于这种情况的描述，难道不应该既从相对客观的力量和趋势层面展开，又要阐明个人与这些宏观因素的互动关系吗？

赫伯特·马尔库塞： 当然，有必要进行这样的分析，但这正是历史的具体条件所决定的。在资本主义或社会主义的某个阶段，作为这个或那个阶级的一员，个人是如何定位自己并看待自己在资本主义中的地位。事实上，整个维度都不存在。可以肯定的是，此在是在历史性中构成的，但海德格尔关注的是被阶级、工作、娱乐所带来的隐秘或不那么隐秘的伤害所清除的个人，被社会所带来的伤害所清除的个人。事实上，并没有任何日常反叛和争取解放的痕迹。人（匿名的任何人）无法替代社会现实。

奥拉夫森： 海德格尔认为个人首先最在乎的是他们个人死亡的前景，这取代了所有您提到的具体的社会考虑因素。您认为那种对具体事物和社会事物的强调和缺乏兴趣是来自他的神学训练还是他的思想倾向？

赫伯特·马尔库塞： 这可能与他接受过非常全面的神学训练有关。无论如何，您能指出"死亡"概念在他的哲学中占据着重要地位是非常值得称赞的，因为我相信这是一个非常好的起点，至少可以帮助我们简要地讨论海德格尔的纳粹主义是否在1933年之前就已经在他的哲学中显露出来这一著名的问题。现在，根据我的亲身经历，我可以告诉您，无论是在他的讲座中，还是在他的研讨会上，还是在他个人身上，都没有任何关于他同情纳粹主义的暗示。事实上，他从来没有讨论过政治问题——直到最后，他还对他的书所献给的两个犹太人——埃德蒙·胡塞尔和马克斯·舍勒——给予了高度评价。所以他公开宣布的纳粹主义对我们来说完全是个惊吓。当然，从那时起，我们总是问自己：我们是否忽略了《存在与时间》及其相关著作中的暗示和预言？事后，我们发现了一个有趣的现象（我想强调的是，事后很容易得出这样的结论）：如果您看一下他对人类存在、存在于世界的看法，您会发现它是一种高度压抑、高度压迫性的解释。今天，我再次翻阅了《存在与时间》的目录，看了看他认为"存在"或"此在"本质特征的主要类别。我只要把它们读给您听，您就会明白我的意思："闲谈、好奇、两可、沉沦和被抛、担忧、向死而生、焦虑、恐惧、无聊"等等。现在，这幅图画很好地描绘了在一个压抑社会中，男人和女人的恐惧和沮丧——一种没有乐趣的、被死亡和焦虑所笼罩、充斥着专制人格的生活。例如，爱在《存在与时间》中是不存在的，这是一个明显的特点——唯一涉及"爱"的地方是在神学背景下的脚注中，与信仰、罪恶和悔恨放在一起。现在，我在这一哲学中看到了对生命的强烈贬低，对快乐、感性和满足的贬低。当时我们可能就有这种感觉，但直到海德格尔与纳粹主义的联系为人所知之后，这种感觉才变得清晰起来。

奥拉夫森： 您认为海德格尔在政治上是否过于天真？您认为他作为弗莱堡大学校长理解他与纳粹党合作的含义吗？

赫伯特·马尔库塞： 我可以权威地说，因为我在战后和他讨论过这个问题。为了准备我的答案，请允许我先读一下他说过的话，我按字面意思引述："不要让原则和观念主宰你的存在。今天和未来，只有'元首'本人才是德国的现实和法律。"这是海德格尔在1933年11月自己说的话。这是一个自称自己是康德、黑格尔等西方哲学伟大传统的继承人的人。当"元首"被认定为德国现实与法律的化身时，所有的哲学规范、原则与理念皆被弃置。我和他谈了好几次，他承认这是一个"错误"；他误判了希特勒和纳粹主义，对此，我想补充两点，第一，这是哲学家不允许犯的错误之一。他当然可以也确实犯了很多错误，但这不是错误，也不能算作错误，这实际上是对哲学本身的背叛，也是对哲学所代表的一切的背叛。其次，正如我所说，他承认这是一个错误，但他就此作罢。他拒绝（我觉得这一点颇值得同情）否认自己的纳粹主义言行或就此宣称自己当时只是一种反常，我不知道是什么原因，或许他只是不想与他的那些同事们"同流合污"，正如他所说的那样，他们突然不记得自己曾在纳粹统治下教书，不记得自己曾支持过纳粹，而且一直宣称自己是非纳粹分子。就海德格尔而言，据我所知，他应该是在1935年或1936年放弃了对纳粹主义的任何公开认同。他不再担任大学校长。换言之，从那时起，他就退出了，但对我来说，这绝不能简单地取消他所做的声明。在我看来，他何时以及为何撤回对纳粹政权的热情支持是无关紧要的——决定性的和相关的事实是，他发表了刚才引述的声明，他崇拜希特勒，并劝诫他的学生也这样做。如果"今天和未来"只有"元首"本人是"德国的现实和法律"，那么剩下的唯一哲学就是退位哲学、投降哲学。

奥拉夫森：在与您的讨论中，他有没有说明退出的原因，或者他认为纳粹主义的"错误"是什么？我特别想知道，这是不是出于某种道德考虑，或者……

赫伯特·马尔库塞：事实上，我记得他从来没有这样做过。不，他从来没有。这当然不是反犹太主义，这我记得。但你说得很对，他从来说明过退出的原因。我想我现在确实理解了他为什么反对希特勒之前的魏玛共和国民主制度，因为魏玛共和国治下的生活肯定不符合他的存在主义范畴：资本主义和社会主义之间的斗争，几乎每天都在街头、在工作场所中，用暴力和智识进行斗争，一种激进反叛的文学和艺术的爆发——整个世界，自始至终的"存在"都在他的存在主义之外。

奥拉夫森：在《存在与时间》中有一个重要的概念我们没有提及，那就是"真实性"（authenticity）或"本真性"（Eigentlichkeit）的概念，我想，在海德格尔之前和之后，这个概念都很流行，暗示着与自己的某种虚假关系，从而与自己的同胞和我想与自己的社会产生某种虚假关系。在海德格尔对它的发展中，您觉得这是一个具有持续效用的概念吗？

赫伯特·马尔库塞：这是一个有趣的概念。同样，如果我回忆他究竟是如何定义"本真性"的，我的脑海中就会浮现出同样的范畴，我称之为"压迫性"和"压制性"的范畴。什么是本真性？主要是，如果我没记错的话（如果我记错了，请纠正我），从他人的整个世界中抽离出来，"常人"（Das Man），我不知道英文翻译是什么……

奥拉夫森：匿名的任何人。

赫伯特·马尔库塞：真实性意味着回归自我，回归内心最深处的自由，并从这种内在中做出决定，决定一个人存在的每一个阶段、每一种情况、每一刻。这种自主的真正障碍是什么？决定的内容、目标是什么呢？这里也是有条不紊的"中性化"：决策及其后果的社会经验背景被"中性化"处理。最重要的是根据您的决定做出决定并采取行动。无论这个决定本身以及它在道德和人性方面是否具有积极意义，这都无关紧要。

奥拉夫森：这个概念还有另一面——我同意您所说的关于这一面的观

点——但在另一面,海德格尔将非本真性视为一种深刻的尝试,人类试图以一种形式向自己展示自己,这种形式压制或屏蔽了决定的因素、对自己负责的因素,将他们融入了某种更大的实体中(无论是物质实体还是社会实体),从而免除了他们做出决定的必要性。现在(在我看来,也许是我错了),这与您所说的现代技术社会的趋势有一些相似之处。

赫伯特·马尔库塞: 是的,我当然不会否认,在当今的先进社会中,本真性在一种不那么压抑的意义上变得越来越困难,但在我看来,即使在积极的意义上,本真性也被死亡所掩盖,被对存在的全部解释所掩盖,因为存在是走向死亡的,以及将死亡融入您生活的每一个小时和每一分钟。我再次认为这是一个高度压迫性的概念,它在某种程度上很好地证明了法西斯主义和纳粹主义对牺牲的强调,牺牲本身就是目的。我认为纳粹作家恩斯特·荣格有一句名言,他谈到了牺牲的必要性:"在深渊的边缘,或者在虚无的边缘",换句话说,牺牲是好的,因为它是一种牺牲,因为它是由个人自由选择的,或者据称是个人自由选择的。海德格尔的概念让人想起法西斯未来派的战斗口号:"死亡万岁!"(Eviva la Muerte)

奥拉夫森: 您刚才提到了萨特的名字,如果可以的话,我现在想谈谈海德格尔和萨特之间的关系。正如您自己所指出的,我认为,萨特的《存在与虚无》在很大程度上依赖于海德格尔的《存在与时间》,当然,它也依赖于德国传统的其他作品,比如《精神现象学》,另一方面,海德格尔从他的后一种思想的立场出发,否定了这两种哲学或这两种说法之间的任何共同点。当然,这一点也受到了其他人的质疑。您如何看待海德格尔与萨特的关系,以及海德格尔与战后整个更广泛的存在主义现象的关系?

赫伯特·马尔库塞: 这是一个大问题,我只能回答其中的一小部分。我相信萨特的早期作品与海德格尔之间存在着一个共同点,即存在主义分析,但共同点在此就结束了。如果我把它延长到这一点之后,那就是对萨特的不公正。甚至《存在与虚无》都已经比海德格尔更加具体。情爱关系、爱情、仇恨、所有——身体,不再是抽象的现象学对象,而是作为感官体验的身体,在萨特身上扮演着相当重要的角色——所有这些都与海德格尔自己的分析相去甚远。萨特开发了他的哲学,他超越了仍然将他与存在主义联系在一起的元素,并制定了马克思主义的哲学和分析。

奥拉夫森:《辩证理性批判》是否仍然让您觉得它是马克思主义的一个非常特殊的版本,仍然具有早期思想的重要特征?

赫伯特·马尔库塞:这很重要,而且它也包含了真理的元素,但我不知道您是否真的能把它们融入他早期的作品,我只是没有充分地关注他后期的作品,所以我不知道。

奥拉夫森:与此相关的一个有趣的问题是海德格尔在西方哲学史上的地位,因为它看起来,就像您说的,对许多人来说,《存在与时间》是将先验的螺钉进行了最后一个旋转,然后他会站在同样的传统中,他似乎是如此尖锐地批评那些人。

赫伯特·马尔库塞:在哲学史的特定语境中,这可能是正确的。在更大的政治背景下,人们可能会说,德国的唯心主义随着纳粹国家的建立而终结。引用卡尔·施密特的话:"1933年1月30日,黑格尔消失了。"

奥拉夫森:然而海德格尔的哲学在战后时期在德国中享有巨大的威望。我认为这种威望已经开始有所下降……

赫伯特·马尔库塞:没错。

奥拉夫森:……或者说在过去的10年中一直如此,我想与其说是《存在与时间》哲学,不如说是后来的哲学构成了海德格尔兴趣复兴的基础。您对他对战后德国思想界的影响有什么印象吗?

赫伯特·马尔库塞:我只知道,就像您说的,它的影响现在已经大大减少了。战后相当一段时间里,人们对海德格尔有很大的兴趣,我认为您是对的——主要是晚期的作品,而不是早期的作品。

奥拉夫森:您的前同事,西奥多·阿多诺,用非常批判的语言描述了这种影响。

赫伯特·马尔库塞:是的。

奥拉夫森:作为对他律原则的赞颂,我认为它本质上是指某种外部权威的原则。如果这是真的,那么就有一种矛盾的事实,即意志和自我主张,本真性的哲学，已经转变为一种意识形态基础，本质上是一种他律和专制的社会取向。

赫伯特·马尔库塞：是的，但正如我们所讨论的，您可以在《存在与时间》中找到这种威权主义的根源，而他律可能不仅是外部的权威和权力，而且包括，例如，死亡对生命行使的他律。我认为阿多诺在论及此点时也有所提示。

奥拉夫森：您认为黑格尔已经消失了吗？德国古典哲学实际上已经走到了尽头吗？还能有比海德格尔更成功的继承者吗？

赫伯特·马尔库塞：您是说德国的唯心主义传统？

奥拉夫森：我的意思是，现在的哲学还可能建立在伟大的古典作家黑格尔和康德的基础上吗，无论是通过修订还是其他方式？这些仍然是哲学灵感的鲜活来源吗？

赫伯特·马尔库塞：我肯定会同意的。我敢肯定地说，马克思主义理论的继续存在和发展就是证明之一。因为马克思和恩格斯自己一直强调自己在多大程度上是德国唯心主义的继承者。当然这是一种经过极大修改的唯心主义，但它的元素仍然存在于社会和政治理论中。

奥拉夫森：我认为您已经概括地描述了海德格尔的哲学、他的教导对您自己的思想和哲学工作所产生的永久性影响。您还有什么想补充的吗？总的来说，您认为与海德格尔的相遇是丰富了您自己的哲学思考，还是您基本上必须看透并克服什么东西？

赫伯特·马尔库塞：我想说更多。就像我说过的那样，我从他那里至少学到了某种类型和某种思维方式，至少还学到了一个事实——在结构主义时代的今天，这一点也应该得到强调——文本毕竟有其自身的权威，即使您反对其内容，您也必须公正地对待它。我认为这些要素直到今天仍然有效。

奥拉夫森：您认为，对个体的分析，对有意识的人的分析，是否可以继续治疗？

赫伯特·马尔库塞：就我而言，今天海德格尔的存在主义分析，我不认为有什么是我能说"可以"的东西，除非在一个非常不同的社会和知识背景下。

奥拉夫森：您能告诉我们这一背景的性质是什么吗？

赫伯特·马尔库塞：这很困难。这将开启一个全新的话题。例如，马克思理论中一直被忽视的整个维度，即社会制度如何在个体身上再生产，以及个体如何通过再生产自己的社会来作用于社会制度。所谓的存在主义分析是有其限度的，只有在这个框架内。

奥拉夫森：嗯，非常感谢。

赫伯特·马尔库塞：不客气。

后记：我对海德格尔的幻灭

《存在与时间》问世于魏玛共和国最终崩塌的阶段：人们普遍预感到了即将来临的灾难——纳粹政权的登场。但当时占主导地位的哲学趋势并没有反映出这一情况。对我和我的朋友们而言，海德格尔的著作宛如一个新的开端：我们将其著作（以及通过手抄本获得的讲座稿）体验为一种终于落地生根的具体哲学——这里讨论的是"生存"（Existenz）、"我们的存在"，谈及了"畏"（Angst）、"操心"和"无聊"等等。我们也经历了一场"学术"解放：海德格尔对古希腊哲学和德国唯心主义的阐释，为那些陈腐僵化的文本提供了新的洞见。

直到后来我们才逐渐觉察，海德格尔哲学的具体性在很大程度上是种假象——我们面对的不过是先验哲学的某种变体（在更高层面上），其中存在的范畴已丧失其锋芒，被中性化，最终消解在更为宏大的抽象性之中。这种情况在其后期思想中依然延续，当"存在之问"被"技术之问"取代时：这不过是表面具体性被抽象性收编的又一例证——而且是"劣质的抽象"，在这种情况下，具体性没有真正被取代而是被挥霍掉了。

我于1933年1月离开弗莱堡。在1933年之前，我和朋友们都未曾察觉或知晓海德格尔与纳粹主义的任何关联。直到后来，我们才尝试重构其哲学思想与政治立场的内在亲缘性。时至今日，如果有人将海德格尔对希特勒政权的支持轻描淡写为（短暂的）过失或误判，在我看来这种开脱是不可原谅的。我认为哲学家不能犯这样的"错误"，除非背弃自身哲学的本真立场。

词汇表

约翰·阿布罗米特

Aufhebung/aufheben：扬弃（sublate）。德语动词 aufheben 包含三重含义："提升""否定"或"保存"。为避免像某些译者那样在每次出现时区分主导含义，我们统一译为"扬弃"，由读者根据语境自行判断具体所指。

Bestimmung/Bestimmtheit/Definition：规定性（determination）/确定性（determinacy）/定义（definition）。为维护辩证传统（尤其是自黑格尔以来）中这三个概念的关键区分，我们将 Bestimmung 和 Bestimmtheit 分别译为"规定性"和"确定性"。马尔库塞对该术语的运用符合这一传统，他同黑格尔一样反对将概念意义固化为静态的"定义"。因此 Bestimmtheit 指涉当下直接性存在，即作为深层过程某个环节的瞬时样态。

Bewegtheit：运动性（motility）；流变。采用塞拉·本哈比译法，即"运动性"[1]，以区别于 Bewegtheit 和 Bewegung（"运动"；见下面的 Geschehen 条目）。作为马尔库塞此时从海德格尔处汲取的核心概念之一，"运动性"与"事件性""历史性"共同表示本真此在独特的本体论历史存在，尤其体现为与时间的特殊关系。在《存在与时间》中，海德格尔着力论证人类此在本质上是时间性而非空间性的存在，指出笛卡尔式时间观基于将空间抽象化为可量度的广延物（res extensa）[2]，而现代性主导的时间概念则源自物体在此抽象空间中的可量化运动。这种理解遮蔽了此在更根本的时间性与运动性。海德格尔将这种还原论时间观追溯至亚里士多德物理学与形而上学——其通过空间中可量度运动的"现在时间"（Jetzt-Zeit）模型来阐释时间。海德格尔写道：

> 自亚里士多德以来，所有关于时间概念的讨论原则上都坚持亚里士多德的定义；也就是说，在把时间作为他们的主题时，他们把它作为它在周遭关注中的表现。时间是被"计算"的东西；也就是说，它是被表达的东西，也是我们所看到的东西，即使是非主题性的，当旅行指针（或影子）被呈现时。当一个人把在其运动中移动的东西呈现出来时，他会说"现在在这里，现在在这里，等等"。这些"现在"就是被计算的东西。……以这种方式在使用钟表时"看到"的世界时间，我们称之为"现在时间"[3]。

当此在与时间、历史的复杂关系被简化为抽象空间中的可量化运动时，其基于最高可能性进行决断行动并将这些可能性投射至未来的独特能力便彻底丧失。换言之，历史中介的、自我反思的运动性被降格为物的被动运动。马尔库塞很清楚马克思主义传统中对抽象的时间概念兴起的分析，以及对它与外化和物化的联系问题的分析[4]，但马克思主义传统中还没有人试图采用海德格尔的存在主义分析法或他的历史分析法，在具体的个体层面上，详细、积极地论证与时间和历史的非物化关系会是什么样子。马尔库塞认为，在这一点上，海德格尔已经超越了当时在资产阶级和马克思主义讨论中占主导地位的抽象的主体性概念。另一方面，在马尔库塞看来，海德格尔试图将他对主体性的分析扩展到集体层面，仍然是"伪具体性"。

Dasein：此在（Dasein）。我们决定不翻译这个概念，以区别于其他密切相关的概念，如生存（Existenz）和人（Mensch）。但读者需注意马尔库塞未必总在海德格尔强调的意义上使用该词——"此在"既是黑格尔术语表的常客，也是日常德语词汇。不作翻译旨在保留读者判断其用法的自主性：海德格尔式、黑格尔式或普通非哲学用法。

Entäußerung/Entfremdung：外化/异化（alienation/estrangement）。虽然Entäußerung有时被翻译成"外部化"（externalization）[在这种情况下，Entfremdung通常被翻译成"外化"（alienation）]，以实现黑格尔对这一术语更

中性的使用。但在《1844年经济学哲学手稿》中，马克思对这一概念的使用显然是否定的和批评的。在本卷的最后两篇文章中，也就是这些术语出现的地方，马尔库塞主要在马克思的意义上使用它们。在少数情况下，当马尔库塞在更中立的、黑格尔式的意义上使用该术语时，我们将其翻译为"外部化"（externalization），并将原文放在括号内。

Erbe：遗产（inheritance）。我们未沿用麦奎利与罗宾逊将这个词翻译成"继承"（heritage）的做法，因马尔库塞的马克思主义挪用更具唯物主义色彩。他常论及为代际发展提供条件的"历史遗产"，而"继承"过于强调传统文化内涵，且与"历史的"搭配语义重复。尽管马尔库塞不认同恩格斯的本体论唯物主义，马尔库塞仍强调"历史遗产"是物质要素与文化或精神要素的辩证统一。他与海德格尔都主张每代人必须摒弃或否定其历史遗产，但对海德格尔而言这种否定旨在复现被非本真生存遮蔽的过往可能性，而马尔库塞的现时否定还包含对可能催生质变新解放形式的物质—精神要素的保存。

Erkenntnis/Erkennen/Wissen：这三个术语的翻译几乎构成了不可逾越的难题。虽然不存在完美的解决方案，但在当前语境下最不易引发误解的译法是将 Erkenntis 和 Wissen 统一译为"知识"（knowledge），将 Erkennen 译为"认知"。这一困境源于马尔库塞在使用 Erkennen 与 Erkenntnis 时兼具双重含义：(1) 康德及新康德主义认识论（erkenntnistheoretische）传统中的专业术语"认知活动"（cognizing）与"认知结果"（cognition），该传统强调主动的认知主体与被动的认知客体之间的分裂——前者提供知识的基本结构范畴，后者提供未成型的认知材料；(2) 常规意义上的"认知"（knowing）与"知识"（knowledge）。这种用法无论隐显都强调认知主体与认知对象的统一，正如海德格尔现象学的立场——他将认识（Erkenntnistheorie）的二元论取向视为人为且派生的。[5] 作为辩证思想家，马尔库塞在这一点上与海德格尔立场一致。他认为这是海德格尔思想中能够助力恢复黑格尔-马克思主义传统重要洞见的论点之一。因此，当马尔库塞在第一种意义上使用 Erkenntnis 或 Erkennen 时，它总是具有批判性。例如在讨论辩证法的论文中，他通过术语选择凸显康德与新康德主义认识论的局限："严格来说唯有人类此在能被称为历史性的，因为对本己存在的知识（Wissen）以及与实在的认知（wissendes）［而非单纯认识（erkennendes）］关系，属于本真的历史性存在。"⁶ 然而，问题在于，马尔库塞更经常地以第二种更中性的方式来使用这个词。例如，在同一篇文章中对柏拉图哲学的讨论，马尔库塞说，"辩证法属于人类知识（Erkenntnis）的最高层次"⁷。在《对历史唯物主义现象学的贡献》中关于马克思的讨论中，他还指出，"在最为深远的意义上，所有本真知识都是'实践'的知识，因为它将人类此在'带入真理'"⁸。

如果我们把 Erkenntis 和 Erkennen 一致地翻译成"认知活动"（cognizing）和"认知结果"（cognition），这将极大地歪曲马尔库塞的意图，因为"知识"（knowledge）并非批判性地指向现代二元论认识论传统。尽管如此，我们仍在所有用"知识"（knowledge）翻译 Wissen 处保留德语原词，以区分其与 Erkenntnis 的概念差异。在少数马尔库塞直接将 Erkenntis 或 Erkennen 与 Wissen 进行对比的段落中，我们将前者翻译为"认识结果"（cognition）和"认知活动"（cognizing），并将原文放在括号里。无论如何，这种将认识论层面的 Erkenntnis 作消极诠释，而将 Wissen（作为自我反思、历史中介的实践过程中必要环节）作积极诠释的区分，仅在那篇讨论辩证法的论文中占据显著位置。但即便在该文中，这种区分也次于马尔库塞论证的核心要旨——超越那种因片面或抽象地推崇知识而产生的被动旁观式主体性概念，这种立场从新康德主义到历史主义再到社会民主主义正统学说主导着当时学界的论争。马尔库塞认为，海德格尔的"运动性""事件性"和"历史性"的概念是一种重要的尝试，尽管最终并不令人满意，但它试图恢复一种更加积极和具体的主体性概念。他以海德格尔的概念为跳板，试图恢复黑格尔和马克思的辩证法概念中真正具体的主体性概念。他在海德格尔指导下写的《黑格尔的本体论和历史性理论》中详细地阐述了这一论点，在这篇论文中，他追溯了黑格尔思想中作为生命的批判性本体论概念和作为绝对知识的肯定性认识论概念之间的竞争趋势。他认为，后一种倾向在黑格尔的《逻辑学》中占据了上风，并在他后来的作品中仍占据了主导地位，但前一种倾向作为他早期著作的基础，仍然存在于《精神现象学》⁹中。因此，正如在马尔库塞在其讨论《1844 年经济学哲学手稿》中的文章中所指出的那样，马克思认为《精神现象学》是"黑格尔哲学的真正起源点和秘密"[10]，并将其作为自己辩证法理论的出发点，这绝非偶然。

Existential/existentiell：在马库塞少数几个使用"存在主义"（existential）一词表达海德格尔哲学中强调的意义时，我们或保留原文不译，或将原文置于括号内。在所有其他情况下，我们将 existential 和 existentiell 都翻译为"存在主义的"（existential），因为后一术语仅出现在第二篇文章《论具体哲学》中，而马库塞并没有保留海德格尔"存在主义的"（existential）和"生存的"（existentiell）之间的区别。

Geschehen：发生；历史性发生（happening；happening occurrence）。除了与之密切相关的历史性概念（见下文），Geschehen 是马尔库塞在这一时期从海德格尔现象学中占有的最突出、最重要的概念。Geschehen 对马尔库塞至关重要，因为它抓住了人类此在所特有的动态的、"本体论的"历史性，他认为这一点在最近对马克思理论的讨论中已经丢失了。正如马尔库塞在他本书第一篇文章中所说："马克思主义的真理不是认识的真理，而是发生的真理。"[11] 在《存在与时间》中，海德格尔对 Geschehen 的定义如下：

> 存在的运动性（Bewegtheit）并不是某种实在物的运动（Bewegung），它是可以用此在延伸的方式来定义的。此在在其中被延展和延展自身的具体运动，我们称之为"发生"。此在的"连通性"问题是此在的历史发生的本体论问题。把发生的结构以及它的可能性存在的时间条件暴露出来，就标志着人们已经实现了对历史性的本体论理解。[12]

换句话说，对海德格尔来说，人类此在的存在方式不仅是动态的，而且是本体论上历史的。因此，此在的运动性与所有其他物理对象在空间和时间中的纯粹运动有质的区别，后者受自然法则的支配。作为唯一的存在，存在本身就是一个问题，此在的存在总是涉及占有过去的可能性并将其投射到未来，如果不承认这一点，仅仅从现在的坏的直接性中得出一个人可能的存在方式，那就是以纯粹的"物中之物"的方式，过着不坚定地、不真实地生活。但是，Geschehen 所指的真实存在类型，对海德格尔来说，需要一种非常具体的历史意识。他一如既往地谨慎选择了 Geschehen 的概念，因为它与德语中的"历史"（Geschichte）一词在词源上有亲缘关系。海德格尔认为，这个德语词汇与 Geschehen 的关系密切，意味着对历史的自我反思和积极关系。他将 Geschichte 与拉丁语的 Historie 区分开来，后者意味着一种被动的、旁观的、不真实的与历史相联系的方式。他写道：

> Geschichte 指的是我们自己发生的事情，而且我们也参与其中。Geschichte 和运动之间是有区别的，比如说恒星的运动。……Geschichte 在形式上是某种特定类型的运动。它是一种仍然存在于过去的事件，我们以某种方式对它有所了解。……对 Geschichte 的严格解释就必须把它与（纯粹的）运动区分开来。……运动是更广泛的概念，它指的是变化的现象，从什么到什么的过渡……；运动发生在世界中。Geschichte 发生在我自己身上；我就是这种发生。……这种发生不只是变化或纯粹的过渡，而是当我们在自己前面行进时，我们就是发生本身。……我们是 Geschichte，即我们是我们自己的过去。我们的未来处于过去之中。[13]

另一方面，海德格尔将"历史"定义为"发生的知识"（Erkenntnis）。那种使我们有可能了解过去事件的知识类型被称为"历史的"。因此，对海德格尔来说，Geschehen 的概念旨在超越 Historie 所隐含的对过去的被动的、超然的方法，而抓住 Geschichte 所隐含的真实人类此在的主动的、自我反思的和历史意识的存在。恰恰是这种为人类此在重新获得历史的全部意义的尝试，在马尔库塞看来是非常有希望的，它不仅可以克服资产阶级新康德主义和历史主义的二元论和最终被动的认识论，而且可以克服社会民主主义正统的客观主义历史哲学。

Geschichtlichkeit：历史性（historicity）。与 Geschehen（见上文）一样，这是马尔库塞在 1920 年代末从海德格尔那里获得的重要概念。Geschichtlichkeit 与 Geschichte 和 Geschehen 具有相同的词源学和本体论意义。事实上，在海德格尔的哲学词典中，Geschichtlichkeit 与 Geschehen 的关系非常密切。正如海德格尔在《存在与时间》中所说："此在的'连通性'问题是此在发生的本体论问题。把发生的结构以及它的可能性存在的时间条件暴露出来，就标志着人们已经实现了对历史性的本体论理解。"[15]

发生的结构是对历史性的本体论理解的关键，因为发生指的是此在的存在的独特的二维特征。尽管从某种意义上来说，常人的历史存在仅仅是一维的，他们总是存在于当下的直接性中，但是此在的历史存在是"超越自我地开放"，正如海德格尔所说，在这个意义上，此在为了真实地存在，必须通过坚决地占有它从过去继承的最高可能性，不断地将自己投射到未来。此在与时间和历史的关系（其独特的历史性）是本体论的，因为它比常人与时间和历史的纯粹本体关系更为根本，常人只是以一种被动的方式经历这种关系。但是，对时间和历史采取更积极的、二维立场的潜力就处于此在的存在之中，拒绝这种潜力就等于拒绝人类的本质。马尔库塞最初认为，海德格尔对本体论历史性以及它在非真实形式中丧失的分析，证实了马克思对外化和异化的分析，并且他的这一信念因马克思《1844年经济学哲学手稿》的出版而得到了实质性的加强。然而，与海德格尔相反，马尔库塞认为，当代存在形式的外化和不真实性的原因不是在于存在的遗忘（Seinsvergessenhei），即完全无法提出存在的意义问题，而是在于现代工业资本主义产生的物化社会关系。马尔库塞的解释得到了海德格尔在《存在与时间》第二部第五章中的论点的支持，他在该章中首次提出了"历史性"概念的深远意义，即真正的历史性只能通过集体来实现。[16] 但马尔库塞与海德格尔的不同之处在于，他坚持马克思主义，认为当下唯一真正的历史性集体主体将是一个自觉的普遍主体，而不是一个特殊的"命运共同体"，正如海德格尔在《存在与时间》以及几年后为国家社会主义辩护中所主张的那样。

Mensch/Menschlich/Menschheit/Menschlichkeit：我们将 menschlich 译为"人"（human），将 Menschheit 和 Menschlichkeit 都译为"人性"（humanity）。尽管有性别歧视的意味，我们还是选择了遵循传统的翻译，将 Mensch 译为"人"（man）或"人们"（men）。在德语原文中，Mensch 是性别中立的，读者应自始至终牢记这一点。我们之所以做出这个决定，不仅是因为这是马尔库塞本人在用英语写作时使用的术语（例如在《单向度的人》中），还因为无法找出一个可以持续使用的替代词。无论是"人类"（humans）还是"人类"（human beings），在所有情况下都不适用。此外，使用 man/men 可以保留 Mensch 和 menschliches Sein（人类）之间的区别。Mensch 的概念在马尔库塞解读马克思《1844 年经济学哲学手稿》的文章中最为重要。马尔库塞把握住了马克思文本中的人类学元素，这与他自己对海德格尔关于此在的本体论的历史分析产生了很好的共鸣。[17] 马尔库塞认为，海德格尔和马克思都确定了所有"人"共有的某些特征，这些特征实际上决定了人的本质，但这些特征在海德格尔和马克思分析的不真实的或外化了的存在形式中被遗忘或压抑。马尔库塞认为，就海德格尔认识问题的深度而言，他比任何其他当代哲学家都走得更远，但他最终仍不满意海德格尔对问题产生的原因所做的解释。随着 1932 年马克思的《1844 年经济学哲学手稿》的出版，马尔库塞认为，从资本主义社会关系的核心，即从人的本质的外化角度来看，马克思已经找到了真正具体解释这个问题的方法——正如他对马克思早期作品的热情评论所表明的那样。换句话说，对马尔库塞来说，资本主义不仅仅是一种剥削性的财产关系体系，而且是对人的本质的扭曲。因此，马尔库塞肯定了马克思早期将资本主义解释为人类的"史前史"，并暗示"人"在质的突破之前不会充分实现其作为"类存在"蛰伏的潜力。

Ontologie/ontologisch：本体论/本体论的（ontology/ontological）。为什么像马尔库塞这样年轻的、批判的马克思主义者会被海德格尔的"本体论"哲学所吸引，这个问题困扰了大多数解释马尔库塞这一时期著作的人。[18] 为了理解马尔库塞在 1928 年至 1933 年期间的著作，我们必须要认识到，他从海德格尔那里占有的本体论概念在许多方面都与它的传统意义是不同的。[19] 对于海德格尔以及这一时期的马尔库塞来说，"本体论"并不意味着一个存在于历史之外、不受时间流逝影响的永恒真理的领域。在《存在与时间》中，海德格尔认为，此在——因此，推而广之，一般的存在——在最根本的层面上是时间性和历史性的；换言之，海德格尔的"本体论"是彻彻底底历史的。马尔库塞在这方面是追随海德格尔的；事实上，海德格尔试图将历史性确立为人的本质，这对马尔库塞有非常大的吸引力，因为他觉得人与历史的独特关系在当代的理论讨论中——无论是资产阶级理论还是马克思主义理论——都已经丧失了。[20]对海德格尔和马尔库塞来说，本体论是认识论的反概念；它旨在强调超越时间性和历史获得超验地位的不可能性。[21]因此，"内在性"概念在马尔库塞这一时期的写作中也发挥了重要作用。例如，马尔库塞认为——本着马克思对乌托邦社会主义的批判精神——解放性的社会变革不能超越客观的可能性，这些可能性在目前的历史状况下以一种潜在的但未实现的状态存在着。在这方面，马尔库塞果断地超越了否定了"本体"历史的整个领域的海德格尔，他与黑格尔和马克思确定性的否定也大不相同，他坚持认为西方的整个历史都被误导了，在他看来，这块历史的石板需要被完全擦拭干净。马尔库塞还坚持认为，社会变革必须牢牢植根于实现变革的个体主体的知识和行动之中，而不能由某种"外部"力量强加于他们，因为这违反了"内在性"这一基本原则。据此，马尔库塞还批评了卢卡奇的"阶级意识"概念中的先锋主义含义。[22]总之，马尔库塞此时不仅相信海德格尔的本体论概念与黑格尔和马克思的彻底历史理论是可以调和的，他还认为海德格尔的本体论概念比他们当代的大多数解释者更能把握住他们的基本见解。[23]

Sein/Seiendes：存在/存在物（being/be-ing）。Sein 和 Seiendes 的概念以及它们之间的区别构成了海德格尔在《存在与时间》[24]中所处理的中心问题的基础。但是，正如海德格尔的许多其他概念一样，Sein 和 Seiendes 给译者带来了几乎无法克服的问题，而人们已经提出了几种不同的解决方案。Sein 被译为 Being（总是大写）和 being，而 Seiendes 则被译为"实体"（entity）、"实质"（essents）和"特性"（beings），这只是最广泛认可的译法。我们决定通过将 Sein 翻译为"存在"（being），将 Seiendes 翻译为"存在物"（be-ing），来增加这些术语的另一种变化，并创造一个难看的新词。我们决定以这种方式翻译这些术语，并不是基于我们觉得这种解决方案一定优于其他方案，更不是基于海德格尔式对新词力量的信仰，而是因为它似乎最能体现马尔库塞在这些文章中对这些概念的特殊使用，这绝不仅仅局限于海德格尔的习语。马库塞在此期间仔细研究了黑格尔的《逻辑学》，这本书从分析"存在"的哲学意义开始，用德语写作几乎不可能不使用这个术语的各种非技术用法。如果我们按照麦奎利和罗宾逊将 Sein 翻译为 Being，我们就会给读者一个错误的印象，即马尔库塞每次使用 Sein，都是在海德格尔的意义上进行强调的。我们也不想像塞拉·本哈比在翻译《黑格尔的本体论》时所做的那样，只当马尔库塞在海德格尔的意义上进行强调的，才把这个词翻译成 Being。我们决定将 Sein 统一翻译为"存在"（being）——只有当它出现在句子的开头时才用大写字母，以便让读者自己思考马尔库塞在特定语境中到底是如何使用这个术语的。这就给我们带来了翻译 Seiendes 这个更困难的问题。值得庆幸的是，这个词，以及 Sein 和 Seiendes 之间更广泛的区别，并不是马尔库塞在这些文章中关注的核心。事实上，Seiendes 只在关于辩证法的文章中占据重要地位；这个词在其他文章中只出现过几次。但即使在《论辩证法的问题》中，马尔库塞也没有在海德格尔的意义上始终如一地使用它。那么，我们的首要关注点就是要以一种一致的、可识别的方式来呈现这个术语，以便尽可能地将其解释的空间留给读者。像塞拉·本哈比那样把这个词翻译成"特性"（beings），会把我们限制在复数上，也会赋予这个词一个并不总是有的实质性的内涵。麦奎利和罗宾逊的"实体"（entity）或"存在"（entities）也是过于实体化（对马尔库塞来说，Seiendes 并不限于有具体存在的物体或事物），而拉尔夫·曼海姆（Ralph Maunheim）将 Seiendes 翻译为"本质"（essent）和"精华"（essents），也带有本质主义的色彩，这也不适用于马尔库塞对该术语的使用。把这个词翻译成"存在物"（be-ing），不仅让我们保留了 Sein 和 Seindes 之间的密切关系，而且还保留了马尔库塞对单数 be-ing 和复数 be-ings 的区分。此外，通过在 be-ing 中用连词符将 ing 分开来吸引注意力，表达了德语中 Sein 和 Seiendes 之间的语法关系：前者是不定式，后者是该不定式的动名词。但 be-ing 也不会像上面提到的其他翻译一样自动带有实质性形式的意味，因此我们认为这是如此翻译的一个优势。读者不应该认为 be-ing 意味着世界上的一个具体对象；马尔库塞都用这个词来指代本质和表象：辩证法的任务正是要确定 be-ings[25] 的现实性。

　　Tun/Tätigkeit：行动/活动（Doing/Activity）。这一区别在本书最后一篇文章《论经济学中"劳动"概念的哲学基础》中表现得最为突出，对马尔库塞关于黑格尔和马克思的解释有着深远的影响。正如马尔库塞在这篇文章中所论证的,"劳动"概念的基础是一个更广泛的人类"行动"(doing)的概念,在黑格尔之后,他谨慎地将其与"活动"(activity)区分开来。正如马尔库塞所说:

> 为了勾勒出劳动概念的出发点,我们只在必要的程度上介绍黑格尔具有哲学基础的劳动概念。这种概念与经济学中的劳动概念的本质区别在于:在黑格尔的概念中,劳动是人类此在的一个基本发生,这个发生不断地、持续地渗透到人的整个存在中,在此期间,人的"世界"也发生着一些变化。在这里,劳动不是一种具体的人的"活动"(因为没有任何一种活动能够抓住并穿透人的整个此在;每一种活动都只影响这个整体的特定区域,并且只发生在其世界的特定区域);反之,每一种活动都要基于劳动,并且每一种活动都要返回到劳动:劳动是一种行动(Tun),是人存在于这个世界上的方式。通过劳动,人首先成为"自为"的东西,走向他自身,获得他的此在的"形式",他的"永恒",同时使世界成为他自己的。从这个角度来看,劳动不是由其对象的属性决定的,也不是由其对象的目标、内容、结果等决定的,而是由人的此在本身在劳动中的发生决定的。[26]

换句话说,对马尔库塞来说,他在当时的经济文献和它所描述的现实世界中观察到的任何将"行动"转化为单一的活动,更糟糕的是,将"行动"转化为一种抽象的活动(如:工资劳动),都代表了人类最基本的、"本体论"特征的贫乏和扭曲:通过对"被抛"进的物质和精神"世界"的占有,人们创造自己并同时改变这个世界的过程。马尔库塞利用黑格尔对"行动"和"活动"的区分,结合海德格尔的"此在""世界"和"发生"概念,对马克思的"外化"和"物化"概念进行了独创性的解释。他认为,解决这个问题的关键是要在马克思"劳动"概念的哲学基础中找到。在马尔库塞的脑海中,最具有深远意义的事情就是赋予传统的"劳动"概念以本体论的地位。通过强调"行动"的"本体论"地位,其中还包括强调审美生产甚至游戏,马尔库塞突显了以下事实的深远和灾难性影响,即在现代资本主义社会中,"行动"被抽象的雇佣劳动所取代。马尔库塞对马克思"劳动"概念的哲学基础的讨论,在很大程度上驳斥了目前普遍存在的、从根本上被误导的说法，即马克思把劳动仅仅设想为理性的目的性行为，因此仍然被困在"生产范式"中，甚至"想把整个世界变成一个巨大的劳动工厂"[27]。

Ursprünglich：原始的，起源的（primordial，originary）。在大多数情况下，我们跟随麦奎利和罗宾逊将这个海德格尔的概念翻译为"原始的"（primordial）。然而，在某些情况下，为了便于阅读，我们选择了"起源的"（originary）。这并不意味着意义上的差异。

Vergegenständlichung/Verdinglichung/Gegenständlichkeit：我们或多或少沿用了这些马克思术语的标准翻译，即"对象化"（objectification）、"物化"（reification）和"对象性"（objectivity）。在少数情况下，我们把 Gegenständlichkeit 翻译成"对象世界"（objective world），或把 Sachlichkeit 或 Objektivität 翻译成"对象性"（objectivity），我们已把原文放在括号里。

Verhalten/ sich verhalten：行为/表现自己，与（自己）有关（conduct/to conduct oneself，to relate oneself to）。这个概念对早期的马克思尤为重要，它表达了他的信念，即人在有意识地与自己的历史相联系的能力方面是独一无二的。马尔库塞认识到马克思对这一术语的使用与海德格尔关于发生、运动性和历史性的论点之间的相似之处。因此，"行为"（conduct）、"为人处世"（to conduct oneself）和"与（自己）有关"（relating oneself to）总是暗示着一种有意识的、自我反思的与历史的关系。

Vorhanden/zuhanden：我们沿用了麦奎利和罗宾逊对海德格尔的概念的翻译，即现成状态（present-at-hand）和上手状态（ready-to-hand）。

Wesen：本质，存在（essence，being）。我们试图尽可能把这个概念翻译成"本质"（essence），但马尔库塞偶尔也会这样使用它——特别是在《论创立历史唯物主义基础的新材料》一文中，它只能被翻译成"存在"（being）。例如，当马尔库塞在他自己的著作中或在引用马克思早期著作的段落中使用 Gattungswesen 的概念时，我们按照惯例将这个术语翻译为"类存在"（species being）。在其他少数情况下，当有必要将 Wesen 译为"存在"（being）时，我们将把原文放在括号里，以保留它与 Sein 之间的区别。

Wissenschaft：科学（science）。在德语中，Wissenschaft 指的是所有形式的系统性学术研究。在这一传统中，在英美世界被归入"人文学科"的领域，如哲学、戏剧和文学，都可以作为"科学"（science）来追求。因此，读者应该记住，"科学"并不仅仅是指自然科学或社会科学。

注释

导论

引言部分摘自"Zum Geleit",收于尤尔根·哈贝马斯编辑的《赫伯特·马尔库塞的回答》(*Antworten auf Herbert Marcuse*),法兰克福:苏尔坎普出版社,1968,10—11。此译文为笔者所译。

1. 关于德国革命的优秀历史研究,请参见 A. J. 莱德(A. J. Ryder)的《1918年德国革命:战争与叛乱中的德国社会主义研究》(*The German Revolution of 1918: A Study of German Socialism in War and Revolt*),英国剑桥:剑桥大学出版社,1967。

2. 马尔库塞的博士论文从未被翻译成英文,它收于马尔库塞的《文集》(*Schriften*)第一卷中(法兰克福:苏尔坎普出版社,1978),7—346。关于其主题的讨论,请参见道格拉斯·克尔纳(Douglas Kellner)的《赫伯特·马尔库塞与马克思主义的危机》(*Herbert Marcuse and the Crisis of Marxism*),加州伯克利与洛杉矶:加州大学出版社,1984,18—32。

3. 马尔库塞的《失望》("Entäuschung"),收于《马丁·海德格尔的记忆》(*Erinnerungen an Martin Heidegger*),由奈斯科(Günther Neske)编辑,普富林根:内斯科出版社,1977,162。

4. 关于他们的见证,请参见阿伦特(Arendt)的《八十岁的马丁·海德格尔》："Martin Heidegger at Eighty"，收于《马丁·海德格尔与现代哲学：批判论文集》（*Martin Heidegger and Modern Philosophy*），由迈克尔·穆雷（Michael Murray）编，康涅狄格州纽黑文：耶鲁大学出版社，1978，295—303；洛维特（Löwith）的《我在1933年前后的德国生活：一份报告》（*My Life in Germany Before and After 1933: A Report*），由伊丽莎白·金（Elizabeth King）翻译，伊利诺伊州厄巴纳：伊利诺伊大学出版社，1993；伽达默尔（Gadamer）的《哲学学徒生涯》（*Philosophical Apprenticeships*），由罗伯特·R.沙利文（Robert R. Sullivan）翻译，马萨诸塞州剑桥：麻省理工学院出版社，1985，45—54。

5. 关于德国文人文化和政治态度的重要讨论，请参见弗里茨·林格（Fritz Ringer）的《德国文人阶层的衰落：1890—1933年德国学术共同体》（*The Decline of the German Mandarins: The German Academic Community, 1890—1933*），马萨诸塞州剑桥：哈佛大学出版社，1968。

6. 1929年5月9日致马克西米利安·贝克（*Maximilian Beck*）的信，引自道格拉斯·克尔纳（Douglas Kellner）的《赫伯特·马尔库塞》（*Herbert Marcuse*），第35页。1920至1921年间，年轻的霍克海默曾跟随胡塞尔学习，并对海德格尔印象深刻。他在信中评论道："我对哲学的迷恋越深，我就愈发远离这所大学所谓的哲学理解。我们矢志不渝寻找的并非认识的形式法则，因为这些法则最终并不重要，事实上，我们应当追寻的是关于生活及其意义的实质命题。我今天知道，海德格尔是与我交谈过的最重要的人之一……我是否同意他的观点？关于他，我唯一确定的是：对他而言，哲学思考的动机并非源于知识上的野心或某种预设的理论，而是来自日常生活，来自他的个人经验。"霍克海默（Horkheimer）的《文集》（*Gesammelte Schriften*），第15卷，由阿尔弗雷德·施密特（Alfred Schmidt）和施密特·诺尔（Gunzelin Schmid Noerr）编，法兰克福：费舍尔出版社，1995，77。此译文为笔者所译。

7. 请参见卢森堡著名的小册子《俄国革命》（*The Russian Revolution*），收于《罗莎·卢森堡文集》（*Rosa Luxemburg Speak*），由沃特斯（Mary-Alice Waters）编，纽约：道路出版社，1970，498—540。

8. 关于这些主题的精彩讨论，请参见拉塞尔·雅可比（Russell Jacoby）的《自动化马克思主义的批判：从卢卡奇到法兰克福学派的哲学政治学》（*The Critique of Automatic Marxism：The Politics of Philosophy from Lukács to the Frankfurt School*），刊于 *Telos* 期刊，第 10 期（1971 年冬季），119—146。

9. 马克思：《资本论》第 1 卷，收于《马克思恩格斯选集》，由罗伯特·C. 塔克（Robert C. Tucker）编，纽约：诺顿出版社，1978，32。

10. 海德格尔：《存在与时间》，由约翰·麦夸利（John MacQuarrie）与爱德华·罗宾逊（Edward Robinson）翻译，旧金山：哈珀出版社，1962，102—104。所有对《存在与时间》英文版的进一步引用均参考此版本。

11. 《论具体哲学》，第 42 页。所有进一步的引用均参考此译本，并将在文中按页码标注。

12. 从这一角度看，马尔库塞对海德格尔方法论重要性的理解似乎预示了马克斯·霍克海默对传统理论和批判理论的区分；参见霍克海默的《批判理论：精选论文集》（*Critical Theory：Selected Essays*），由马修·J. 奥康奈尔（Matthew J. O'Connell）等人翻译，纽约：赫尔德与赫尔德出版社，1973，188—243。

13. 马克思：《关于费尔巴哈的提纲》，收于《马克思恩格斯选集》，143—145，所有进一步的引用将在文中按页码标注；也可参见卢卡奇在《历史与阶级意识：马克思主义辩证法研究》（*History and Class Consciousness：Studies in Marxist Dialectics*）中的重要注释，由罗德尼·利文斯通（Rodney Livingstone）翻译，马萨诸塞州剑桥：麻省理工学院出版社，1971，186—187，198。

14. 马尔库塞：《对历史唯物主义现象学的贡献》，第 10—11 页。所有进一步的引用均参考此译本，并将在文中按页码标注。

15. 参见托马斯·威利（Thomas Willey）《回到康德：1860—1914 年德国社会与历史思想中的康德主义复兴》（*Back to Kant：The Revival of Kantianism in German Social and Historical Thought，1860‐1914*），底特律：韦恩州立大学出版社，1978。

16. 参见威廉·狄尔泰（Wilhelm Dilthey）《黑格尔的青年史：以及其他关

于德国唯心主义历史的论文》（*Die jugendgeschichte Hegels： und andere Abhandlungen zur Geschichte des deutschen Idealismus*，斯图加特：B. G. Teubner 出版社，1959）和迈克尔·埃尔马斯（Michael Ermarth）《威廉·狄尔泰：历史理性的批判》（*Wilhelm Dilthey： The Critique of Historical Reason*，芝加哥：芝加哥大学出版社，1978）。

17. 对于马尔库塞来说，对资产阶级思想的控诉显然具有极大的启发价值，参见卢卡奇在《历史与阶级意识》（*History and Class Consciousness*，110-148）中对"资产阶级思想的二律背反"（The Antinomies of Bourgeois Thought）的讨论。

18. 马尔库塞：《黑格尔的本体论与历史性理论》（*Hegel's Ontology and the Theory of Historicity*），塞拉·本哈比（Seyla Benhabib）译，剑桥：麻省理工学院出版社，1987，251。

19. 在《赫伯特·马尔库塞》（*Herbert Marcuse*，41）一书中，凯尔纳（Kellner）指出，马尔库塞对海德格尔的吸引力部分源于20世纪20年代左翼和右翼广泛存在的"激进行为"情绪："'激进行为'的概念是马尔库塞理论的核心。对于马尔库塞来说——这里我们首次看到他在海德格尔和马克思之间的综合——'激进行为'是存在主义的：它旨在改变存在的根源，意图带来人类存在的根本变化。"

20. 关于狄尔泰对海德格尔迟来的影响，这对《存在与时间》的后期草稿产生了重要影响，参见海德格尔《时间概念的历史：绪论》（*The History of the Concept of Time： Prologomena*），西奥多·克孜尔（Theodore Kisiel）译，布卢明顿：印第安纳大学出版社，1992。在海德格尔的文献中，这本书也被称为"卡塞尔讲座"，关于这些讲座在《存在与时间》成书过程中的位置，参见克孜尔（Kisiel）《海德格尔的〈存在与时间〉的生成》（*Entstehungsgeschichte of Being and Time*），伯克利和洛杉矶：加利福尼亚大学出版社，1997，311—314。哈贝马斯在《知识与人类利益》（*Knowledge and Human Interests*）中对狄尔泰进行了高度的肯定，杰里米·J. 夏皮罗（Jeremy J. Shapiro）译，波士顿：灯塔出版社，1971，140—186。关于狄尔泰与海德格尔"历史性"概念的出色处理,参见查尔斯·班巴赫(Charles Bambach)《狄尔泰、海德格尔与历史主义的危机:历史与形而上学中的海德格尔、狄尔泰与新康德主义者》(*Heidegger and the Crisis of Historicism: History and Metaphysics in Heidegger, Dilthey and the Neo-Kantians*),纽约伊萨卡:康奈尔大学出版社,1995。

21. 海德格尔:《时间的概念》(*Der Begriff der Zeit*),图宾根:Niemeyer出版社,1989,25。

22. 马尔库塞:《海德格尔的政治》("Heidegger's Politics"),收于《马尔库塞:批判理论与乌托邦的承诺》(*Marcuse: Critical Theory and the Promise of Utopia*),罗伯特·皮平(Robert Pippin)等编,南哈德利:Bergin and Garvey出版社,1988),96。所有后续引用在正文中标注页码。

23. 参见维克托·法里西斯(Victor Farias)《海德格尔与纳粹主义》(*Heidegger and Nazism*),约瑟夫·马戈利斯(Joseph Margolis)和汤姆·洛克莫尔(Tom Rockmore)编,加布里埃尔·R. 里奇(Gabriel R. Ricci)译,费城:坦普尔大学出版社,1989;以及雨果·奥特(Hugo Ott)《马丁·海德格尔:一个政治生活》(*Martin Heidegger: A Political Life*),艾伦·布伦登(Allan Blunden)译,纽约:Basic出版社,1993。

24. 参见凯尔纳(Kellner)在《赫伯特·马尔库塞》(*Herbert Marcuse*)中的描述,401,注释1。凯尔纳引用哈贝马斯称马尔库塞曾告诉他,海德格尔拒绝了他的教授资格论文研究,参见本哈比(Benhabib)的《黑格尔的本体论》(*Hegel's Ontology*),"译者引言",x-xi.

25. 罗尔夫·维格豪斯(Rolf Wiggershaus):《法兰克福学派:其历史、理论及政治意义》(*The Frankfurt School: Its History, Theories, and Political Significance*),迈克尔·罗伯特森(Michael Robertson)译,剑桥:麻省理工学院出版社,1994,104。

26. 海德格尔是否确实提供了相关的信件尚且无法证实,据称,克洛斯特曼战前的许多信件在二战期间的轰炸中被毁。关于马尔库塞档案馆文件的详细描述,参见彼得·埃尔温·詹森(Peter-Erwin Jansen)《马尔库塞的教授资格过程:一段奥德赛》("Marcuses Habiltationsverfahren: Eine Odyssee"),收于彼得·埃尔温·詹森编的《解放的思维：政治的命令》（*Befreiung Denken：Ein politischer Imperativ*），奥芬巴赫：Verlag 2000 出版社，1990，141—150。

27. 马尔库塞：《论经济学中"劳动"概念的哲学基础》，第 138 页。所有后续引用均为该译本中的内容，并将在正文中标注页码。这里，马尔库塞与科耶夫（Kojève）的论点存在显著的相似之处，后者在其《黑格尔导读》（*Introduction to the Reading of Hegel*）中提出，"欲望"是人类匮乏的表达。当然，马尔库塞和科耶夫的论点可能都源于黑格尔《精神现象学》（*Phenomenology of Spirit*）中主奴关系的部分。

28. 参见凯尔纳在《赫伯特·马尔库塞》（*Herbert Marcuse*）中的讨论，33。

29. 弗里德里希·席勒（Friedrich Schiller）：《论人的审美教育：一系列书信》（*On the Aesthetic Education of Man, in a Series of Letters*），雷金纳德·斯内尔（Reginald Snell）译，纽约：Frederick Ungar 出版社，1965，80。

30. 参见马尔库塞、哈贝马斯、海因茨·卢巴斯（Heinz Lubasz）和蒂尔曼·斯宾格勒的《理论与政治：一场讨论》（"Theory and Politics: A Discussion"），莱斯利埃·德尔森（Leslie Adelson）译，刊于 *Telos* 杂志，38 期（1978—79 年冬季），126："到 1932 年年底，显然我永远无法在纳粹政权下获得教授资格。"所有后续引用将在正文中标注页码。

31. 本书第四篇《论创立历史唯物主义基础的新材料》，第 86 页。所有后续引用均为该译本中的内容，并将在正文中标注页码。

32. 在多次采访中，哈贝马斯声称，他与马尔库塞的《从海德格尔到霍克海默》的思想脉络非常相似，因为在大约四年时间里，他曾是一个"彻底的海德格尔主义者"。哈贝马斯继续说道："当我研究意识形态概念时，我遇到了马尔库塞关于海德格尔的早期文章。在这些文章中，你可以看到一个正统的海德格尔主义者和马克思主义者之间的确切的分歧点。我仍然可以指出赫伯特对海德格尔的实质性、战略性的批判之处——即他不仅拒绝了本体论的区别，还拒绝了历史与历史性的区别。因此，我可以说，在马尔库塞的这些文本中，我可以认识到自己脱离海德格尔的出发点。"（哈贝马斯：《自主与团结：访谈录》，Peter Dews 编，纽约：Verso 出版社，1986，194）。

33. 参见 Leszek Kolakowski,《走向马克思主义人道主义：当代左翼的论文集》(*Toward a Marxist Humanism: Essays on the Left Today*), Jane Zielonko Peel 译,纽约：Grove 出版社,1968。

34. 关于现象学马克思主义的更多信息,参见保罗·皮克内(Paul Piccone)的《现象学马克思主义》("Phenomenological Marxism"),刊于 *Telos* 杂志,第 9 期 (1971 年秋季)：3—31,以及皮尔·奥多·洛瓦迪(Pier Aldo Rovatti)的《批判理论与现象学》("Critical Theory and Phenomenology"),汤姆·豪尔(Tom Hull)译,刊于 *Telos* 杂志,第 15 期 (1973 年春季)：25—40。如洛瓦迪所述："在某些范围内,内容的趋同性体现在法兰克福学派与现象学都在攻击一种科学发展的模式和'糟糕的'合理化,这种模式导致了实证主义的新形式以及唯心主义陷入了根本危机。"(25)

35. 卡尔·洛维特(Karl Löwith),《海德格尔存在主义的政治含义》("The Political Implications of Heidegger's Existentialism"),理查·德沃林(Richard Wolin)译,收于《海德格尔争议：批判读本》(*The Heidegger Controversy: A Critical Reader*),剑桥：麻省理工学院出版社,1993,173。

36. 阿多诺对海德格尔的批判早在 1931 年法兰克福大学的就职演讲中就出现了,参见《哲学的现实性》("The Actuality of Philosophy"),本杰明·斯诺(Benjamin Snow)译,刊于 *Telos* 杂志,第 31 期 (1977 年春季)：120—133；也参见他对马尔库塞《黑格尔的本体论》(*Hegel's Ontology*)的批判性评论,刊于《社会研究杂志》,第 1 卷 (1932)：409—410。阿多诺在战后时期继续反对海德格尔主义,参见《真实性的行话》(*The Jargon of Authenticity*),克努特·塔诺夫斯基(Knut Tarnowski)和弗雷德里克·威尔(Frederic Will)译,伊文斯顿：西北大学出版社,1975；以及《否定辩证法》(*Negative Dialectics*),E. B. 阿什顿(E. B. Ashton)译,纽约：Seabury 出版社,1973,61—131。

37. 本书第六篇《德国哲学,1871—1933》,160 页。关于马尔库塞与海德格尔的关系的更多信息,参见 A. 施密特(Alfred Schmidt)的《赫伯特·马尔库塞作品中的存在论与历史唯物主义》("Existential Ontology and Historical Materialism in the Work of Herbert Marcuse"),安妮·玛丽(Anne-Marie)

和安德鲁·芬伯格（Andrew Feenberg）译；以及罗伯特·皮平（Robert Pippin）的《马尔库塞与黑格尔论历史性》（"Marcuse and Hegel on Historicity"），收于《马尔库塞：批判理论》（*Marcuse: Critical Theory*），47—67 和 68—94；还参见塞拉·本哈比（Seyla Benhabib）的《黑格尔的本体论》译者序言，xi。

38. 这段通信已在《海德格尔争议》（*The Heidegger Controversy*）中重现，160—164。

39. 关于马尔库塞对新左派态度的描述，参见凯尔纳（Kellner）《赫伯特·马尔库塞》（*Herbert Marcuse*），276—319。

40. 马尔库塞在《单向度的人：发达工业社会意识形态的研究》[波士顿：灯塔出版社，1964，153—154 中引用了这段话；马尔库塞的译本（关于海德格尔文章的完整英文译本，参见《技术问题与其他文章》中的"技术问题"），威廉·洛维特（William Lovitt）译，纽约：Harper and Row 出版社，1977，3—35]。据我所知，这是马尔库塞战后唯一一次直接引用海德格尔。

41. 参见马尔库塞《技术、战争与法西斯主义》（*Technology, War, and Fascism*），道格拉斯·克尔纳（Douglas Kellner）编，纽约：Routledge 出版社，1998，39—66。

42. 马尔库塞：《论解放》（*An Essay on Liberation*），纽约：企鹅出版社，1969，19。

一 对历史唯物主义现象学的贡献

除注释 2 和 57 由约翰·阿布罗米特（John Abromeit）共同撰写，本文中所有括号内的注释均由埃里克-奥伯勒（Eric Oberle）撰写。其他文章中方括号内的注释均由编辑撰写。

1. [本段包含德语词 Erkenntnis 的多个不同版本，使用这一哲学术语广泛唤起了两种不同的哲学传统. 其一，马尔库塞对单数形式 Erkenntnis 的使用表明他遵循康德和新康德传统，这些传统将严谨的认识论（Erkenntnistheorie）作为评估判断有效性的适当框架；其二，马尔库塞对复数形式 Erkenntnisse（指知识或感知行为）的运用，则借鉴了现象学传统，即根据不同领域的"知识"或"知识行为"的结构和类型来分析其内在结构及内容（例如，数字的知识结构不同于宗教体验或随手可得的对象）。参见词汇表中的 Erkenntnis/Erkennen/Wissen 条目]。

2. [在下文中，德语概念 Tat 被译为"行为"或"行动"，与"生活空间"（见注57）这一概念类似，马尔库塞在本文中对 radical Tat（"激进行为"）概念的依赖，说明了他在试图改造魏玛德国保守革命话语中一些关键概念的含义时所固有的困难。

第一次世界大战后的社会动荡中，作为政治和哲学的基础的"行为"概念得到了蓬勃发展，这一概念由法国理论家乔治·索雷尔（Georges Sorel）颇具盛名的著作《论暴力》（*Reflections on Violence*）(1908) 一书所普及。在1920年代，这一意识形态在欧洲的激进右翼和左翼中赢得了许多拥护者。墨索里尼曾宣称他从索雷尔那里学到的比从任何其他理论家处学到的都多，而魏玛德国的两位重要右翼理论家卡尔·施密特（Carl Schmitt）和恩斯特·荣格（Ernst Junger）也从索雷尔的学说中学到了很多。魏玛共和国最后几年里保守革命意识形态的最重要孵化器之一是一份名为 *Die Tat* 的政治月刊。而施密特、荣格和 *Die Tat* 杂志的撰稿人最重要的批判目标之一就是马克思主义理论，马尔库塞对马克思主义的引用可以合理地区别于索雷尔和魏玛保守派革命者的非理性唯意志论。

与 Tat 圈不同，马尔库塞认为，激进行为——如同马克思的实践概念——必须在社会、理论和历史上得到调和，即必须由一个普遍主体（即自觉的无产阶级）集体执行，必须遵循理论反思，并且必须具有历史必要性（参见第5、32页）。换句话说，马尔库塞并不认为激进行为可以在任何时间由任何孤立的个人或以某个特殊群体（例如民族）的名义发起，他当然也没有将暴力本身作为目的来颂扬。

马尔库塞在本文中反对海德格尔对激进行为的理解，即它未能充分分析其具体的社会和历史条件（例如，参见第15、24页），这预示了他在1933年之后对施密特、荣格和索雷尔进行更深入的批评（他对这三人的担忧在他关于德国哲学近代史的文章中已经显现；参见本书第6篇文章）。尽管如此，马尔库塞在本文中对激进行为的强调，近乎到了质疑马克思主义理论优先于实践的观点，例如，他强调"理论和实践的直接统一"（参见第9页）。在1933年之后的文章中，随着批判理论日益孤立，马尔库塞——跟随霍克海默——修正或至少澄清他在这一问题上的观点，明确赋予理论更大的独立性，甚至将其视为一种调和后的中介形式］。

3. ［此处及其他地方，"科学"翻译自德语 Wissenschaft。参见词汇表中的 Wissenschaft 条目。］

4. ［参见词汇表中的 Erkenntnis/Erkennen/Wissen 条目。］

5. ［参见词汇表中的 Geschehen 条目。］

6. ［此处及其他地方，"历史性"翻译自德语 Geschichtlichkeit。参见词汇表中的 Geschichtlichkeit 条目。］

7. ［"运动性"翻译自德语 Bewegtheit。参见词汇表中的 Bewegtheit 条目。］

8. ［参见词汇表中的 Dasein 条目。］

9. ［德语 Aufweisung 在此处被翻译为"呈现"和"显示"。这是现象学的词汇之一，aufweisen 是德语动词 weisen（"指出"）的变体形式，它描述的是一种知识，这种知识的出现是将之前隐含的东西显性化的结果。根据现象学最激进观念，一系列"呈现"取代了传统的"证明"或"论证"概念。而更谨慎的观点则认为，只有在现象得到恰当地"呈现"之后，才会形成一个可以确立其有效性的框架。在马克斯·舍勒（Max Scheler）的《同情的本质与形式》（*Essence and Forms of Sympathy*）中，"呈现"（Aufweisung）被描述为"现象学分析"的核心特例，是一种知识行为，研究者通过这种行为"让某些东西被感知或认识"（erkennen lassen）。马尔库塞借鉴了《存在与时间》中类似的 aufweisen 的用法，用该术语来描述所研究的理论知识（马克思主义基础情境）与日常人类存在或实践（历史行动）之间固有但被遮蔽的关系的复原。因此，这篇文章的"呈现"旨在干预知识的断裂循环：它们取出了日常知识（Erkenntnis 在日常意义上的用法）中一个已经变得模糊但仍然存在的存在元素，并通过分析让人们认识到这种存在元素的存在（erkannt als Erkenntnis），从而使其成为理论知识的一部分（Erkenntnis 在正式意义上的用法）。参见 Tat 和 Erkenntnis 的词汇表条目，注意与 Bestand 的对比。]

10. 卡尔·马克思：《德意志意识形态》（*Deutsche Ideologie*），收于《马克思恩格斯选集》第 1 卷，D. Rjazanov 主编，法兰克福：马克思恩格斯选集，1927，286. [《马克思恩格斯选集》（*The Marx-Engels Reader*）中的《德意志意识形态》（*The German Ideology*），197（译文有所改动）。]

11. 《德意志意识形态》（*Deutsche Ideologie*），295. [《马克思恩格斯选集》（*The Marx-Engels Reader*），191。]

12. 《德意志意识形态》（*Deutsche Ideologie*），251. [《马克思恩格斯选集》（*The Marx-Engels Reader*），160。]

13. 卡尔·马克思：《神圣家族》（*Die heilige Familie*），收于 Franz Mehring 编的《马克思和恩格斯的文学遗产》2 卷（*Aus dem literarischen Nachlaß v. Marx u. Fr. Engels 2*），斯图加特：Dietz 出版社，1920，132. [马克思：《神圣家族，或对布鲁诺·鲍威尔及其同僚的批判》（*The Holy Family, or, Critique of Critical Criticism: Against Bruno Bauer and Company*），Richard Dixon 和 Clemens Dutt 译，莫斯科：Progress 出版社，1970，43。]

14. 卡尔·马克思：《关于黑格尔法哲学的批判》（*Zur Kritik der Hegelschen Rechtsphilosophie*），收于《马克思恩格斯全集》（*Marx-Engels Gesamtausgabe*）第一部分，第一册，法兰克福：马克思恩格斯全集，1927，614. [《神圣家族》中"对黑格尔权利哲学批判的贡献：导言"，60。]

15. [参见词汇表中的 existential/existenziell 条目。]

16. 《德意志意识形态》（*Deutsche Ideologie*），229。[马尔库塞将《德意志意识形态》作为该引文的来源，但实际上它来自《关于费尔巴哈的提纲》，见《马克思恩格斯选集》，145。]

17. 《德意志意识形态》（*Deutsche Ideologie*），228. [根据上面的第 16 条注释，此处的来源也是《关于费尔巴哈的提纲》，见《马克思恩格斯选集》，144。]

18. 马克思：《全集》第 1 卷，237。[引文出自《德意志意识形态》原稿中的一处笔记（费尔巴哈部分开头），马克思后来将其划掉。英文中，这一短语的完整上下文只能在《德意志意识形态》的未删减版本中找到，S. Ryazanskaya 译（莫斯科：Progress 出版社，1964）。此处引用的是 Progress 出版社 1976 年第三次修订版的重印本（纽约：Prometheus Books 出版社，1998），34。]

19.《全集》第 1 卷，253。[《马克思恩格斯选集》(*The Marx-Engels Reader*) 中的《德意志意识形态》(*The German Ideology*)，162。]

20.《圣人马克思》(*Sankt Max*)，收于《社会主义文献》卷 4（*Dokumente des Sozialismus* 4）（斯图加特：Dietz 出版社，1902），369。[《德意志意识形态》(*The German Ideology*) 未删减版，308（译文有所改动）。]

21. [参见词汇表中的 Mensch 条目。]

22.《德意志意识形态》(*Deutsche Ideologie*)，237。[《德意志意识形态》(*The German Ideology*) 未删减版，149（译文有所改动）。]

23. 卡尔·马克思：《〈政治经济学批判〉导言》(*Einleitung zur Kritik politischen Ökonomie*)，收于《政治经济学批判》(*Zur Kritik politischen Ökonomie*) 第 10 版，Karl Kautsky 主编，柏林：Dietz 出版社，1924，XIV。[《政治经济学批判》中的《〈政治经济学批判〉导言》，S. W. Ryazanska 译，伦敦：Lawrence and Wishart 出版社，1971，189。]

24. "再生产"概念在《资本论》的后续经济分析中有了不同的含义。

25.《德意志意识形态》(*Deutsche Ideologie*)，245，同时参见 238。[《马克思恩格斯选集》(*The Marx-Engels Reader*) 中的《德意志意识形态》(*The German Ideology*)，156，149。]

26.《德意志意识形态》(*Deutsche Ideologie*)，239。[《马克思恩格斯选集》(*The Marx-Engels Reader*) 中的《德意志意识形态》(*The German Ideology*)，154（译文有所改动）。]

27.《德意志意识形态》(*Deutsche Ideologie*)，239。[《马克思恩格斯选集》(*The Marx-Engels Reader*) 中的《德意志意识形态》(*The German Ideology*)，154（译文有所改动）。]

28.《神圣家族》(*Die heilige Familie*)，195。[《神圣家族》(*The Holy Family*)，110。]

29.《德意志意识形态》(Deutsche Ideologie)，254。[《马克思恩格斯选集》中的《德意志意识形态》(The German Ideology)，172。]

30.[参见词汇表中的 Erbe 条目。]

31.《〈政治经济学批判〉导言》(Einleitung zur Kritik politischen Ökonomie)，ⅩⅩⅤ。[《〈政治经济学批判〉导言》(Introduction to A Contribution to the Critique of Political Economy)，190。]

32.《德意志意识形态》(Deutsche Ideolgie)，255。[《马克思恩格斯选集》(The Marx-Engels Reader)中的《德意志意识形态》(The German Ideology)，172。]

33.《神圣家族》(Die heilige Familie)，133。[《神圣家族》(The Holy Family)，44-45（译文有改动）。]

34.卡尔·马克思：《哲学的贫困》(Das Elend der Philosophie)，第5版，恩格斯编辑，爱德华·伯恩斯坦（Eduard Bernstein）与卡尔·考茨基（Karl Kautsky）翻译，斯图加特：Dietz 出版社，1913，109。[《哲学的贫困》(The Poverty of Philosophy)，纽约：International Publishers 出版社，1963，126（译文有改动）。]

35.卡尔·马克思：《关于费尔巴哈的提纲》("Thesen über Feuerbach")，收于《马克思恩格斯全集》卷1（Marx-Engels-Archiv 1），230。[《马克思恩格斯选集》(The Marx-Engels Reader)中的《关于费尔巴哈的提纲》("Theses on Feuerbach")，145。]

36.在下文中，我们将简明扼要地介绍《存在与时间》中对我们研究有决定性意义的思想。

37.[参见词汇表中的 Sein/Seiendes 条目。]

38.马丁·海德格尔：《存在与时间》(Sein und Zeit)，哈勒：Niemeyer 出版社，1927，7。[《存在与时间》(Being and Time)，27（译文有改动）。另见词汇表中的 Sein/Seiendes 条目。]

39.《存在与时间》(Sein und Zeit)，211。[《存在与时间》(Being and Time)，254。]

40.《存在与时间》(Sein und Zeit)，211。[《存在与时间》(Being and

Time），98。"上手状态"是海德格尔概念 Zuhandenheit 的译法。参见词汇表中的 vorhanden/zuhanden 条目。]

41.［参见词汇表中的 ursprünglich 条目。］

42.［这里"筹划"（making-provision）翻译为德语 Besorgung。该词与《存在与时间》中的一个核心定义有关，即将 Sorge（"操心"或"忧虑"）定位为"此在"（Dasein）在世界中存在的基本方式。海德格尔认为"操心"概念是基础性的，因此不应与仁慈混淆，而应将其理解为对事物或存在者的整体介入——这种介入不仅涵盖了"操心"概念中的所有情感内涵（如培养、兴趣、探究、仁慈等），还包括它们的对立面（如贪欲、厌恶、无知、恐惧等）。德语名词 Sorge 的动词形式有两种不同的含义：besorgen 既可以表示"关心"，如"你的父母非常关心你！"中的"关心"，也可以表示"获取"或"得到"，如"我出去获取了一些日用品"。后一种含义可能带有食欲性或侵略性的内涵，而前一种涵义则更具情感性和同情性。麦奎利（MacQuarrie）和罗宾逊（Robinson）在《存在与时间》一书中试图将 besorgen 翻译为"供给"（provisioning）或"提供"（making-provision）来表达这种双重含义。马尔库塞在"生活空间的供给"（Besorgung des Lebensraums）这一具有潜在爆炸性语言中引用了 Besorgung 这个概念，他这样做的原因似乎是试图让人们时刻意识到其完整的双重含义，与此同时，这种张力反过来又与他对马克思经济发展辩证法概念的理解密不可分。］

43.［这里的"常人"是对《存在与时间》中"人"（das Man）的翻译，海德格尔用这个词来指代不真实的"此在"（Dasein）。与法语中的 on 相似，德语中的 man 用于表示社会常规或非个人化的指令，如英语中 one simply does not do that（人们根本不这样做）。海德格尔通过给 man 这个词加上大写字母和定冠词，使得 das Man 强调了"常人"作为非本真的存在之声的力量。］

44.《存在与时间》（*Sein und Zeit*），118。[《存在与时间》，155（译文有改动）。]

45.［"本源"和"起源"都被用来翻译海德格尔的 Ursprünglichkeit 的概念。请参见词汇表中的 Ursprünglich。]

46.《存在与时间》(*Sein und Zeit*), 129。[《存在与时间》, 167。]

47.[德语单词 Geerbten 在这里被译为"继承的", 而 Erbe 则译为"继承"。请参见词汇表。]

48.《存在与时间》(*Sein und Zeit*), 283。[《存在与时间》(*Being and Time*), 434（译文有改动）。]

49.《存在与时间》(*Sein und Zeit*), 383。[《存在与时间》(*Being and Time*), 435（译文有改动）。]

50.《存在与时间》(*Sein und Zeit*), 385–86。[《存在与时间》(*Being and Time*), 436–37。]

51.《存在与时间》(*Sein und Zeit*), 384。[《存在与时间》(*Being and Time*), 436（译文有改动）。]

52.《存在与时间》(*Sein und Zeit*), 385。[《存在与时间》(*Being and Time*), 436。]

53.[虽然《存在与时间》中关于"历史哲学的历史性毁灭"的部分经常被用来描述海德格尔的后期作品，但是《存在与时间》的第二部分从未出版。]

54.《存在与时间》(*Sein und Zeit*), 117。[《存在与时间》(*Being and Time*), 153。]

55.[见上文注 42 关于 Sorge/Besorgen 的内容。]

56.[见《存在与时间》(*Sein und Zeit*), 438。]

57.["生活空间"是德语词汇 Lebensraum 的翻译。在马尔库塞首次发表的文章中，相比于其他概念，这一充满争议的术语被反复使用，这突显了他与 20 世纪 20 年代末魏玛保守主义革命话语之间的关系问题重重。尽管该术语本身在 1933 年纳粹党夺取政权后才进入德国成为流行词汇，但它在世纪之交时就由莱比锡地理学家弗里德里希·拉茨尔（Friedrich Ratzel）引入学术讨论，到了 20 世纪 20 年代末，它成为保守革命意识形态的重要组成部分。这个词的变体频繁出现在希特勒的《我的奋斗》(*Mein Kampf*, 1925) 中，虽然汉斯·格里姆（Hans Grimm）的小说《没有空间的人》(*Volk ohne Raum*, 1927) 没有使用该术语，但其混合了帝国主义和伪科学进化论的内容则使这一概念更加深入人心。

马尔库塞在 1928 年的《贡献》一文的读者所面临的问题是：既然马尔库塞必定意识到该概念的右翼意识形态含义，他为何将其用于自己的批判马克思主义的部分？马尔库塞在 1920 年代的著作也是魏玛共和国时期生活哲学（Lebensphilosophie）和现象学对实证主义和新康德主义反抗的一部分。在他早期关于德国艺术小说的博士论文中，"生活"（Leben）概念发挥了重要作用，而在他的黑格尔资格论文中，"生活"也是一个关键概念。与他那一代的许多人一样，马尔库塞对"生活"这一哲学概念产生了兴趣，因为它表达了对 19 世纪下半叶和 20 世纪头几十年中欧洲现代化和理性化的快速而矛盾的进程的不满。（这里可以联想到马克斯·韦伯将理性化分析为一种"铁笼"，或乔治·卢卡奇重新诠释马克思的物化概念。）

在 20 世纪头几十年，现象学运动也试图重拾所谓因社会理性化和科学中的僵化客观主义而失去的"纯粹体验"的"生活世界"。在这一背景下，可以想到海德格尔关于此在作为"在世之在"（being-in-the-world）的讨论，或者他在《存在与时间》（*Being and Time*）一书中对抽象笛卡尔空间（Raum）的批判。马尔库塞使用这个概念来指代空间，既不是指笛卡尔意义上的抽象空间，也不是指拉茨尔和国家社会主义者提出的明显具有意识形态意义和伪生物学意义上的空间，而是指完全浸润在人的"此在"历史性之中的空间。马尔库塞比海德格尔走得更远——通过此举表明了他与保守革命话语的根本区别——他认识到生活空间并不是单一而特殊的"命运共同体"，而是充满着社会矛盾，这些矛盾只有通过一个普遍主体才能得到解决（例如参见第 23 页及后）。尽管如此，马尔库塞并没有像他的未来同事马克斯·霍克海默那样迅速意识到生活话语为保守革命目的服务的危险性。直到 1933 年之后，海德格尔、卡尔·施密特以及马尔库塞口中的其他"政治存在主义"理论家对理性的斗争已经"将他们盲目推向统治者的怀抱"，马尔库塞才重新审视理性主义传统的批判潜力。这一重新审视在他 1941 年的《理性与革命》（*Reason and Revolution*）中达到了高潮，在此书中，他为黑格尔的批判性、否定性和辩证理性主义作出了辩护。

有关马尔库塞与魏玛德国保守革命话语的关系讨论，见阿尔丰斯·索尔纳（Alfons Söllner）的《保守革命的左翼弟子：奥托·基尔希海默和赫伯特·马尔库塞在魏玛共和国最后几年的政治理论》("Disciples de gauche de la révolution conservatrice: La théorie politique d'Otto Kirchheimer et de Herbert Marcuse dans les dernières années de la République de Weimar"),收于《魏玛或现代性的爆炸》(*Weimar ou l'explosion de la modernité*),由杰拉尔·劳莱特(Gérard Raulet)编,巴黎:Editions 出版社,1984,113—130;杰拉尔·劳莱特的《年轻马尔库塞的"共同体"》("Die 'Gemeinschaft' beim jungen Marcuse"),收于《魏玛共和国的知识分子话语:一种混合文化的政治文化》(*Intellektuellendiskurse in der Weimarer Republik: Zur Politischen Kultur einer Gemengelag*),由曼弗雷德·甘格尔(Manfred Gangl)和杰拉尔·劳莱特编,达姆施塔特:科学出版社,1994,97—110;约翰·阿布罗米特(John Abromeit)的《赫伯特·马尔库塞与马丁·海德格尔的批判性遭遇,1927—33》("Herbert Marcuse's Critical Encounter with Martin Heidegger, 1927-33"),收于《赫伯特·马尔库塞:批判性读本》,由约翰·阿布罗米特和W. 马克·科布(W. Mark Cobb)编,伦敦:劳特利奇,2004。关于霍克海默于1920年代末对生命论和现象学的专制倾向的批判,见他的《文集》(*Gesammelte Schriften*),第10卷,317—333和377—419。有关马尔库塞对1933年后"政治存在主义"的批判,见《极权主义国家观中与自由主义的斗争》("The Struggle Against Liberalism in the Totalitarian View of the State"),收于《否定:批判理论论文集》(*Negations: Essays in Critical Theory*),由杰里米·夏皮罗(Jeremy Shapiro)翻译,波士顿:灯塔出版社,1968,3—42。]

58. [威廉·狄尔泰(Wilhelm Dilthey):《人文科学中的历史世界的形成》(*The Formation of the Historical World in the Human Sciences*),由鲁道夫·A. 马克雷尔(Rudolf A. Makkreel)和弗里茨·罗迪(Frithjof Rodi)编,鲁道夫·A. 马克雷尔、约翰·斯坎伦(John Scanlon)和威廉·H. 奥曼(William H. Oman)翻译,普林斯顿:普林斯顿大学出版社,2002。]

59. [这是马尔库塞首次使用"物质内容"一词,译自德语词汇 materiale Bestand。马尔库塞使用了海德格尔词汇中一个重要词汇的变体来表示时间性,即"持存性"(Bestand)。在海德格尔的整个哲学中,Bestand 一词是指构成此在环境（Umwelt）的始终存在的对象和实体（Seiende）的总和。这个词源自常见的德语动词 bestehen，其第一个含义是"保持""持续"或"随时间存在"。这一主要的时间意义与其第二个主要含义相关联，后者指的是事物的人工或物理成分，即它们由离散元素"构成"或"存续"的状态。Bestehen 最常见名词形式是 Bestand，在德语中意为"持续存在"（例如建筑物或机构），同时也可以指"库存"或"储备"的意思，即未来活动或力量的源泉。最后，Bestand 常常作为复合词的末尾元素，用以表示与相关"一组"事物有关的现状，例如在 Tatbestand（哲学中的事实状态）或 Lehrbestand（知识的当前状态）这一短语中。

在《存在与时间》的词汇中，这些相互关联的含义在阐述"此在"如何以其主要的操心和占有的态度，在其历史性和事实性中，发现自己已与世界和一系列具体的参与发生着关系，并且与 Bestand 相联系时发挥着微不足道的作用。在海德格尔 20 世纪 30 年代的著作中，Bestand（常译作"持存性"）一词发挥了重要的作用，它指的是世界、自然乃至人类存在本身被历史性地转化为技术"原材料"的整个过程。]

60. 威廉·狄尔泰（Wilhelm Dilthey）：《人文科学中的历史世界的形成》（*Der Aufbau der geschichtlichen Welt in den Geisteswissenschaften*，莱比锡：图布纳出版社，1927，287—288.）[《人文科学中的历史世界的形成》（*The Formation of the Historical World*），307（译文有改动）。]

61. 《〈政治经济学批判〉导言》（*Einleitung zur Kritik politischen Ökonomie*），xlⅲ。[《〈政治经济学批判〉导言》（*A Contribution to the Critique of Political Economy*），212。]

62. 弗里德里希·恩格斯：《路德维希·费尔巴哈与德国古典哲学的终结》（*Ludwig Feuerbach und der Ausgang der klassischen Deutschen Philosophie*），由赫尔曼·邓克尔（Hermann Duncker）编辑，《马克思主义文库：马克思列宁主义文集》第 3 卷，维也纳：文学与政治出版社，1927，52。[《路德维希·费尔巴哈与德国古典哲学的终结》（*Ludwig Feuerbach and the Outcome of Classic German Philosophy*），纽约：国际出版社，1941，44。]

63. [列宁：《文选》（*Sammelband*），收于《为社会革命而战》（*Der Kampf*

um die soziale Revolution),维也纳:文学与政治出版社,1925,623。][此处的翻者为埃里克·奥伯勒(Eric Oberle)。这是对普列汉诺夫(Plekhanov)的引用,列宁暗示他从黑格尔那里借鉴了这一句话。]

64. 卡尔·马克思:《后记》("Nachwort"),收于《资本论》(*Capital*,柏林:Dietz 出版社,1923,xlviii。[《资本论》第一卷的"后记",本·福克斯(Ben Fowkes)翻译,纽约:Vintage 出版社,1977,103。]

65. [参见词汇表 Tätigkeit 和 Tun 的条目。]

66. 恩格斯:《自然的辩证法》(*Dialektik und Natur*),收于《马克思恩格斯全集》第 2 卷,法兰克福:马克思恩格斯全集,1927。[《自然的辩证法》(*Dialectics of Nature*),克莱门斯·杜特(Clemens Dutt)编辑和翻译,纽约:国际出版社,1960。]

67. [参见威廉·狄尔泰(Wilhelm Dilthey)《人文科学导论》(*Introduction to the Human Sciences*),鲁道夫·A. 马克雷尔(Rudolf A. Makkreel)和弗里茨·罗迪(Frithjof Rodi)编辑和翻译,普林斯顿:普林斯顿大学出版社,1989。]

68. 卡尔·李卜克内西(Karl Liebknecht):《社会发展运动规律的研究》(*Studien über die Bewegungsgesetze der Gesellschaftlichen Entwicklung*,慕尼黑:Wolff 出版社,1922,尤其参见第 95 页及之后。

69. 《社会发展运动规律的研究》,98。

70. [参见注释 57,第 1 章。]

71. [参见词汇表 Ontologie 的词汇表条目。]

72. 《存在与时间》(*Sein und Zeit*),389。

73. 《关于费尔巴哈的提纲》(*Thesen über Feuerbach*),收于《全集》第 1 卷,227。[《关于费尔巴哈的提纲》,收于《马克思恩格斯选集》(*The Marx-Engels Reader*),143。]

2. 论具体哲学

1. 这些评论试图从海德格尔在《存在与时间》这本书中为现象学哲学所确定的立场出发，论证具体哲学在当前形势下的可能性及其必要性。具体哲学只能通过其成就才能实际证明其价值。以下评论不旨在取代它；它们只是试图防止具体哲学的某些部分，在它们实际存在的范围内不断地被斥为"非哲学的"，或者充其量是"真正"哲学的插曲。

2. ［参阅词汇表条目 Sein（being）和 Mensch（man）。］

3. ［参阅词汇表条目 Erkenntnis/Erkennen/Wissen。］

4. 在下文中，"真理"总是只在存在的本质真实条件的暗示意义上使用，换句话说，不是指单纯的"准确性"，这些"准确性"从未涉及此在的存在及其存在模式。

5. ［关于海德格尔所认为的这两个术语之间词源亲缘关系的哲学意义，请参阅词汇表中对 Geschehen 的讨论。］

6. ［参阅词汇表条目 Ontologie 和 Geschichtlichkeit（historicity）。］

7. 关于这些关系，参阅卢卡奇的《历史与阶级意识》（*Geschichte und Klassenbewufitsein：Studien uber marxistische Dialektik*，Berlin：Malik，1923，94ff.）［《历史与阶级意识》，83ff。］

8. 关于这个话题，参阅《对历史唯物主义现象学的贡献》。［本书第 1 篇文章。］

9. ［参阅词汇表条目 Wissenschaft。］

10. 克尔凯郭尔（Soren Kierkegaard），*Bogem on Adler*，in *Der Begriff des Auserwahlten*，Theodor Haeker 译，Innsbruck：Brenner，1926，94，101. ［《论权威与启示：阿德勒之书，或伦理—宗教论文集》，Walter Lowrie 译，普林斯顿：普林斯顿大学出版社，1966，63，66（译文有改动）。］

11. 参阅本书第一篇文章注 43。

3. 论辩证法问题

1. 齐格弗里德·马尔克（Siegfried Marck），*Die Dialektik in der Philosophic der Gegenwart*, half-vol. 1, 图宾根：Mohr, 1929.［《当代哲学中的辩证法》］

2. *Die Dialektik* 1, iii.

3. ［参阅词汇表条目 Sein 和 Seiendes。］

4. 斯坦泽尔（Julius Stenzel），*Studien zur Entwicklung der Platonischen Dialektik von Sokrates zu Aris-toteles*（Breslau：Trewendt and Granier, 1917）.［《柏拉图的辩证法》，D. J. Allan 编辑并翻译，牛津：Clarendon, 1940).］

5. ［参阅词汇表条目 Bewegtheit。］

6. ［柏拉图：《泰阿泰德篇》，收于《柏拉图全集》John Cooper 编，M. J. Levett 译，Myles Burnyeat 修订，Hackett：Indianapolis IN, 1997, I52d（译文有改动）。］

7. ［柏拉图：《斐勒布篇》，收于《柏拉图全集》，Dorothea Frede 译, 15a.］

8. ［在这里以及其他地方，determination 被用来翻译黑格尔的 Bestimmung 概念。参阅词汇表条目 Bestimmung/Bestimmtheit/Definition。］

9. ［参阅词汇表条目 Erkenntnis/Erkennen/Wissen。］

10. *Die Dialektik* 1, 23ff.

11. ［《斐勒布篇》，26e - 27b。］

12. 我们不需要讨论柏拉图辩证法与揭示存在的口头论证和反论证在本质上的必然联系，因为辩证法的这一意义在其进一步发展中完全丧失了，只有在希腊世界中它才能有效。

13. ［参阅词汇表条目 Geschichtlichkeit。］

14. ［马尔库塞在此插入。］

15. 黑格尔：《精神现象学》（*Phanomenologie des Geistes*），第 2 卷，收于《全集》（*Sämtliche Werke*），Georg Lasson 编，莱比锡：Meiner, 1928, 31.［黑格尔的《精神现象学》，A. Miller 译，牛津：克拉伦登出版社，1977, 27（译文有

修改)。]

16. *Phanomenologie des Geistes*, 36.［《精神现象学》, 32。］

17. 黑格尔：《逻辑学》第 3—4 卷, 收于《全集》(*Sdmtliche Werke*), Georg Lasson 编, 莱比锡：Meiner, 1923, 36。[黑格尔的《逻辑学》, A. V. Miller 译, 伦敦：Allen and Unwin, 1969, 54 (译文有修改)。]

18. *Wissenschaft der Logik*, 36.［《逻辑学》, 54 (译文有修改)。］

19. *Phdnomenologie des Geistes*, 20.［《精神现象学》, 17.（括号内的插入是马尔库塞的)。]

20. [参阅词汇表条目 Geschehen。]

21. 海德格尔 (Martin Heidegger), *Vom Wesen des Grundes*, Halle：Niemeyer, 1929;《康德与形而上学问题》(*Kant und das Problem der Metaphysik*), Bonn：Cohn, 1929. [《理性的本质》, Terrence Malick 译, 伊文斯顿：西北大学出版社, 1969;《康德与形而上学问题》, Richard Taft 译, 伯明顿：印第安纳大学出版社, 1997。]

22. *Die Dialektik* 1, 122ff.

23. *Die Dialektik* 1, 131ff.

24. 齐格弗里德·马克 (Siegfried Marck), *Die Dialektik in der Philosophic der Gegenwart*, half-vol. 2, Tubingen：Mohr, 1931.

25. *Die Dialektik* 2, 89.

26. *Die Dialektik* 2, 88ff.

27. *Die Dialektik* 2, 95.

28. *Die Dialektik* 2, 95ff, 5ff.

29. *Die Dialektik* 2, 91.

30. *Die Dialektik* 2, 91.

31. *Die Dialektik* 2, 95.

32. *Die Dialektik* 2, 94.

33. [参阅词汇表条目 Vergegenständlichung/Verdinglichung/Gegenständlichkeit。]

34. [参阅词汇表条目 Verhalten/sich verhalten。]

35. 黑格尔:《黑格尔早期神学著作》(*Hegels Theologische Jugendschriften*), Herman Nohl 编, Tubingen: Mohr, 1907, 303. [《早期神学著作》, T. M. Knox 译, 费城: 宾夕法尼亚大学出版社, 1971, 254。]

36. *Die Dialektik* 2, 95.

37.《精神现象学》(*Phdnomenologie des Geistes*), 第2卷, 收于《全集》, Hermann Glockner 编, 斯图加特: Frommann, 1927, 134—140. [《精神现象学》, 106—111。]

38. *Die Dialektik* 2, 90.

39.《逻辑学》(Wissenschaft der Logik)引言。[《逻辑学》, 50(译文有改动)。]

40. *Die Dielektik* 2, 95.

41. *Die Dialektik* 2, 96.

42. *Die Dialektik* 2, 97.

43. Richard Honigswald, *Die Grundlagen der Denkpsychologie: Studien und Analysen*, Munchen: Reinhardt, 1921. [《思维心理学基础》]

44. *Die Dialektik* 2, 16.

45. *Die Dialektik* 2, 21.

46. *Die Dialektik* 2, 23.

47. *Die Dialektik* 2, 25. [参阅词汇表条目 *Vergegenständlichung*。]

48. *Die Dialektik* 2, 25.

49. *Die Dialektik* 2, 6.

50. *Die Dialektik* 2, 12.

51. *Die Dialektik* 2, 17.

52. *Die Dialektik* 2, 20.

53. [《纯粹理性批判》, Norman Kemp Smith 译, 伦敦: 麦克莱伦, 1961, 300。]

54. *Die Dialektik* 2, iii.

55. *Die Dialektik* 2, ii.

56. 本文第一部分提到的斯坦泽尔的文章和伽达默尔的书（尤其是第一章）与此有关，*Platos dialektische Ethik：Phanomenologische Interpretation en zum "Philebos"*，莱比锡：Meiner，1931。[《柏拉图辩证伦理学：与〈斐莱布篇〉有关的现象学解释》，Robert Wallace 译，纽黑文：耶鲁大学出版社，1991。]

57. *Wissenschaft der Logik*，414。[《逻辑学》，762（译文有改动）。]

58. *Wissenschaft der Logik*，423。[《逻辑学》，769（译文有改动）。]

59. *Wissenschaft der Logik*，425。[《逻辑学》，771-72（译文有改动）。]

60. *Die Dialektik* 2，6。

61. *Die Dialektik* 2，12。

62. G. W. F. Hegel，*Enzyklopadiederphilosophischen Wissenschaften im Grundrisse，undAndere Schriften aus der Heidelberger Zeit*，in *Samtliche Werke*，vol. 6，ed. Hermann Glockner，Stuttgart：Frommann，1927，136。[《黑格尔的逻辑：译自〈哲学科学百科全书〉》，William Wallace 译，牛津：克拉伦登，1874，315（译文有修改）。]

63. [关于马尔库塞对黑格尔"行动"概念的占有，参阅词汇表条目 Tun/Tatigkeit。]

64. *Phanomenologie des Geistes*（*Glockner*），305。[《精神现象学》，245（译文有修改）。]

65. *Phanomenologie des Geistes*（*Glockner*），314。[《精神现象学》，253（译文有修改）。]

66. [参阅词汇表条目 aufheben。]

67. [参阅本书第一篇《对历史唯物主义现象学的贡献》注 2。]

68. *Phanomenologie des Geistes*（*Glockner*），148ff。[《精神现象学》，118-19。]

69. *Phanomenologie des Geistes*（*Glockner*），151。[《精神现象学》，120（译文已修改）。]

70. *Phanomenologie des Geistes*（*Glockner*），149。[《精神现象学》，118—119（译文已修改）。]

71. *Phanomenologie des Geistes*（*Glockner*），149．［《精神现象学》，118 - 119（译文已修改）。］

72. *Die Dialektik* 2，170．

73. *Phanomenologie des Geistes*（*Glockner*），265；also 267 and 332ft.［《精神现象学》，212（译文已修改）；也请参阅 214 and 267。］

74. *Phanomenologie des Geistes*（*Glockner*），373 ff．［《精神现象学》，301。］

75. *Phanomenologie des Geistes*（*Glockner*），223．［《精神现象学》，178。］

76. *Phanomenologie des Geistes*（*Glockner*），223．［《精神现象学》，178。］

4. 论创立历史唯物主义基础的新材料

1. *Ökonomisch-philosophischen Manuskripte von Jahr 1844*，in *Marx-Engels-Gesamtausgabe*，half-vol. 3, sect. i, ed. D. Rjazanov, Frankfurt：Marx-Engels-Archiv, 1932．它几乎同时以《国民经济学与哲学》为题出版，收于 *Der Historische Materialismus：Die Fruhschriften*，S. Landshut and J. P. Mayer 编，莱比锡：Kroner, 1932, 283 ff。这个版本缺少了一个片段（但对于整体的理解几乎是不产生影响）。缺失的部分在"初稿的完整版"的第 39—94 页进行了重印。

2. ［参阅词汇表条目 Vergegenständlichung（objectification），Entäußerung（alienation），和 Aufhebung（sublation）。］

3. *Ökonomisch-philosophischen Manuskripte*，153．［《1844 年经济学哲学手稿》，Dirk J. Struik 编，Martin Milligan 译，伦敦：国际出版社，1970，173。］

4. ［参阅词汇表 Wesen。］

5. *Ökonomisch-philosophischen Manuskripte*，34．［《1844 年经济学哲学手稿》，64。］

6. ［参阅词汇表条目 Wissenschaft。］

7. ［参阅词汇表条目 Mensch（man），Wesen（essence）and Bestimmung（determination）.］

8. *Ökonomisch-philosophischen Manuskripte*, 114. [《1844 年经济学哲学手稿》, 135。]

9. *Ökonomisch-philosophischen Manuskripte*, 109. [《1844 年经济学哲学手稿》, 130。]

10. *Ökonomisch-philosophischen Manuskripte*, 81. [《1844 年经济学哲学手稿》, 106。]

11. [参阅词汇表条目 Tätigkeit（activity）.]

12. *Ökonomisch-philosophischen Manuskripte*, 77. [《1844 年经济学哲学手稿》, 102。]

13. *Ökonomisch-philosophischen Manuskripte*, 82. [《1844 年经济学哲学手稿》, 107。]

14. *Ökonomisch-philosophischen Manuskripte*, 参见 p.39 的表格。[《1844 年经济学哲学手稿》, 7。]

15. *Ökonomisch-philosophischen Manuskripte*, 俄罗斯出版商的注解, 38。

16. *Ökonomisch-philosophischen Manuskripte*, 91. [《1844 年经济学哲学手稿》, 117。]

17. *Ökonomisch-philosophischen Manuskripte*, 91. [《1844 年经济学哲学手稿》, 117。]

18. *Ökonomisch-philosophischen Manuskripte*, 117-18. [《1844 年经济学哲学手稿》, 138-39（译文有改动）。]

19. *Ökonomisch-philosophischen Manuskripte*, 121. [《1844 年经济学哲学手稿》, 142（译文有改动）。]

20. *Ökonomisch-philosophischen Manuskripte*, 112. [《1844 年经济学哲学手稿》, 133。]

21. *Ökonomisch-philosophischen Manuskripte*, 111. [《1844 年经济学哲学手稿》, 132。]

22. *Ökonomisch-philosophischen Manuskripte*, 111-12. [《1844 年经济学哲学手稿》, 133。]

23. *Ökonomisch-philosophischen Manuskripte*, 82 - 83. [《1844年经济学哲学手稿》, 107 - 8。]

24. *Ökonomisch-philosophischen Manuskripte*, 42. [《1844年经济学哲学手稿》, 68。]

25. *Ökonomisch-philosophischen Manuskripte*, 44. [《1844年经济学哲学手稿》, 70。]

26. *Ökonomisch-philosophischen Manuskripte*, 83. [《1844年经济学哲学手稿》, 108。]

27. *Ökonomisch-philosophischen Manuskripte*, 41. [《1844年经济学哲学手稿》, 67。]

28. *Ökonomisch-philosophischen Manuskripte*, 83. [《1844年经济学哲学手稿》, 108。]

29. *Ökonomisch-philosophischen Manuskripte*, 83. [《1844年经济学哲学手稿》, 108。]

30. "物化"指的是由于劳动对象的丧失和工人的异化而导致的"人类现实"的一般状况，这种状况在资本主义的货币和商品世界中得到了"经典"的体现。因此，"物化"和"外化"之间有着明显的区别（后者将在下文中更全面地讨论）。物化是一种具体的（"异化的""不真实的"）对象化模式。

31. *Ökonomisch-philosophischen Manuskripte*, 83 - 84. [《1844年经济学哲学手稿》, 108 - 109。]

32. *Ökonomisch-philosophischen Manuskripte*, 91. [《1844年经济学哲学手稿》, 117。]

33. *Ökonomisch-philosophischen Manuskripte*, 91. [《1844年经济学哲学手稿》, 117。]

34. [参阅词汇表条目 Ontologie。]

35. *Ökonomisch-philosophischen Manuskripte*, 145, 作者括号标注。[《1844年经济学哲学手稿》, 165。] 比较一下费尔巴哈的这段话，它显然奠定了所引句子的基础："人类的感情没有旧的先验哲学意义上的经验学或人类学的意义；它们具有本体论和形而上学的意义。"费尔巴哈：《未来哲学原理》（*Grundsdtze der Philosophie der Zukunft*），收于《全集》第2卷，*Samtliche Werke*，莱比锡：Wigand, 1846, 324（§33）。[未来哲学原理，Manfred Vogel 译，Indianapolis in：Hackett, 1986, 53（§33）。]

36. *Ökonomisch-philosophischen Manuskripte*, 157, 168, 87-88. [《1844年经济学哲学手稿》，177, 188, 113。]

37. 比较一下黑格尔的段落：自为存在"通过劳动进入自身"。在劳动中，工人的意识"被外化并进入永恒的状态"，"在劳动中，意识作为所形成的事物的形式，成为自身的对象"。（*Phanomenologie des Geistes*[Glockner], 148-50.）[《精神现象学》，117-119。]

38. 关于这些问题更详细的讨论，请读者参阅拙著对黑格尔"劳动"概念的广泛解释（Frankfurt：Klostermann, 1932）。[《黑格尔的本体论与历史理论》。] 另外参阅在新版中黑格尔的劳动定义（*Jenenser Realphilosophie 2*, Leipzig: Meiner, 1931-1932, 尤其是 pp. 213ff.）。

39. *Ökonomisch-philosophischen Manuskripte*, 88. [《1844年经济学哲学手稿》，113。]

40. *Ökonomisch-philosophischen Manuskripte*, 87-89；159-63. [《1844年经济学哲学手稿》，112—114；179—183。]

41. *Ökonomisch-philosophischen Manuskripte*, 114, 116, 160. [《1844年经济学哲学手稿》，135, 137, 181。]

42. [《1844年经济学哲学手稿》，236，注释2（马尔库塞没有注明这句话的出处）。]

43. *Ökonomisch-philosophischen Manuskripte*, 34. [《1844年经济学哲学手稿》，64。]

44. *Ökonomisch-philosophischen Manuskripte*, 152. [《1844年经济学哲学手稿》，172。]

45. *Ökonomisch-philosophischen Manuskripte*, 87. [《1844年经济学哲学手稿》，112。]

46．［参阅词汇表条目 Sein/Seindes（being/be-ing）。］

47．*Ökonomisch-philosophischen Manuskripte*，88．［《1844 年经济学哲学手稿》，114。］

48．*Ökonomisch-philosophischen Manuskripte*，87．［《1844 年经济学哲学手稿》，112。］

49．*Ökonomisch-philosophischen Manuskripte*，87．［《1844 年经济学哲学手稿》，112。］

50．*Ökonomisch-philosophischen Manuskripte*，88．［《1844 年经济学哲学手稿》，113。］

51．*Ökonomisch-philosophischen Manuskripte*，88．［《1844 年经济学哲学手稿》，113。］

52．*Ökonomisch-philosophischen Manuskripte*，88．［《1844 年经济学哲学手稿》，114。］

53．参阅 *Phanomenologie des Geistes*（Glockner），136［《精神现象学》，107］，拙著《黑格尔的本体论》中第 234 页往后的"无机性"概念。［《黑格尔的本体论》，207ff。］

54．*Ökonomisch-philosophischen Manuskripte*，89．［《1844 年经济学哲学手稿》，114。］

55．*Ökonomisch-philosophischen Manuskripte*，114，160．［《1844 年经济学哲学手稿》，135，181。］

56．*Ökonomisch-philosophischen Manuskripte*，159．［《1844 年经济学哲学手稿》，180。］

57．*Ökonomisch-philosophischen Manuskripte*，160-61．［《1844 年经济学哲学手稿》，181-82。］

58．*Ökonomisch-philosophischen Manuskripte*，159．［《1844 年经济学哲学手稿》，180。］

59．*Ökonomisch-philosophischen Manuskripte*，160．［《1844 年经济学哲学手稿》，180。］

60. *Ökonomisch-philosophischen Manuskripte*, 161.［《1844年经济学哲学手稿》，181。］

61. *Ökonomisch-philosophischen Manuskripte*, 123.［《1844年经济学哲学手稿》，143。］

62. ［《纯粹理性批判》，65（§B 33）。］

63. *Grundsatze der Philosophie der Zukunft*, 309.［《未来哲学原理》，40。］

64. *Grundsatze der Philosophie der Zukunft*, 321-22.［未来哲学原理，51。］

65. "Vorläufige Thesen zur Reform der Philosophie"［《关于哲学改造的临时纲要》］，收于《全集》(*Sämtliche Werke*)，第2卷，257。

66. "Vorläufige Thesen zur Reform der Philosophie"［《关于哲学改造的临时纲要》］，256-57.

67. *Ökonomisch-philosophischen Manuskripte*, 160.［《1844年经济学哲学手稿》，181。］

68. *Ökonomisch-philosophischen Manuskripte*, 161.［《1844年经济学哲学手稿》，182。］

69. *Ökonomisch-philosophischen Manuskripte*, 161.［《1844年经济学哲学手稿》，182。］激情的本体论概念在费尔巴哈那里也有类似的发现，见 *Grundsatze der Philosophie der Zukunft*, 323.［未来哲学原理，53。］

70. *Ökonomisch-philosophischen Manuskripte*, 123.［《1844年经济学哲学手稿》，144。］

71. 《1844年经济学哲学手稿》，165（马尔库塞没有注明这句话的出处）。

72. *Ökonomisch-philosophischen Manuskripte*, 156.［《1844年经济学哲学手稿》，177。］

73. 参阅，例如，"Vorläufige Thesen zur Reform der Philosophic"［《关于哲学改造的临时纲要》］，258, and *Grundsatze der Philosophie der Zukunft*, 337 ［《未来哲学原理》，65］。在费尔巴哈那里无疑存在着更深刻确定性的迹象，但没有得到贯彻。例如，比较"抵抗"的概念（321ff.［51］）等。

74. *Ökonomisch-philosophischen Manuskripte*, 160. [《1844年经济学哲学手稿》, 181。]

75. [《1844年经济学哲学手稿》, 144。（马尔库塞没有注明这句话的出处）。]

76. *Ökonomisch-philosophischen Manuskripte*, 89. [《1844年经济学哲学手稿》, 114。]

77. 参阅《神圣家族》中的全面表述："作为人的存在或人的客观存在的对象，同时也是人对其他人的存在，他与其他人的关系，人与人的社会关系。"（*Die Heilige Familie und Schriften von Marx von Anfang 1844 bis Anfang 1845*, in Marx-Engels Gesamtausgabe, half-vol. 3, sect. 1, Berlin：Marx-Engels-Archiv, 1932, 213.）[《神圣家族》, 60。]

78. *Ökonomisch-philosophischen Manuskripte*, 115. [《1844年经济学哲学手稿》, 136。]

79. *Ökonomisch-philosophischen Manuskripte*, 162, 125. [《1844年经济学哲学手稿》, 182, 145。]

80. *Ökonomisch-philosophischen Manuskripte*, 125. [《1844年经济学哲学手稿》, 145。]

81. [参阅词汇表条目 Geschehen。]

82. 费尔巴哈指出："人不是像动物那样是一种特殊的存在，而是一种普遍的存在；那么，他就不是一种有限的和受限制的存在，而是一种无限的和自由的存在，因为普遍性、绝对性和自由是不可分割的。这种自由不在于一种特殊的能力……[而是]扩展到……人的全部存在。"（*Grundsatze der Philoso-phie der Zukunft*, 342.）[《未来哲学原理》, 69。]

83. *Ökonomisch-philosophischen Manuskripte*, 171. [《1844年经济学哲学手稿》, 192（译文有改动）。]

84. [参阅词汇表条目 Verhalten/sich verhalten。]

85. *Ökonomisch-philosophischen Manuskripte*, 88. [《1844年经济学哲学手稿》, 113。参阅词汇表条目 Bestimmtheit（"determinacy"）。]

86. *Ökonomisch-philosophischen Manuskripte*，88，115 - 16，88。[《1844年经济学哲学手稿》，113，136—37，113。参阅词汇表。]

87. [参阅词汇表条目 Bestimmung。]

88. *Ökonomisch-philosophischen Manuskripte*，118。[《1844年经济学哲学手稿》，139。]

89. *Ökonomisch-philosophischen Manuskripte*，119。[《1844年经济学哲学手稿》，140。]

90. *Ökonomisch-philosophischen Manuskripte*，86。[《1844年经济学哲学手稿》，111。]

91. *Ökonomisch-philosophischen Manuskripte*，86。[《1844年经济学哲学手稿》，111。]

92. *Ökonomisch-philosophischen Manuskripte*，118。[《1844年经济学哲学手稿》，139。]

93. [参阅词汇表条目 Geschichtlichkeit。]

94.《德意志意识形态》在谈到《德法年鉴》的批判时说："由于当时这是在哲学用语中进行的，传统上出现的哲学表达，如'人的本质''类'等，给德国理论家提供了所需的借口……认为这里又是一个问题，只是给他们的理论带来了新的变化"(*Der Historische Materialismus* 2，225.）[《德意志意识形态》(未删减版)，259。]

95. *Ökonomisch-philosophischen Manuskripte*，88。[《1844年经济学哲学手稿》，113。]

96. *Ökonomisch-philosophischen Manuskripte*，90。[《1844年经济学哲学手稿》，115。]

97. [《1844年经济学哲学手稿》，117（马尔库塞没有注明这句话的出处）。]

98. *Ökonomisch-philosophischen Manuskripte*，114。[《1844年经济学哲学手稿》，136。]

99. *Ökonomisch-philosophischenManuskripte*，114 - 15。[《1844年经济学哲学手稿》，136 - 37。]

100. *Ökonomisch-philosophischen Manuskripte*, 117-18. [《1844年经济学哲学手稿》,138—139。]

101. 这种从外在于人的国家到人与人之间关系的转变,再次说明了马克思理论的新问题:马克思强调,当亚当·斯密承认劳动是经济学的"原则"时,这种提出问题的方式就已经进入了传统的政治经济学,但它的真正意义又立即被完全掩盖了,因为这种政治经济学"只是制定了被异化的劳动的规律",强调是本书作者标注(92 [117])。

102. *Ökonomisch-philosophischen Manuskripte*, 107. [《1844年经济学哲学手稿》,128。]

103. *Ökonomisch-philosophischen Manuskripte*, 93. [《1844年经济学哲学手稿》,119。]马克思在《德意志意识形态》中猛烈抨击了"真正的人类财产"的概念(特别是在他对"真正的社会主义者"的论战中,*Deutsche Ideologie*, pp. 500-501 [516-117]);在这里,在马克思的革命理论基础上,这个概念的意义显然与施蒂纳和"真正的社会主义者"的意义完全不同。

104. *Ökonomisch-philosophischen Manuskripte*, 93. [《1844年经济学哲学手稿》,118。]

105. *Ökonomisch-philosophischen Manuskripte*, 145. [《1844年经济学哲学手稿》,165。]

106. [《1844年经济学哲学手稿》,138—139(马尔库塞没有注明这句话的出处)。]

107. *Ökonomisch-philosophischen Manuskripte*, 118. [《1844年经济学哲学手稿》,138。]

108. *Ökonomisch-philosophischen Manuskripte*, 119. [《1844年经济学哲学手稿》,140。]

109. *Ökonomisch-philosophischen Manuskripte*, 117. [《1844年经济学哲学手稿》,137-38。]

110. *Ökonomisch-philosophischen Manuskripte*, 134. [《1844年经济学哲学手稿》,154。]

111. *Ökonomisch-philosophischen Manuskripte*, 93. [《1844年经济学哲学手稿》, 118—119。]

112. *Ökonomisch-philosophischenManuskripte*, 90-91. [《1844年经济学哲学手稿》, 116—117。]

113. *Ökonomisch-philosophischen Manuskripte*, 156。[《1844年经济学哲学手稿》, 177。]

114. *Ökonomisch-philosophischen Manuskripte*, 91, 强调是本书作者标注的。[《1844年经济学哲学手稿》, 116。]

115. *Ökonomisch-philosophischen Manuskripte*, 90. [《1844年经济学哲学手稿》, 115。]

116. *Ökonomisch-philosophischen Manuskripte*, 90-91. [《1844年经济学哲学手稿》, 116—117。]

117. *Phdnomenologie des Geistes* (Glockner), 145ff. [《精神现象学》, 115ff] 我在文章《论辩证法的问题》中也进行了讨论（本卷书第3篇）。]

118. *Ökonomisch-philosophischen Manuskripte*, 94. [《1844年经济学哲学手稿》, 119。]

119. *Ökonomisch-philosophischen Manuskripte*, 121. [《1844年经济学哲学手稿》, 141-42。]

120. *Ökonomisch-philosophischen Manuskripte*, 160. [《1844年经济学哲学手稿》, 181。]

121. *Ökonomisch-philosophischen Manuskripte*, 150. [《1844年经济学哲学手稿》, 170。]

122. *Ökonomisch-philosophischen Manuskripte*, 151. [《1844年经济学哲学手稿》, 172。]

123. *Ökonomisch-philosophischenManuskripte*, 151-52. [《1844年经济学哲学手稿》, 172-73。]

124. *Ökonomisch-philosophischen Manuskripte*, 153. [《1844年经济学哲学手稿》, 172-73。]

125. *Ökonomisch-philosophischen Manuskripte*, 153. [《1844 年经济学哲学手稿》, 173。]

126. *Ökonomisch-philosophischen Manuskripte*, 158. [《1844 年经济学哲学手稿》, 178 (translation modified)。]

127. *Ökonomisch-philosophischen Manuskripte*, 162. [《1844 年经济学哲学手稿》, 182。]

128. *Ökonomisch-philosophischen Manuskripte*, 157. [《1844 年经济学哲学手稿》, 178。]

129. *Ökonomisch-philosophischen Manuskripte*, 157. [《1844 年经济学哲学手稿》, 178。]

130. *Ökonomisch-philosophischen Manuskripte*, 161. [《1844 年经济学哲学手稿》, 183。]

131. *Ökonomisch-philosophischen Manuskripte*, 161. [《1844 年经济学哲学手稿》, 182。]

132. *Ökonomisch-philosophischen Manuskripte*, 167. [《1844 年经济学哲学手稿》, 177 (译文有改动)。]

133. *Ökonomisch-philosophischen Manuskripte*, 163-64. [《1844 年经济学哲学手稿》, 183—84。]

134. *Ökonomisch-philosophischen Manuskripte*, 166. [《1844 年经济学哲学手稿》, 186-87。]

135. *Ökonomisch-philosophischen Manuskripte*, 171. [《1844 年经济学哲学手稿》, 192。]

136. *Ökonomisch-philosophischen Manuskripte*, 168. [《1844 年经济学哲学手稿》, 188。]

137. *Ökonomisch-philosophischen Manuskripte*, 152-53. [《1844 年经济学哲学手稿》, 173。]

138. *Ökonomisch-philosophischen Manuskripte*, 156. [《1844 年经济学哲学手稿》, 177 (译文有改动)。]

139. *Ökonomisch-philosophischen Manuskripte*, 153. [《1844 年经济学哲学手稿》, 173。]

140. *Ökonomisch-philosophischen Manuskripte*, 168. [《1844 年经济学哲学手稿》, 188。]

141. *Ökonomisch-philosophischen Manuskripte*, 159. [《1844 年经济学哲学手稿》, 180。]

142. *Ökonomisch-philosophischen Manuskripte*, 159. [《1844 年经济学哲学手稿》, 180。]

143. *Ökonomisch-philosophischen Manuskripte*, 156. [《1844 年经济学哲学手稿》, 177。]

144. *Ökonomisch-philosophischen Manuskripte*, 154. [《1844 年经济学哲学手稿》, 174。]

145. *Ökonomisch-philosophischen Manuskripte*, 167. [《1844 年经济学哲学手稿》, 187—188。]

146. *Ökonomisch-philosophischen Manuskripte*, 156. [《1844 年经济学哲学手稿》, 177。]

147. *Ökonomisch-philosophischen Manuskripte*, 167. [《1844 年经济学哲学手稿》, 188。]

148. *Ökonomisch-philosophischen Manuskripte*, 157. [《1844 年经济学哲学手稿》, 177。]

149. *Ökonomisch-philosophischen Manuskripte*, 157. [《1844 年经济学哲学手稿》, 177。]

150. *Ökonomisch-philosophischen Manuskripte*, 157. [《1844 年经济学哲学手稿》, 177。]

151. *Ph&nomenologie des Geistes* (Glockner), 146ff. [《精神现象学》, 115—19（译文有改动）。]

152. *Ökonomisch-philosophischen Manuskripte*, 157. [《1844 年经济学哲学手稿》, 177。]

153. *Phänomenologie des Geistes* (Glockner), 141, 196, 346, 426, etc. [《精神现象学》, 111, 147, 281, 345（译文有改动）。]

154. *Ökonomisch-philosophischen Manuskripte*, 152-53. [《1844年经济学哲学手稿》, 173。]

155. *Ökonomisch-philosophischen Manuskripte*, 156. [《1844年经济学哲学手稿》, 176。]

5. 论经济学中"劳动"概念的哲学基础

1. [参阅词汇表条目 Bestimmung/Bestimmtheit/Definition（"规定性"/"被规定性"/"精确界定"）。]

2. Karl Elster, *Vom Strome der Wirtschaft* [《论经济的流动》], vol. 1, Jena: Fischer, 1931, 146ff.

3. H. Nowack, "Der Arbeitsbegriff der Wirtschaftswissenschaft" [《经济科学中的工作概念》], 收于 *Jahrbücher für Nationalökonomie und Statistik* 131 (1929): 513.

4. Max Weber, *Wirtschaft und Gesellshaji: Grundriβider verstehenden Soziologie* (Tubingen: Mohr, 1929), 62. [《经济与社会：解释社会学概述》, Guenther Roth and Claus Wittich 编, Ephraim Fischoff 等译, New York: Bedminster Press, 1968, 114。]

5. Friedrich von Gottl-Ottilienfeld, *Wirtschaft und Wissenschaft* [《经济学与科学》], Jena: Fischer, 1931, 31 and 446.

6. Gottl-Ottilienfeld, "Arbeit als Tatbestand des Wirtschaftslebens" [《劳动是经济生活的组成部分》], 收于 *Archiv für Sozialwissenschaft und Sozialpolitik* 50 (1923): 293-94, 296-97, 307.

7. 在其论文 "Arbeit und Ethik" [《劳动与道德》] 中，收于 *Schriften zur Soziologie und Weltanschauungslehre*, vol. 3, Leipzig: Reinhold, 1923-24)。

8. Fritz Giese, *Philosophie der Arbeit* [《劳动哲学》], Halle: Marhold,

1932, 24.

9. 收于 *Jahrbücher für Nationalökonomie und Statistik* 112 (1919); 也收于 *Vom Strome der Wirtschaf* [《论经济的流动》]。另见 Nowack, "Der Arbeitsbegriff" [《工作的概念》]。

10. [参阅词汇表 Tätigkeit。]

11. *Phanomenologie des Geistes* (Glockner), 148ff. [《精神现象学》, 117ff。]

12. Lorenz von Stein, *Gesellschaftslehre* [《社会教学》], Stuttgart: Cotta, 1856, 99.

13. *Marx-Engels-Gesamtausgabe*, half-vol. 3, sect. 1, 157. [《1844 年经济学哲学手稿》, 177。]

14. *Marx-Engels-Gesamtausgabe*, half-vol. 3, sect. 1, 168. [《1844 年经济学哲学手稿》, 188。参阅词汇表条目 Entäußerung (alienation), Vergegenständlichung (objectification), and Mensch (man)。]

15. *Das Kapital: Kritik der politischen Ökonomie*, vol. 1, Karl Kautsky 编, Stuttgart: Dietz, 1928, 10. [马克思:《资本论》, vol. 1, 133。]

16. *Das Kapital*, 133 and 136. [《资本论》, 283 and 287。] 可以肯定的是，马克思也将劳动确定为"有目的的活动"，但就其本身而言，这显然只是"劳动过程的一个环节"（134 [284]），而不是整个劳动过程本身。

17. [参阅词汇表条目 Geschehen (happening)。]

18. 既然游戏将被用作劳动的反概念，那么游戏的特征就不能主要基于儿童的游戏。在儿童的生活中，游戏是否不履行与成人生活中的劳动相似或相应的作用，仍然是非常值得怀疑的。参阅 H. Lufft, "Der Begriff der Arbeit" [《劳动的概念》], *Jahrbücher für Nationalökonomie und Statistik* 123 (1925).

19. [参阅词汇表条目 Vergegenständlichung/Verdinglichung/Gegenstandlichkeit。]

20. Karl Groos 谈到了主导游戏的"自由感"以及"ipse feci"的出现。*Die Spiele der Menschen* [《人的游戏》], Jena: Fischer, 1899, 502.

21. 卡尔·毕歇尔 (Karl Bücher), *Entstehung der Volkswirtschaft: Vor-*

trage und Aufsatze [《国民经济的兴起：论文和讲座》]，第1卷，第17版，图宾根：Laupp, 1926, 29.

22. *Nichomachean Ethics* 1176b and *Politics* 1339b.

23. 在经济学理论中，劳动的负担性质几乎总是被考虑在内——它甚至进入了许多劳动的定义，例如在 Roscher 和 Alfred Weber 的定义中（compare Elster, *Vom Strome der Wirtschaft*）[《论经济的流动》]。然而，同样频繁的是，经济理论试图把劳动的负担性说成是劳动的必要条件。作为支持性证据，人们提到了那些允许把冷漠转化为有趣的劳动的劳动技术，或者那些似乎没有任何负担性的劳动类型。这两种论点最终都是基于对这种负担性的真正含义的完全误解。"劳动科学"也同样陷入了这种误解，因为它认为它在这里找到了一种可以用心理技术方法处理的心理状况。劳动的负担性与以冷漠或与特定类型的劳动相关的"不愉快的感觉""抑制""疲劳的表现"为特征的劳动不完全相同。可以肯定的是，这些东西可以通过改变劳动过程的结构，通过改变劳动条件等来消除。但负担性特征不会因为它们的消除而受到影响，因为它是建立在人类此在本身的存在结构之上的。

24. [参阅词汇表条目 ursprünglich。]

25. 动物活动和人类劳动之间的这种本质区别在韦克斯伯格（Erwin Wexberg）的《劳动与社会》（*Arbeit und Gemeinschaft*）一书中作了说明（Leipzig: Hirzel, 1932）：动物的活动是本能地进行的，因此与"功能中固有的需求"有关，而劳动不是"人的自然功能"，也从未"本能地"进行过（8-9）。

26. 卡尔·迪尔（Karl Diehl），*Theoretische Nationalokonomie* [《理论政治经济学》]，vol. 1, Jena: Fischer, 1916, 2.

27. 卡西尔（Gustav Cassel），*Theoretische Sozialokonomie* [《理论社会经济学》]，莱比锡：Scholl, 1921, 2。

28. 埃尔斯特（Elster），*Vom Strome der Wirtschaft* [《论经济的流动》]，153。

29. 正如奥本海默（Franz Oppenheimer）在 *System der Soziologie* [《社会学体系》] 中写的 half-vol. 3, pt. I, Jena: Fischer, 1923, 18ff, 沿用 William Mac-

Dougall 的先例。

30. 西奥多·布劳尔（Theodor Brauer），*Produktionsfaktor Arbeit: Erwägungen zur modernen Arbeitslehre*［《作为生产事实的劳动：对现代劳动理论的反思》］，Jena：Fischer，1925，1-2 and 10。

31. *Wirtschaft und Wissenschaft*［《经济学与科学》］，211-12.

32. *Wirtschaft und Wissenschaft*［《经济学与科学》］，441。下圆点是本书作者标注的。

33. *Wirtschaft und Wissenschaft*［《经济学与科学》］，754。下圆点是本书作者标注的。

34. *Wirtschaft und Wissenschaft*［《经济学与科学》］，442.

35. *Wirtschaft und Wissenschaft*［《经济学与科学》］，442.

36. ［参阅词汇表条目 Ontologie。］

37. ［参阅词汇表条目 Sein/Seinde（being/be-ing）。］

38. 戈特尔（Gottl）明确指出了对象世界作为历史世界发生的这种"自主性"："组织……并不完全是指人类的行动。相反，比这更重要的是所有结构的自我组织。在共同生活中发生的所有实体和过程都朝着持续和不变的方向发展。因为只有人类的行动才能肯定已经存在的东西；行动本身适应它，并寻求维持它。"除此，"然而，就组织而言，有意识的行动已然为时已晚，因为经济体系已然存在，其本身或类似的影响必然早已存在——仅仅因为它是我们赖以生存的根基。因此，当有意识的行动介入时，其价值仅仅在于转化或实现某种形式。" *Arbeit als Tatbestand des Wirtschaftslebens*［《劳动是经济生活的组成部分》］，291-92。

39. ［参阅词汇表条目 Bewegtheit。］

40. 狄尔泰（Wilhelm Dilthey）以"生命的对象"为题，对物体世界的这种历史性进行了最广泛的说明。［《生命的对象性》，pt. 2, ch. 3，"人文科学中历史世界的形成"］尤其在他的 *Gesammelten Schriften*（《作品集》）第 3 卷中。也参阅 Felix Krueger, "Die Arbeit des Menschen als philosophisches Problem"［《人的劳动是一个哲学问题》］, in *Blätter für Deutsche Philosophie* 3.2

(1929): 159。为了界定劳动的历史性,毕歇尔引用了弗里德里希·李斯特(Freidrich List)的"劳动延续原则":这是"社会发展的普遍历史原则,人类通过这一原则将自己与动物世界区分开来"。"平等的存在始于每一个新的动物,但每一代人都继承了所有前代人的文化成就,以扩大它并将它留给后来的人"(*Entsteh-ung der Volkswirtschaft* [《国民经济的兴起》], 268)。

41. [参阅词汇表条目 Geschichtlichkeit(historicity)。]

42. *Das Kapital*, 136 and 144. [马克思:《资本论》, 287 和 296。]

43. 谢夫莱(Albert E. F. Schäffle)特别强调了时间的一般规律对社会秩序的意义,见 *Bau und Leben des sozialen Korpers* [《社会主体的建构与生活》], vol. 2, Tubingen: Laupp, 1896, 101ff。

44. 参阅本章第 8 小节。

45. 毕歇尔(Bucher), *Entstehung der Volkswirtschaft* [《国民经济的起源》], 30ff; Eliasberg, "Arbeit und Psychologie" [《劳动与心理学》], 收于 *Archiv fur Sozialwissenschaft und Sozialpolitik* [《社会科学与社会政策文库》] 50 (1922): 113;恩斯特·格劳斯(Ernst Grosse), *Die Formen der Familie unddie Formen der Wirtschaft* [《家庭形式与经济形式》], Jena: Fischer, 1896, 38ff; Berka Gurewitsch, *Die Entwicklung der menschlichen Bedurfnisse und die Sociale Gliederung der Gesellschaft* [《人类需求的发展与社会结构》], Leipzig: Duncker, 1901, 37ff。

46. 分裂并不意味着社会对生命空间和时间的划分,这两个领域都属于不同的群体、阶级等。相反,是每一个此在在其自身的整体性中被分割成必要和不再必要的两个领域;每一个此在都要求在这两个领域中成为并实现,而通过刚才提到的经济—社会占有对这个整体的分割只是"劳动分工"的一个具体形式的结果。

47. "经济主导自身存在所依据的那种职能分离已经显示出它的不足之处——其规律可以孤立地为人所知,其强度将随着时间的推移而上升……人类劳动在精神伦理世界中占据着如此重要的地位,以至于没有任何一门实证科学能够单独描述其现象的真实相互联系"(Krueger, "Die Arbeit des Menschen" [《人类的劳动》], 164)。另参阅 Giese, *Philosophie der Arbeit* [《劳动哲学》], 161ff。

48. 马克思非常清楚地表明了这一点：把他的经济理论基础看作后来被克服的青年时期的哲学的罪过是徒劳无用的，尤其是在《1844年经济学哲学手稿》和《德意志意识形态》中提出的经济理论基础。这样的基础在整个《资本论》中都发挥着作用，在一些关键的地方被明确地采纳。

49. 在与 Franz W. Jerusalem 的分歧中，马克斯·舍勒没有考虑"基本"分工和社会经济分工之间的区别。参阅 *Kölner Viertel-jahrshefte für Sozialwissenschaft* 1. 3 (1931)：36。

50. 比较，例如，Schäffle, *Bau und Leben des sozialen Körpers* [《社会主体的建构与生活》], vol. 1, 326ff; Schmoller, "Das Wesen der Arbeitsteilung und der sozialen Klassenbildung" [《劳动分工的性质与社会阶层的形成》], 收于 *Jahrbuch für Gesetzgebung, Verwaltung und Volkswirtschaft im Deutschen Reich*, 14 (1890)：49 and 83; Herkner, "Arbeit and Arbeitsteilung" [《劳动和劳动分工》], 收于 *Grundriβ der Sozialökonomik* [《社会经济大纲》], vol. 2, pt. 1, Tubingen：Mohr, 1923, 279; Ludwig Gumplowicz, *Grundriβ der Soziologie* [《社会学概论》], Innsbruck：Wigner, 1926, 103ff; Oppenheimer, *System der Soziologie* [《社会学体系》], vol. 1, pt. 1, 307-8 and 174ff.

51. "经济区与劳动的耦合导致了本体论的扭曲" (Giese, *Philosophie der Arbeit* [《劳动哲学》], 293)。

52. 对于劳动者来说，在物质生产和再生产之外的真正"充实"的维度上度过时间，现在只限于一个小的"休息期"：晚上、周日等。通过这种对生活决定性发生的抑制和贬低，使之成为单纯的"自由时间"，所导致的结果是，这种"休息时间"也被物化了。在此与 Giese 的 *Philosophie der Arbeit* [《劳动哲学》] 183—184 进行比较。

53. *Das Kapital*, vol. 3, ed. Karl Kautsky, Berlin：Dietz, 1929, 316. [卡尔·马克思：《资本论》, vol. 3, in *The Marx-Engels Reader*, 441 (译文有改动)。]

六　德国哲学，1871—1933

1. ［这个拉丁语术语是由德国杰出的生理学家 Emil Du Bois-Reymond (1881-1896) 推广的，他在 1872 年 8 月莱比锡一次重要的医生和自然科学家年度会议上发表的一篇开创性论文中使用了这个术语。Du Bois-Reymond 提出这个术语是为了批评当时主导科学和哲学的形而上学唯物主义，其代表人物是 Ludwig Buchner、Karl Vogt 和 Ernst Haeckel。Du Bois-Reymond 反对他们，认为某些关键现象（如意识和欲望）以及一些问题（如物质和能量之间关系）不能完全用生理学术语来解释。他坚持认为，科学家不仅要认识到他们目前对自然的理解的局限性（Ignoramus），还要认识到科学知识在某些领域的基本局限性（Ignorabimus）。马尔库塞在这里用这个词来强调实证主义模型在社会科学中的局限性。］

2. ［这个我们没有翻译的新词的含义并不完全清楚。通过"物理科学的本体"这一短语，马尔库塞似乎在暗示自然科学范畴的绝对优势，而新康德主义者是第一个质疑自然科学范畴的人，即使只是以一种温和的方式，将哲学作为一门独立的学科重新引入。另参阅，他在下文对海德格尔哲学的解释中使用的新词 ontochronie］．

3. ［*Die transszendentale und die pyschologie Methode* 是 *Habilitationsschrift* 的标题，舍勒（Scheler）在欧肯（Eucken）的指导下写作。］

4. ［Terrestre 是英语形容词 terrestrial 的法语实体形式。我们无法确定马尔库塞在这里概念上使用这个词的来源。］

词汇表

1. 参阅赫伯特·马尔库塞《黑格尔本体论和历史性理论》，335。
2. 海德格尔反对笛卡尔对空间的理解的论战，以及他试图开发一个替代方案，参阅《存在与时间》，114—148。

3. 《存在与时间》，473—74。海德格尔的 Jetzt-Zeit 概念不应与沃尔特·本雅明的同名概念混淆。对于差异的讨论，参阅 Peter Osborne，《时代政治：现代性与先锋性》（London：Verso，1995），64。

4. 例如参阅《历史和阶级意识》，乔治·卢卡奇写道："时间摆脱了其定性的、可变的、流动的性质；它凝固成一个完全限定的、可量化的连续体，充满了可量化的'东西'……简而言之，它变成了空间。在这个环境中，时间被转化为抽象的、可精确测量的、物理的空间……劳动的主体也必须同样被理性地分割。"（90）正如他在这些文章中的几个不同地方所表明的那样，马尔库塞熟悉《历史与阶级意识》；然而，他对卢卡奇的"阶级意识"概念的先锋主义内涵持批评态度，并认为海德格尔对"存在"的分析以及他对历史性的分析更成功地解决了具体个人在社会历史变革过程中的核心作用。关于马尔库塞在这一时期对卢卡奇和海德格尔的态度的比较，参阅 John Abromeit《赫伯特·马尔库塞与马丁·海德格尔的批判性邂逅，1927-1933》，131—151。

5. 例如参阅《存在和时间》，86—90。

6. 《关于辩证法的问题》，64。

7. 《关于辩证法的问题》，58。

8. 《对历史唯物主义现象学的贡献》，9。

9. 正如马尔库塞所说："一旦认知被定义为生命，历史就会随之而来；然而，一旦生命被定义为认识，历史性就会被从生命的历史中推开。生命的真理就被定义为与绝对的、因而是非历史的知识模式有关"。《黑格尔本体论和历史性理论》，227，另参阅 153—170，219—227，以及 305—318。

10. 马尔库塞在《论创立历史唯物主义基础的新材料》中引用，87。

11. 《对历史唯物主义现象学的贡献》，1。

12. 《存在和时间》，427（译文有修改）。

13. 这些段落来自海德格尔 1925 年 4 月 16 日至 18 日在德国卡塞尔所发表的一系列演讲，题目是"Wilhelm Dilthey's Forschungsarbeit und der gegenwärtige Kampf um eine historische Weltanschauung"[《威廉·狄尔泰的研究和为历史世界观而进行的斗争》]。当海德格尔发表这些演讲时，他正在紧锣密鼓地研究《存在与时间》；因此，这些演讲涉及《存在与时间》的许多核心概念也就不足为奇了，例如 *Geschichte*、*Geschehen* 和 *Geschichtlichkeit*。这些演讲已发表在 *Dilthey-Jahrbuch für Philosophie und Geschichte der Geisteswissenschaften 8*，Frithjof Rudi 编（1993）：143 - 80。这里引用的段落在第 174 页。

14．*Dilthey-Jahrbuch*，174．关于海德格尔试图证明 Historie 的衍生性的另一个例子，参阅《存在与时间》第 76 节，"此在的历史性中历史的存在主义来源"，444—449（译文有改动）。

15．《存在与时间》，427（译文有改动）。

16．关于"历史性"概念在《存在与时间》中的重要性及其政治含义的讨论，参阅 Johannes Fritsche，《在海德格尔〈存在与时间〉中的历史命运与国家社会主义》（Berkeley and Los Angeles：University of California Press, 1999）。

17．关于马尔库塞早期和后期作品的人类学基础的讨论，参阅 Stephan Bundschuh 的《乌托邦的理论地位：对赫伯特·马尔库塞的双重人类学述评》，收于 *Herbert Marcuse：A Critical Reader*，152 - 62。

18．例如，在他对马尔库塞在海德格尔指导下撰写的《黑格尔本体论》（第二篇论文）的评论中，西奥多·阿多诺问道："既然马尔库塞本人想弥合本体论和真实性之间的差距，那为什么'本体论'问题要先于对真实历史事实的解释呢？"，*Zeitschrift für Sozialforschung* 1（1932）：410。

19．Robert Pippin 承认，马尔库塞在他的早期著作中使用了一个非传统的本体论定义；然而，这个定义在哲学传统中并非没有先例。Pippin 指出，在现代之前，除了把本体论理解为对存在的研究，还存在着一个不太为人所知的本体论传统，这个传统试图确定存在的基础，即存在所依赖的最终来源。海德格尔和马尔库塞的本体论概念与后者的关系比前者的传统更为密切。参阅《马尔库塞论黑格尔与历史性》，载 *The Philosophical Forum*，16．3（1985）：181 - 82。

20．关于这一点，参阅导论以及词汇表条目 Geschichtlichkeit 和 Bewegtheit。

21．在这方面，海德格尔果断地超越了新康德主义者的非历史性认识论，如赫尔曼·柯亨的认识论，或胡塞尔早期试图将哲学置于不可动摇的非历史性逻辑基础之上。海德格尔赞赏康德试图探究时间的主观维度，但他认为康德最终仍受制于不真实的、笛卡尔式的抽象时间概念,海德格尔将这个抽象时间概念追溯到亚里士多德那里。例如,参阅《存在与时间》,45。

22. 参阅《论辩证法的问题》,67。

23. 1933年后,马尔库塞意识到这是一个错误。正如阿多诺当时正确认识到的那样,甚至在1933年马尔库塞与海德格尔决裂之前,马尔库塞就开始意识到具体的历史而不是本体论"历史性"是他批判理论的基础。参阅阿多诺在《黑格尔本体论》中对它的评述,这篇文章发表在了《社会研究》杂志上。关于这一时期马尔库塞著作中海德格尔的历史性和马克思对历史的理解之间不可调和的矛盾的分析,另参阅 Alfred Schmidt, "Existential-Ontologie und historischer Materialismus bei Herbert Marcuse," 收于赫伯特·马尔库塞, *Existentialistische Marx-Interpretation*, Frankfurt: Europäische Verlagsanstalt, 1973, 111-42.

24. 参阅《存在与时间》,21—64。

25. 例如,参阅《论辩证法的问题》,58ff。

26.《论经济学中"劳动"概念的哲学基础》,126—127。

27. 尤尔根·哈贝马斯为前一种解释进行了最有力的辩护。例如,参阅《现代性的哲学话语》,Frederick Lawrence 译(Cambridge MA: MIT Press),75-82. 西奥多·阿多诺在他生命即将结束时接受的一次采访中明确表达了他对夸张的偏好。参见 Martin Jay,《辩证想象:法兰克福学派和社会研究所的历史,1923—1950》,Boston: Little, Brown, 1973, 57。

出版历史

《对历史唯物主义现象学的贡献》首次在德国出版，名为"Beiträge zu einer Phänomenologie des historischen Materialismus"，刊载于 *Philosophische Hefte* 1 (1928): 45–68，随后在马尔库塞的 *Schriften 1* (Frankfurt: Suhrkamp, 1978), 347–84 中重新发表。它的英文版本首次出现在 *Telos* 4 (1969): 3–34。这里是由 Eric Oberle 新译的。

《论具体哲学》最初以"Über konkrete Philosophie"刊载在 *Archiv für Sozialwissenschaft und Sozialpolitik* 62 (1929): 111–20。它随后被重新发表在 *Schriften*, 385–406 中。在这里，它首次以英文版本出现在 Matthew Erlin 的翻译中。

《论辩证法问题》最初以"Zum Problem der Dialektik"之名出现。第一部分发表在 *Die Gesellschaft* 7 (1930): 15–30，第二部分发表在 *Die Gesellschaft* 8 (1931): 541–57。*Die Gesellschaft* 是当时德国社会民主党（SPD）的主要理论刊物，由 Rudolf Hilferding 编辑。这篇文章后来被重新发表在 *Schriften*, 423–44。它的英译本（第一部分由 Morton Schoolman 翻译，第二部分由 Duncan Smith 翻译）首次发表在 *Telos* 27 (1976): 12–39。这里由 John Abromeit 重新翻译。

《论创立历史唯物主义基础的新材料》最初以"Neue Quellen zur Grundlegen des Historischen Materialismus"的名义发表在 *Die Gesellschaft* 9 (1932): 136–74，随后在 *Schriften*, 509–55 中重新发表。它的英文译本首次由 Joris de

Bres 在 *Studies in Critical Philosophy* （London：New Left Review Books，1972），1-48 中发表。De Bres 的译文在此被 John Abromeit 稍作修改，以使其在术语上与该卷中的其他文章保持一致。

《论经济学中"劳动"概念的哲学基础》最初以 "Über die philosophischen Grundlagen des wirtschaftswissenschaftlichen Begriff der Arbeit" 之名发表在 *Archiv für Sozialwissenschaften und Sozialpolitik* 69（1933）：257-92，并在 *Schriften*，556-94 中重新发表。它首次以英文发表，由 Douglas Kellner 翻译，载于 *Telos* 16（1973）。9-37。这里由 John Abromeit 重新翻译。

马尔库塞在 1934 年用法语写了《德国哲学，1871—1933》（"Deutsche Philosophie im zwanzigsten Jahrhundert"）的一个版本，当时他住在瑞士日内瓦，就在他加入社会研究所并于 1934 年 6 月前往美国之前。此前从未以任何语言出版过；手稿位于法兰克福的马尔库塞档案馆，目录号为 0030.01。Ron Haas 在此将文本从法语翻译成英语。

《海德格尔的政治学：一则访谈》首次出现在 *Graduate Faculty Philosophy Journal*，6.1（1977）：28-40；访谈是由 Frederick A. Olafson 用英语进行的，在此以原文形式重印。

《后记：我对海德格尔的幻灭》最初以 "Enttäuschung" 之名发表在 *Erinnerung an Martin Heidegger*，Günther Neske 编，Pfullingen：Neske，1977，162。此处由 Richard Wolin 首次将其翻译成英文。